A criminalidade econômico-tributária
A (des)ordem da lei e a lei da (des)ordem

P659c Pinto, Emerson de Lima
A criminalidade econômico-tributária: a (des)ordem da lei e a lei da (des)ordem: por uma (re)legitimação do direito penal do estado democrático de direito / Emerson de Lima Pinto. — Porto Alegre: Livraria do Advogado, 2001
191 p; 16x23 cm.

ISBN 85-7348-172-2

1. Sonegação fiscal: Direito Penal. 2. Direito Penal Tributário. I. Título.

CDU 336.2.04:343.2

Índice para o catálogo sistemático:

Sonegação fiscal: Direito penal
Direito Penal Tributário

(Bibliotecária responsável: Marta Roberto, CRB-10/652)

EMERSON DE LIMA PINTO

A criminalidade econômico-tributária

A (des)ordem da lei e a
lei da (des)ordem

POR UMA
(RE)LEGITIMAÇÃO DO
DIREITO PENAL DO
ESTADO DEMOCRÁTICO
DE DIREITO

Porto Alegre 2001

© Emerson de Lima Pinto, 2001

Revisão de
Rosane Marques Borba

Capa, projeto gráfico e diagramação de
Livraria do Advogado Editora

Desenho da capa
Hieronymus Bosch, *A nau dos insensatos*, 1500

Direitos desta edição reservados por
Livraria do Advogado Ltda.
Rua Riachuelo, 1338
90010-273 Porto Alegre RS
Fone/fax 0800-51-7522
info@doadvogado.com.br
www.doadvogado.com.br

Impresso no Brasil / Printed in Brazil

"Para corrigir uma indiferença natural, fui colocado a meio do caminho entre a miséria e o sol. A miséria impediu-me de acreditar que tudo vai bem sob o sol e na história; o sol ensinou-me que a história não é tudo. Mudar a vida, sim, mas não o mundo do qual eu fazia minha divindade. Assim é, sem dúvida, que *abordei essa carreira desconfortável em que me encontro, enfrentando com inocência uma corda bamba, na qual avanço com dificuldade, sem estar seguro de alcançar a outra ponta.* Em outras palavras tornei-me um artista, se é verdade que não há arte sem recusa nem consentimento".

Albert Camus
(O Avesso e O Direito)

Agradeço a colaboração de A. P. Lucca, Andressa D., C., Gustavo B, J. Bortolini.

Agradeço ao Prof. Maurício Berni pelo exemplo acadêmico e profissional e, especialmente pelo estímulo crítico e libertário, ao Professor Dr. Lenio Luiz Streck, na orientação deste trabalho.

Dedico este trabalho à Caren por sua compreensão, paciência e companheirismo.

Dedico também e, especialmente, aos meus pais pelas eternas lições.

Prefácio

Quando há dez anos atrás apresentei, em tese de doutorado, defendida na Universidade de São Paulo, minhas idéias acerca do que deveria ser um Direito Penal adequado à então nova Constituição, e ao Estado Democrático de Direito por ela instituído, não poderia imaginar que a semente então plantada fosse migrar para o Rio Grande do Sul, aonde germinou, cresceu e vem dando frutos.

Por certo tal se deu não somente por ter sido aquela tese publicada por uma editora sediada em Porto Alegre mas, principalmente, pela receptividade àquelas idéias dada pelo conhecido professor de Hermenêutica Jurídica e Procurador de Justiça naquele Estado, Dr. Lenio Luiz Streck, divulgando-as em seu labor diário de professor e membro do Ministério Público.

Certo é também que aquele estado sulino vem se mantendo na vanguarda dos acontecimentos jurídico-políticos do País, haja vista o reboliço causado por sua corrente de juízes alternativos e mais recentemente a entusiasmada acolhida dada à Teoria do garantismo penal de Luigi Ferrajoli.

Portanto, considero um honra o convite para prefaciar a obra de um discípulo do professor Streck, dentro dessa linha de adaptação do Direito Penal aos princípios do Estado Democrático de Direito.

Com o título de *Criminalidade econômico-tributária*, o Dr. Emerson de Lima Pinto, filiando-se à já robusta vertente de que as normas infraconstitucionais, entre estas as penais, não podem dispensar a filtragem constitucional (sob pena de padecer de legitimidade frente ao Estado Democrático de Direito), dirige o foco de sua atenção para os crimes contra a Ordem Tributária. A partir destes, seria repensada a hierarquia dos bens jurídicos até então prevalecentes e que, sem sombra de dúvidas, como já dissemos alhures, não guarda, como deveria, qualquer paridade com a hierarquia dos valores constitucionais.

Denunciando a *ausência de um conteúdo constitucionalmente adequado no Anteprojeto da Reforma do Código Penal no que se refere aos crimes tributários*, o autor aponta para o fato de que esta realidade, longe de se sustentar teoricamente, reflete uma escolha ideológica do que ele denomina de *bloco hegemônico do poder estatal*, por entender que o tratamento dispensado àqueles que praticam crimes contra a ordem econômica é privilegiado em face de sua condição de classe.

Apontando para uma crise estatal conseqüente do não-enfrentamento da criminalidade tributária, da concessão de anistias, indultos e outros privilégios aos criminosos de colarinho branco e ainda pela não-realização de uma adequada reforma tributária, o autor analisa o atual sistema punitivo nacional tomando posição frente aos recém-criados institutos da transação e suspensão da ação penal, da extinção da punibilidade e das penas substitutivas, o que, segundo seu entendimento, põe em risco o Estado Democrático de Direito e os fundamentos da nossa Constituição dirigente.

Tudo isso passa pela pena indignada de Emerson de Lima Pinto, fazendo-o concluir pela existência do que chama de "um efetivo interesse dos setores influentes da dogmática jurídica brasileira, em realizar uma interpretação que procure restringir o alcance do direito e garantias individuais, especialmente nos crimes contra a ordem tributária", o que culminaria por impedir a almejada realização do Estado Social no nosso País.

Com a preocupação de quem começa a se envolver nos bastidores do labor jurídico, o autor, reportando-se ao fato de que a realização da justiça social se tornou possível pela atual Constituição, criadora de um Estado Democrático de Direito e, nesse passo, a Justiça fiscal se afirmaria como a possibilidade mais eficiente da justiça política, alerta para a inconveniência da aplicação do direito penal mínimo no tocante aos crimes tributários.

Sem discordar (mesmo porque essa é a tônica de nossos trabalhos há já cerca de dez anos), lembramos que a construção de uma nova dogmática imbuída de todas estas idéias, que hoje já permeiam pela consciência e desejo de todos os juristas bem intencionados, demanda, ainda, várias discussões, todas elas passando pelo balanço dos princípios constitucionais, para os quais ter-se-á de estabelecer graus hierárquicos. E em sociedades como a nossa, em que a justiça social é apenas um ideal constitucional, a regra para a resolução do conflito resultante desse balanço só poderá ser aquela determinadora de uma hierarquização na qual se privilegie a justiça social, a qual, segundo Emerson de Lima Pinto, passa necessariamente pela justiça fiscal.

Urge, pois, que a presente obra (assim como outras no mesmo diapasão) sirvam de objeto de meditação para aqueles que, por dever de ofício, têm o direito, o aperfeiçoamento e a aplicação da justiça como material de trabalho para, quem sabe, em um futuro próximo, a justiça social preconizada pela Constituição de 1988, dita cidadã, não seja mais um longínquo ideal.

Não se pode negar, aliás, que ventos já sopram nessa direção (malgrado a recente Medida Provisória de nº 2.088-35), haja vista a multiplicidade de investigações e ações judiciais que pipocam contra os criminosos de colarinho branco, fato raro na década passada, haja vista a própria Lei de Improbidade Administrativa sem a malsinada alteração presidencial pretendida (através da citada medida provisória) haja vista ainda a debatida Lei da Responsabilidade Fiscal e outros projetos de lei em curso no Congresso Nacional.

Pontanto, a ênfase, dada pelo autor, à necessidade de uma severa criminalização dos fatos que impedem uma correta distribuição de rendas para que se alcance a justiça fiscal tem sua razão de ser e merece atenção dos vários atores jurídicos no cenário nacional.

Impõe-se apenas a observação de que essa tomada de posição não pode implicar lesão aos princípios constitucionais do garantismo, marco pétreo do Estado de Direito. Este será o desafio do atual milênio no lento, não linear, mais contínuo desenvolvimento das instituições.

Por tudo isso, obras nessa direção como é o caso deste trabalho de Emerson de Lima Pinto, repetimos, precisam ser lidas, discutidas e popularizadas para que passem a ocupar o inconsciente coletivo e façam parte do senso jurídico comum.

Márcia Dometila Lima de Carvalho
Subprocuradora-Geral da República aposentada
e Advogada

Sumário

Introdução 15
1. Crimes contra a ordem tributária e os delitos econômicos 19
   1.1. Lineamentos iniciais: crimes contra a ordem econômica 19
   1.2. Roberto Lyra: o criminólogo brasileiro e a criminalidade
       econômico-fiscal 21
   1.3. A conceituação de criminalidade econômica 26
   1.4. Direito penal tributário integrando crimes econômicos 32
   1.5. Criminologia crítica 35
2. O bem jurídico penal 43
   2.1. O bem jurídico: reflexão preliminar 43
   2.2. A (in)eficiência do atual paradigma 47
   2.3. Estado de prevenção, sociedade e dinamização dos bens jurídicos ... 54
   2.4. Evolução conceitual e funções do bem jurídico 56
   2.5. Constituição e bem jurídico penal 61
      2.5.1. Conceito de bem jurídico e a Constituição 61
      2.5.2. Noção material-constitucional de bem jurídico 63
   2.6. O bem jurídico como critério da conceituação normativa 68
   2.7. O crime fiscal concretamente 70
      2.7.1. Objeto jurídico penal e a estrutura do crime fiscal 70
      2.7.2. O crime fiscal: o bem jurídico protegido no tipo penal fiscal e a
          experiência comparativa 73
   2.8. A (re)forma do Código Penal brasileiro 79
3. Constituição dirigente e valores penais 83
   3.1. O Direito Penal e a nova Constituição 83
   3.2. O estado social: pré-compreensão de Constituição, Estado e direito
       econômico diretivo 85
   3.3. O Brasil e sua Constituição Dirigente 90
   3.4. Justiça distributiva: social, política e fiscal 99
   3.5. Direito Penal e o Estado Democrático de Direito 104
   3.6. Valores constitucionais e Direito Penal 115
**4. A (des)ordem da lei e a lei da (des)ordem: por uma (re)legitimação do
Direito Penal no estado democrático de direito** 129
   4.1. Estado democrático de direito: a crise em nossa democracia delegativa .. 129
   4.2. O Parlamento: aprofundando um Direito Penal de classes 134
   4.3. O Judiciário: a efetivação de uma teoria garantista 140

4.4. O Executivo: ausência de uma política de combate à criminalidade tributária 148
4.5. O sistema punitivo: perversidade estatal na dogmática jurídica 151
4.5.1. Crimes contra a ordem tributária: descriminalização, despenalização e criminalização 151
4.5.2. A crise da legitimação instrumental da função punitiva e legitimação simbólica (EEUU e Europa) 156
4.6. O sistema punitivo em ação: a extinção da punibilidade pelo pagamento do tributo 158
4.6.1. Considerações específicas sobre a situação brasileira 162
4.6.2.. A Lei Federal nº 9.639/98: a história de um debate judicial insólito . 166
4.6.3. A Lei Federal nº 9.714/99 171
4.6.4. Medida Provisória nº 2.088-35/2000: A (re)pressão real do (des)velamento simbólico da (des)igualdade material e processual penal 178

À guisa de conclusão 181

Bibliografia 187

Introdução

O tema a ser abordado nesta obra é a reação do Estado no Brasil frente aos *crimes contra a ordem tributária*. Nossa idéia básica é desenvolver uma reflexão a respeito dos limites da dogmática penal no que concerne aos crimes contra a ordem tributária em nosso país e ao tratamento dispensado a essa criminalidade pelo Estado (Poderes Executivo, Legislativo e Judiciário) a partir dos objetivos fundamentais da atual República Federativa do Brasil traçados na Constituição de 1988.

Pretendemos, neste ensaio, construir uma contribuição para a crítica do tratamento normativo conferido, nos níveis constitucional e infraconstitucional na esfera penal - no plano de uma *Constituição dirigente e garantista* -, às relações econômicas travadas no interior de uma determinada economia. Crítica de um determinado Direito, note-se, visto que não há que falar do direito, senão dos direitos. Nada impede que o faça, de modo proficiente, ainda que no texto empregando a expressão *"crimes contra a ordem tributária"* tendo por gênese a *"ordem econômica"*, fixada constitucionalmente, desde que, porém, restem bem vincadas as precisões que procuramos estabelecer. Apenas na medida em que isso resulte devidamente enfatizado - e creio ter restado; o uso da expressão será tocado por um mínimo de prestabilidade, que não deixa de ser econômica: ordem econômica (mundo do dever ser), em lugar de conjunto de normas, da Constituição dirigente, voltado à conformação da ordem econômica (mundo do ser) é síntese verbal que economiza palavras contidas na outra expressão e de sua necessária tutela penal.

Os objetivos da abordagem, assim, visam à discussão das finalidades, das barreiras que a maior parte da dogmática jurídica, ocupada com o estudo dos crimes contra a ordem tributária, vem enfrentando e/ou colocando ao nível da eficácia desse instituto pelo Parlamento, Executivo e Tribunais brasileiros.

O ponto principal é demonstrar que os obstáculos opostos pela doutrina e pela jurisprudência constitucional à legiferação a relação em normas penais de como o conceito de bem jurídico e sua valoração, tanto no que concerne à (in)eficiência dos próprios tipos penais quanto das penas a serem aplicadas não estão conforme a nova concepção de Estado Democrático de Direito expresso em nossa Constituição Dirigente. A *realidade existente no tratamento estatal sobre a matéria não se sustenta teoricamente, mas é uma escolha ideológica do bloco hegemônico de poder estatal.* Para isso, são extraídos do interior da própria dogmática jurídica e da Teoria Constitucional, notadamente a partir de Canotilho, Grau e Palazzo, apontando-se na direção de que: primeiro - o principio da recepção das normas infraconstitucionais não pode ser olvidado pelos três Poderes da República para a aplicação proporcional, a fim de *(re)valorar o bem jurídico* penal-tributário, tendente à realização do Estado Social no Brasil; o tratamento dispensado aos desviantes da criminalidade econômica é privilegiado em face de sua *condição de classe*; e, terceiro - os crimes contra a ordem tributária, se não (re)definidos, *(des)legitimarão o Direito Penal no Estado Democrático* de *Direito,* visto que os privilégios concedidos aos desviantes são explícitos frente à sociedade, inclusive, no vergonhoso sistema punitivo que introduz.

A metodologia utilizada é, basicamente, a pesquisa bibliográfica e jurisprudencial, através do levantamento de alguns Acórdãos e diversos julgados, no que concerne à extinção da punibilidade mediante o pagamento de tributos.O método é o indutivo.

O trabalho desenvolve-se em quatro capítulos, interpenetrados. Os dois capítulos iniciais têm um caráter mais descritivo. No primeiro, é abordado o perfil dos *"criminosos"* que cometem os crimes contra a ordem tributária, bem como a conceituação de crimes econômicos e sua definição como parte integrante de um *Direito Penal Tributário*. Referenciais teóricos como a *Criminologia da Reação Social* (Anyar de C.), *Criminologia Crítica* (Walton, Taylor & Yung) e Castilho são indispensáveis para compor o cenário criminológico em que se encontram os desviantes de *"Colarinho Branco"* e, no que se refere à dogmática jurídica, importante a contribuição de Villegas, Costa Junior e Baratta.

No segundo capítulo, a partir de uma revisão bibliográfica, traz-se a lume a posição da dogmática brasileira, de âmbito penal. Destaque-se que, no decorrer da obra, a dogmática apresenta seus limites no que se refere ao bem jurídico penal produzido a partir de um modo de produção do Direito liberal-individualista (Prado, Conde e Santos). Pode-se dizer, desse modo, que a dogmática jurídica não recebe tratamento teórico adequado há muito tempo, o que é demonstrado pela ausência de uma incorporação conseqüente dos bens jurídicos penais na tutela dos bens de caráter supra-individual, difuso e coletivo (Bolzan).

Ainda no segundo capítulo, é descrita a ausência de um conteúdo constitucionalmente adequado no Anteprojeto de Reforma do Código Penal no que se refere aos crimes contra a ordem tributária.

O terceiro capítulo aborda a necessidade de (re)pensarmos a hierarquia dos bens jurídicos, prevalecente no Direito Penal vigente, a partir dos crimes contra a ordem tributária, que não se coadunam com a *hierarquia dos valores* constitucionais do instituído. Surgem *novos valores penais* (Palazzo) que devem ser compatibilizados com o Estado Democrático de Direito (Carvalho, Castilho e Streck), sendo que esses crimes pertencem a um grau de hierarquia superior à criminalidade clássica e, por isso, merecem tratamento mais severo, obedecidas suas particularidades de delitos que têm como *bens jurídicos valores supra-individuais*, consagrados pela Constituição Dirigente (Canotilho) como essenciais à vida em sociedade.

Ainda no sentido da proteção social, pode ser utilizada a técnica do *garantismo penal* (Ferrajoli) que deve ser entendido como uma técnica de limitação e disciplina dos poderes públicos, podendo ser por essa razão considerado o traço mais característico, estrutural e substancial da Democracia: garantias tanto liberais como sociais expressam os Direitos Fundamentais do cidadão frente aos poderes do Estado, os interesses dos mais débeis em relação aos mais fortes, a tutela das minorias marginalizadas frente às maiorias integradas.

No quarto e último capítulo, há um aprofundamento da *Crise do Estado* no enfrentamento entre a criminalidade tributária e seus criminosos de colarinho branco. O Neoliberalismo, fragilizando o nosso Estado e corrompendo nossa democracia (O'Donnell); o papel (i)lógico que o Poder Executivo possui quando não enfrenta a criminalidade tributária, permitindo a *livre circulação do delito* ao mesmo tempo em que permite *Guerras Fiscais*, anistia e indultos aos desviantes e não realiza uma adequada Reforma Tributária tem ensejado um papel inadequado ao Executivo Federal; o Parlamento, que desconhece seus limites de legiferação e, não raras vezes, executa uma política criminal meramente simbólica e, pautado pela mídia e pelos movimentos de *Lei e de Ordem* preocupando-se apenas, com rigor excessivo, com a criminalidade de massas e o Judiciário (Faria), que tem sido observador inerte dessa realidade ao invés de afirmar-se como Poder de Estado (Streck).

Finalizando o quarto capítulo, na sua segunda parte, realizamos uma análise do Sistema Punitivo. Num primeiro momento, uma breve *análise de política criminal* que dá origem, inclusive, a diversos institutos de natureza penal recentes em nosso ordenamento jurídico, bem como a uma preocupação expressa com o processo de (des)legitimação penal frente à população, face à ambigüidade do próprio Estado. E, na segunda e última parte, uma análise dos institutos que explicitam os *privilégios penais dos desviantes* na criminalidade tributária: Lei Federal nº 9.099/95, o art. 34 da Lei Federal nº 9.249/95 e a Lei Federal nº 9.714/99. Institutos jurídicos que *transacionam* ou *suspendem processo penal* mediante "acordo", *extinguem a punibilidade* mediante o pagamento da tributação e a *aplicação de penas substitutivas*, desconhecendo a valoração constitucional em risco ao Estado Democrático de Direito e os fundamentos de nossa Constituição Dirigente.

Nas considerações finais, procuramos sintetizar os momentos anteriores, objetivando uma reflexão sobre a *Política, a Filosofia e o Direito*, a partir da constatação de que a causa da ineficácia atual dos crimes contra a ordem tributária e a fragilização de nosso Estado Democrático de Direito não pode ser debitada somente a questões técnico-jurídicas, mas principalmente, a questões de natureza político-ideológicas, que devem ser analisadas/refletidas no contexto do imaginário gnosiológico dos juristas brasileiros (senso comum teórico dos juristas inseridos no âmbito da dogmática jurídica dominante - produzida a partir de um modo de produção liberal-individualista do Direito) sem uma visão global e integrada da Política e do Direito.

Portanto, é preciso denunciar que existe um efetivo interesse de setores influentes da dogmática jurídica brasileira em realizar uma interpretação que procure restringir o alcance dos direitos e garantias individuais e coletivos, constante na Constituição Federal brasileira e, especialmente, nos crimes contra a ordem tributária que ofendem à formulação de um Direito Penal no Estado Democrático de Direito e obstaculizam a realização do Estado Social em nosso país. Enfim, realizamos a denúncia necessária do tratamento estatal a essa danosa criminalidade e apontamos criticamente alguns limites do Direito Penal posto, portanto, afirmamos: - *O Direito importa! Por isso, entendemos que ele é um instrumento importante de transformação social e realização de uma sociedade radicalmente democrática, livre, plural e socialista.*

1

Crimes contra a ordem tributária e os delitos econômicos

1.1. Lineamentos iniciais: crimes contra a ordem econômica

A agudização e o desenvolvimento da atividade legislativa e reguladora estatal em âmbito econômico - e ao mesmo tempo a inserção do Estado na economia, disciplinando e exercendo atividades que anteriormente haviam sido desenvolvidos entre os particulares, sem nenhum tipo de ingerência estatal - engendrou a necessidade de criminalizar condutas que geravam imensa danosidade social para a coletividade.

O crime de sonegação fiscal está incluído no rol de diversos outros tipos delitivos que integram *os crimes contra a ordem tributária* inseridos no Direito Econômico. O Direito Econômico desenvolveu-se como ramo autônomo do ordenamento jurídico e foi concebido em período imediatamente após a II Guerra Mundial, uma vez que a ampliação da atividade legislativa, interventora e reguladora do Estado, recebeu forte impulso. Com este caráter intervencionista do Estado sendo ampliado, foi conseqüência natural o acompanhamento de preceitos de natureza penal, seja nas mesmas leis econômicas, seja em leis penais.

Apesar de parecer um tema novo, o crime contra a ordem econômica tem sido motivo de preocupação para a sociedade desde a Antigüidade. No âmbito da legislação pátria, a tutela desse bem jurídico data do século passado. A legislação penal econômica no Brasil inicia-se em 1891 com a *Constituição Federal*, que vedava a intervenção estatal na iniciativa privada. Em 1930, surgem os primeiros sinais de regulamentação contra os crimes econômicos. Em 1937, com base na Constituição, surgem os Decretos de n°s 431/38 e 869/38, voltados para as flutuações socioeconômicas. Até 1945, a competência para julgamento dos crimes contra a economia pertencia ao Tribunal de Segurança Nacional. A Constituição de 1937 equiparava esses delitos aos crimes contra a segurança do Estado. A Lei Constitucional nº 14/45, regulamentada pelo Decreto-Lei nº 8.186/45, estabeleceu que tais crimes passariam a ser julgados pela justiça comum. Em 1951, o Congresso Nacional elaborou a Lei nº 1.521, atribuindo competência ao povo, através do Júri de Economia Popular, para julgar seus exploradores.

No período mais recente, os *Crimes Contra a Ordem Econômica*, no pensamento jurídico moderno, acabam por adquirir feições, às vezes, imprecisas e vagas em relação a seus objetos. Neste sentido, os Institutos jurídico-políticos que versam sobre sonegação fiscal no Brasil assumem caráter importante. Ocorre uma preocupação com a delinqüência econômica, que adquire *status* diferenciado na reflexão da *Criminologia da Reação Social*, desde os anos trinta, tendo por base o conceito propugnado pelo sociólogo norte-americano Sutherland, que esculpiu a expressão *white-collar-criminality* para descrever a delinqüência característica realizada por setores econômicos influentes, a partir da cumplicidade, às vezes dispensada por seus parceiros nas relações de poder. Importante destacar que o conceito de Sutherland não foi aceito por Roberto Lyra, que propugnou pela *criminalidade absoluta* praticada pelos *donos do poder*.[1]

Naturalmente no Estado contemporâneo, a regulação e a intervenção do Estado na economia têm sido acompanhadas pelo "gendarme penal", ou seja, acompanhadas por preceitos de natureza penal, pois representa a única forma de conter os "desviantes". Assinala Conde:[2] "(...) bien en las mismas leyes económicas, bien en leyes penales especiales o en el propio Codigo Penal (...) la preocupación por darle un tratamiento dogmático autónomo a este sector del derecho Penal es relativamente reciente y se debe fundamentalmente a los trabajos que ha dedicado al tema".

Verificar-se-ão os tipos penais inerentes a esses delitos, como se estruturam através de seus pressupostos e que sanções penais correspondentes estão inadequadas a conceitos da modernidade. O próprio instituto da extinção da punibilidade constitui-se em elemento fundamental a ser referido, uma vez que é elemento ativo na (re)pressão sobre os desviantes. O tema é revestido de importância face ao desenvolvimento do capitalismo (esvaziamento da soberania dos Estados e acumulação do capital transnacional).

---

[1] FAORO, Raymundo. *Os donos do poder*. Formação do patronato político brasileiro. 11.ed. São Paulo: Globo, 1997.

[2] CONDE, Francisco Muñoz. *Principios politicos criminales que inspiran el tratamiento de los delitos contra el orden socioeconómico en el proyecto de codigo penal español de 1994*, Revista Brasileira de Ciências Criminais, 1995, nº 11, p. 8.

Alguns institutos que integram um conceito *lato* de "crimes contra a ordem econômica" nos países americanos constituem-se em objeto de análise da presente obra. Crimes de sonegação fiscal, previdenciários, delitos de perigo, tentativa e extinção da punibilidade são verificados a partir de uma (re)construção dos *crimes contra a ordem tributária*, tendo por ponto de partida o que circunda o "imaginado" Direito Penal Tributário e sua definição de *Política Criminal* no Brasil.

1.2. Roberto Lyra: o criminólogo brasileiro e a criminalidade econômico-fiscal

Lyra, ao relembrar a construção de criminalidade econômica de forma original, traz como parte integrante do processo de afirmação do Direito Penal a própria doutrina cristã responsável por diversos postulados da atual dogmática penal. Afirma que a Bíblia[3] contém diversas passagens que explicitam a intimidade do Direito Penal com a religião.

Da mesma forma que Cervini,[4] encontramos extraordinário vigor no conceito de macrocriminalidade econômica defendido por Lyra:

"(...) Anticipandose a su tiempo, hace más de treinta anos, Roberto Lyra fué de los primeros en señalar y caracterizar la ma-

---

[3] LYRA, Roberto. *Criminalidade Econômico-Financeira*. Rio de Janeiro: Forense, 1978. p. 01-02. "(...) As primeiras idéias históricas sobre o objeto do que hoje consideramos Direito penal foram de fundo religioso. Pecado teria sido o equivalente de crime. A elaboração mais importante coube ao cristianismo. Ela antecipou os pregões econômico-financeiros para os caminhos da justiça geral. Das escrituras descem sentenças como estas: 'Aquele que oferece um sacrifício com os haveres dos pobres é como o que degola um filho na presença de seu pai. A vida dos pobres é o pão de que necessitam; aquele que lho tira é um homem sanguinário. Quem tira a alguém o pão que ganhou com seu suor é como aquele que mata o seu próximo. Aquele que derrama sangue e o que defrauda o jornaleiro são irmãos' (*Eclesiástico*, XXXIV, 24/27). 'Não negarás a paga do indigente e do pobre, quer ele seja teu irmão, quer um estrangeiro, que mora contigo na terra, e está dentro de tuas portas, mas pagar-lhe-ás no mesmo dia o preço do seu trabalho antes do sol posto, porque é pobre, e com isso sustenta a sua vida; a fim de que ele não clame contra ti ao Senhor, e isto te seja atribuído a pecado' (*Deuteronômio*, XXIV, 14/15) (...) Santo Agostinho: 'Devemos combater o erro e não o homem que erra. Desejamos a correção e não a morte. Nada de crueldade; nada de desumanidade. Sem justiça os reinos se transformam em cavernas de ladrões e assassinos (...) Santo Tomas de Aquino, no caso de necessidade, tão grave tão urgente que não comporta demora, e permitindo apoderar-se alguém da fazenda alheia, em quantidade que baste para a satisfação desta necessidade, de que por outra forma não pudesse livrar. Sobre a usura, escreveu: 'Receber lucro pelo dinheiro emprestado é injusto em si mesmo, porque é vender o que não existe. Isso implica, a toda evidencia, desigualdade contraria a justiça'."

[4] CERVINI, Raul. *Macrocriminalidad Económica: Apuntes para una aproximación metodológica*. In *Revista Brasileira de Ciências Criminais* - IBCCrim, 1995, ano 2, nº 5, p. 51.

crocriminalidad económica como abañico de formas de delincuencia muy perfeccionadas, *de enorme danosidad social, que se mostraban cada vez más accesibles a la evidencia científica, pese a lo cual raramente aparecían tipificadas en la ley penal*. Agragade finalmente que en hipotético caso de encontrarse previstas en la norma penal, 'las autoridades no quieren o no pueden alcanzarlas. Sus observaciones reflejaban sumamente certera que pese al tiempo transcurrido, mantiene clara vigencia, incluso confrontada con las más recientes elaboraciones doctrinarias. En el decurso de este trabajo, al analizar las notas definidoras de la macrocriminalidad económica, pondremos especial enfasis en esos filtros del sistema penal que engendran y recrean tan intolerable invulnerabilidad' (...)" (grifo nosso).

Se nas décadas de 1940 e 1950 haviam dúvidas sobre a necessidade de o Estado preparar-se contra a criminalidade econômica, hoje há certeza da exigência de uma apropriação por parte da sociedade de instrumentos eficazes e de reflexão a respeito da (re)formulação de um Direito que esteja adequado à (re)pressão a essa natureza de crimes, bem como à apreensão a respeito do perfil dos "desviantes" que obstaculizam a construção do Estado Democrático de Direito no Brasil.

A tese de Lyra[5] venceu! No entanto, a (in)existente preparação de nosso arcabouço teórico para enfrentar a "nova realidade" causou - e ainda causa - grandes prejuízos à construção de um Estado Social, devido à sangria proporcionada por esses delitos que afrontam nossa Constituição e ao perigo que representam para o Estado Democrático de Direito. Os desviantes encastelados em poderosos aparelhos estatais e privados que agem impunemente a partir da (in)efetividade de nosso Direito Penal.

Com décadas de antecedência ao avançado sistema punitivo de que dispomos em nossa ordem jurídica, Lyra se opunha aos "privilégios" penais que poderiam ser concedidos aos *criminosos absolutos*,[6]

---

[5] LYRA, Roberto. Op. cit., 1978, p. 41.

[6] Idem, p. 44. *"(...) Contra o supermundo da fraude aventou-se a oblação somente para a aplicação da pena pecuniária, sem registro na 'folha penal'. A multa não seria paga pelo responsável... Expedientes contábeis lançariam tudo nas 'despesas gerais' (...) Isto não é penalizar, mas 'despenalizar' a infração.* Teríamos, virtualmente, ilícito civil ou fiscal e não ilícito penal, quer pela natureza quer pelos meios quer pelos fins quer pelos efeitos (...) se a multa é ineficaz para os ricos, e 'a prisão é imprópria', como sustentam seus serviços, o ilícito penal não será realmente penal.(...) Poderíamos falar num direito penal econômico autônomo para a proteção da economia nacional, base da soberania transcende os quadros. Ressalvo, é claro, os direitos humanos e os direitos constitucionais, muitas vezes em causa (...) multiplicidade de especialidades e subespecialidade aumentam o tumulto doutrinário, jurisprudencial, editorial. O linguajar multidivisionista pode ser prático, mas, além de artificial e arbitrário, perturba e desorienta a Justiça, já condi-

e em 1978, Lyra[7] explanava a respeito da tendência dos "Donos do Poder" em consolidar uma legislação penal que, ao não poder eliminar determinados tipos penais do sistema, alternativamente, dificultaria sua repressão. O sistema punitivo não poderia estar adequado à nova realidade, visto que aqueles que dispunham de uma série de vantagens não engendrariam instrumentos que, posteriormente, resultariam em prejuízos particulares. Existe a contradição explícita por parte daqueles que se espraiam pelo Estado, que permanece silente diante do saque às instituições, realizado habitualmente por seus cidadãos, "mais iguais do que outros" ou, pelo concurso desses agentes. O poder instituído não pode agir de forma a punir seus "cidadãos honoríficos", seus negociantes, políticos ou banqueiros! Era necessário (re)constituir um sistema de penas alternativas harmonizado com o *sistema capitalista*:[8] penas pecuniárias sem o conseqüente registro em folha penal. Seria ultrajante para um "benemérito cidadão" passar por este tipo de humilhação. A multa seria paga pela empresa. A pena privativa de liberdade não era adequada para esses "desviantes". Portanto, inúmeras preocupações referidas por Lyra[9] foram adotadas em nosso ordenamento jurídico nos últimos anos sob a rotulação de "avançadas e progressistas inovações penais", sem a necessária verificação com os novos valores constitucionalmente afirmados.Estaria adequado à dignidade dos *"desviantes"* o

---

cionada e limitada no **alto-mar**, agora tempestuoso, dos interesses (...) Não importa os nomes de "indisciplinas" estranhas à enciclopédia jurídica, porque sem real aptidão normativa (...) *regra é o Direito Penal comum e permanente, é o Direito Penal mesmo, na plenitude de suas responsabilidades, contra autonomias e especializações que pioram ou melhoram o tratamento destinado a todos.(...)*" (grifo nosso)

[7] LYRA, Roberto. Op. cit., 1978, p. 41.

[8] Entendemos que o desenvolvimento da sociedade capitalista ocasiona ao Direito Penal uma nova gama de preocupações com a complexidade que a recente criminalidade tributária engendra. Um exemplo desta realidade é a crescente utilização de personalidades jurídicas no *iter criminis*, desde o ato de elaboração e planejamento até a obtenção do resultado delitivo e, verificados na realização da criminalidade tributária, lesivo à sociedade de forma mediata, o que em muitos casos tem dificultado a apuração dos delitos. A utilização de pessoas jurídicas e sua conseqüente novidade causou perplexidade no início da década de 50, todavia, não se compara à perplexidade que encontramos no fato de essa situação não haver sido enfrentada adequadamente até hoje. A caricaturização da prisão da pessoa jurídica tornou-se tabu que, apenas a partir da *Constituição de 1988*, começou a despertar a preocupação e a *investigação de alguns cientistas do Direito*. Atualmente o Governo Federal, no momento de defesa política frente a uma Comissão de Inquérito Parlamentar, passou a questionar a impunidade destes *novos sujeitos criminosos*. Mais uma vez, percebemos a gravidade que significa a (ir)responsabilidade penal das pessoas jurídicas. Preferiu-se historicamente ignorar essa criminalidade a fazer uma reflexão mais apurada sobre os próprios limites da Teoria da Pena e não inquietar os "criminosos de colarinho branco" de nossa democracia delegativa. Um exemplo importante a ser refletido na (re)atualização da *Teoria da Pena* é a irresponsabilidade penal da pessoa jurídica.

[9] LYRA, Roberto. Op. cit., 1978, p. 42.

instituto da transação penal? A partir de uma perspectiva liberal-individualista, entendemos que sim. Contudo, como afirmamos que a *Constituição de 1988* institui uma nova concepção de Estado, em relação aos crimes contra a ordem tributária, tendo em vista o que o bem jurídico visa a assegurar para a coletividade, entendemos inadequada a utilização desse diploma legal. Por fim, os "crimes econômicos" têm historicamente recepcionado institutos progressistas para o tratamento (re)educador e (re)socializador do quase-apenado. Assim sendo, o fato é o que tem sido aplicado a essas situações definidas por Lyra[10] como "criminalidade absoluta":

> "(...) A bem de negociantes que repelem o duplo padrão da moral convencional – um para a casa e outro para a praça - a lei penal deve reprimir imoralidades e, por, amoralidades. Os vendilhões ofendem os negociantes propriamente ditos. *'Honrado comerciante', 'honra da firma' são lugares comuns legendários. Honrado foi adjetivo inseparável do comerciante. Mas, a lei penal é condicionada pela ordem que estabelece a 'moral' prática.* O Estado não pode reprimir a atual mercurização até de áreas honoríficas consideradas sagradas (...) Quando, demagogicamente, constam da lei penas contra o que chamo de criminalidade absoluta é mesmo 'para constar'. A norma deixa de ser jurídica vitalmente caracterizada pela sanção aplicada em sentença executada (...)" (grifo nosso).

Mas e o aparato do Estado? A inadequação dos meios para repressão, bem como a possibilidade de corrupção ficam evidenciadas no pensamento de Lyra: "(...) intervenções contra sonegadores que são úteis para os fiscais e não para o fisco. Há interesses organizados e aparelhados para todo o gênero de fraude. A imaginação celerada desdenha de um mecanismo fiscal que, quando não peca pela corrupção ou pela inércia, cede pelo rudimentarismo dos meios e modos".

Definia o "príncipe dos promotores"[11] que a fraude penal é a função do meio idôneo para o crime e expunha a "retificação do Direito Penal". Informava que, por ser a *ultima ratio*, o Direito Penal não deveria ser misturado de forma servil a outros ramos do Direito.

---

[10] LYRA, Roberto. Op. cit., 1978, p. 44.

[11] O penalista Roberto Lyra foi chamado em seu tempo, e até hoje é lembrado pelos integrantes do Ministério Público, de príncipe dos promotores. Sua eloqüência, maestria e correção no Tribunal do Júri, bem como, sua postura e capacidade teórica imortalizaram esta expressão afetiva originária de seus pares no *parquet*. Era impraticável para aquele legendário penalista e humanista que o Direito Penal ficasse subordinado aos desígnios do capital. Denunciava à contradição do sistema que estimulava através da opinião pública: *"O clamor público dirigido grita 'pega-ladrão'! (os pequenos ladrões direitos que 'trabalham' e se arriscam) e não 'pega-explorador'!"*

Questionava a aplicação de institutos do direito privado ou mesmo administrativo a delitos de danosidade social grave, de forma a facilitar a continuidade do delito por aqueles que detinham o modo-de-produção.

O Direito Penal é a *ultima ratio*, os *delitos contra a ordem tributária e econômica* representavam um abuso acintoso à ordem jurídica. Sua apuração tornava-se difícil pela forma com que se organizavam os "criminosos". Por certo estes crimes não estão adequados aos paradigmas do Direito Penal clássico, contudo a necessidade de (re)definição da Ciência Penal impunha-se para um feroz combate aos "delitos econômicos" e seus distintos "criminosos". Em caso algum, a arma mais poderosa do arsenal jurídico pode ser correlativa, sancionária, instrumental, apendicular e, muito menos, conseqüencial. Como Lyra,[12] entendemos que a dogmática penal: "(...) independe de usos e costumes licenciados e despoliciados, de formalismos cíveis, de negligências administrativas, de indexações fiscais. À lei penal cabe ministrar a exemplarização eficaz contra o abuso acintoso, a impunidade subversiva, a irresponsabilidade vexatória para a ordem jurídica".

A função do meio idôneo para o delito é o que caracteriza a fraude penal. Como Lyra,[13] entendemos que esta função é o endereço para resultado que a lei penal considera criminoso. A "sujeição" do Direito Penal ao capital tornaria à repressão a criminalidade econômica ação pirotécnica que finda por (des)legitimar o próprio Direito frente à Sociedade e, mais importante, (des)constituindo sua finalidade de forma irreversível.

Os juristas ignoraram o alerta de Lyra, e hoje estamos impotentes diante de "personalidades", cujos negócios prescindem de transparência, acobertam-se dolosamente através dos institutos elaborados célere e a-cientificamente por parlamentares que se utilizam da "imunidade parlamentar" para realização, em algumas oportunida-

---

[12] LYRA, Roberto. Op. cit., 1978, p. 47.

[13] Idem, p. 48. "O dolo, mesmo eventual, indica a direção da vontade celerada (querer o resultado ou assumir o risco de produzi-lo). A intensidade do dolo como o grau da culpa influem na aplicação da **pena**, e não na existência do crime (...) impõem-se, urgentemente, normas especiais rápidas e eficazes contra as crescentes concentrações, mistificações e ocultações do capital. (...) **Para impedir que a norma jurídica, como a trabalhista, a civil, a administrativa, a fiscal etc., se reduza à norma moral clamorosa e inoperante, a norma jurídico-penal deve intervir autônoma, direita e preponderantemente** (...) *relações com as outras matérias jurídicas, o Direito Penal ocupa posição ativa, menos quanto ao Direito constitucional* (...) Sem socorro penal, a ineficácia das demais sanções - vimos - converteria normas jurídicas em legendas éticas.(...) A lei penal é que ministra a exemplarização repressiva eficiente contra o proveito acintoso, a irresponsabilidade vexatória, para a ordem jurídico-comercial, a impunidade estimulante da periculosidade anti-social (...) *reparação do dano opera somente como atenuante da pena (art. 48, nº IV, letra b do CP)* (...) *Primeiro, a ação penal, depois os respectivos incidentes.*(...)" (grifo nosso)

des, de crimes comuns. Acertou, em sua análise esse notável homem público, precursor de um certo "socialismo cristão". Criminólogo e jurista ímpar, que propugnou pela aproximação real da Constituição e do Direito Penal e perfilou-se junto à criminologia radical. Denunciou com grande antecedência dois dos mais nefastos problemas da criminalidade moderna: a macrocriminalidade econômica e os criminosos absolutos.

1.3. A conceituação de criminalidade econômica

O conceito de criminalidade econômica depende primeiramente do enfoque que se lhe dê: criminológico ou normativo. Depois, em cada uma das perspectivas, há um alto grau da variabilidade, que depende, de um lado, da teoria criminológica adotada e, de outro, do critério de classificação jurídica.

No enfoque criminológico crítico, importa estabelecer inicialmente o conceito de crime, adotado como objeto de estudo. Nesta questão, há duas orientações fundamentais: (1) das condutas criminosas ou delitivas e, (2) a marxista de Pearce. A primeira considera objeto da criminologia as condutas definidas em lei como crime, ou seja, as condutas criminosas ou delitivas. Nesse sentido, partimos do pressuposto de que crime é aquilo que o legislador diz que é, desde que não dispondo em sentido contrário à Constituição.

Os crimes realizados pela macrocriminalidade - ou crimes do colarinho branco - são, para Sutherland, a infração cometida por pessoas de respeitabilidade e *status* elevado no exercício de sua atividade profissional. Inclui três espécies de conduta: (1) dos homens de negócios ou empresários no desempenho de suas atividades; (2) os atos ilícitos de profissionais, como os médicos; (3) atos ilícitos no âmbito da política.

A propósito do "poder" desses desviantes, Santos, no prefácio da obra *Los Delitos Economicos* relata história sobre a "quase" censura à obra de Sutherland, que foi *"convencido"* a ignorar partes de seu trabalho, a fim de não constranger alguns importantes membros da sociedade americana de seu tempo no intuito de satisfazer aos *desejos* da Academia.

A segunda orientação criminológica crítica é a de orientação marxista (Pearce), que engloba os crimes praticados pelas pessoas que se beneficiam de uma *posição proeminente na sociedade capitalista*,[14]

---
[14] Projeto de Lei sobre a quarentena de servidores públicos de autoria do ex-Senador Itamar Franco - PLC nº 200/89.

sob a denominação de *crimes of the powerful* (agentes que transacionam informações privilegiadas).

O conceito de macrocriminalidade econômica e *macrodelinqüência econômica*[15] nos parece mais amplo e contempla o caráter difuso, múltiplo e indeterminado das vítimas, bem como elevada danosidade material e social ocasionada à sociedade. Os dados estatísticos disponíveis evidenciam o fato de que os tipos penais tradicionais constantes do C.P.B e as poucas normas extravagantes, além da própria estrutura geral do Direito Penal convencional, mostram-se (in)suficientes e (in)adequados para o combate à macrocriminalidade econômica.

A legislação extravagante, neste momento, é o *locus* de melhor oportunidade técnica e de melhor segurança jurídica para recepcionar a criminalização dos atentados econômicos e tributários, diante da especificidade de sua estrutura e da própria flutuação dos bens e interesses tutelados, que correspondem, face à timidez de nossa elaboração teórica, necessariamente, a alterações não apenas na elaboração dos tipos legais como também no estabelecimento de sanções e das regras próprias que um direito autônomo deve considerar. Como Araújo Júnior,[16] entendemos que o ideal consistiria em: "(...) uma elaboração legislativa em etapas, que culminaria com a estratificação dessas normas extravagantes no CP, quando tivéssemos acumulado a experiência e os conhecimentos necessários ao perfeito ajustamento dessas normas específicas às do sistema do Código" A recepção imediata no Código Penal brasileiro, provavelmente, se

---

[15] CASTILHO, Ela Wiecko V. de. *O controle penal nos crimes contra o sistema financeiro nacional*. Belo Horizonte: Livraria Del Rey, 1998, p. 65 e 64 Duas expressões são utilizadas freqüentemente pela doutrina: macrocriminalidade econômica e macrodelinqüência econômica. A partir de suas características, CASTILHO as diferencia:"(...) Cervini (1995) e Gomes (1995) utilizam as expressões macrocriminalidade econômica e macrodelinqüência econômica, respectivamente. O primeiro autor com ela quer referir o fenômeno da criminalidade em que estão presentes as seguintes características: (a) abuso de poder econômico, político ou de especialização profissional; (b) elevada danosidade material e social; (c) aparência de legalidade absoluta; (d) mutabilidade dos mecanismos econômicos; (e) caráter múltiplo e indeterminado das vítimas; (f) transnacionalização das condutas; (g) impunidade dos autores. Gomes conceitua a macrodelinqüência econômica como aquela que causa graves danos sociais e vítimas difusas, englobando os crimes econômicos, financeiros, tributários ecológicos, fraudulentos, etc. e estabelece uma sinonimia com a criminalidade do colarinho branco (...) é inaceitável o crime "as business" fazendo parte do conceito de criminalidade econômica, vez que o crime organizado produz efeitos na ordem econômica antes imaginados. Somas altas de lucros são inseridas na economia formal, através de procedimentos de lavagem de dinheiro, podendo desestabilizar o mercado. Em síntese, não vem significativo criminológico em conduta que não seja suscetível de constituir problema de política criminal.(...)".(grifo nosso).

[16] ARAÚJO JÚNIOR, João Marcelo & SANTOS, Marino Barbedo. *A Reforma Penal: ilícitos penais econômicos*. Rio de Janeiro: Forense, 1987, p. 80.

fosse concretizada hoje, ou seria inócua em seus efeitos, ou traumática para o Código, tanto quanto, é *(in)eficaz a legislação atual*.[17]

Novas formas de criminalidade econômica vêm surgindo com o desenvolvimento da economia capitalista. O processo de "mundialização" da economia, a organização em empresas transnacionais e o próprio processo de esfacelamento do Estado em diversos países a partir da implantação de um modelo de desenvolvimento identificado com o neoliberalismo tendem a agravar cada vez mais os "novos centros de poder", que passam à margem do *Estado Contemporâneo*.[18] Cabe-nos assegurar que a manutenção da *Constituição* per-

---

[17] No processo de reforma do Código Penal, desde 1985, teóricos brasileiros debatem onde seria mais adequado inserir a legislação penal referente aos delitos econômicos. No Código Penal ou através de legislação especial? Nosso Código Penal atualmente possui alguns dispositivos previstos na parte reservada à legislação complementar. Existem, são válidos, mas, sua eficácia é duvidosa! Não obstante termos a impressão de que o debate mais adequado seria a respeito da eficiência ou não do direito positivo, bem como as razões de seu (in)sucesso.

[18] MORAIS, José Luís Bolzan de. *As funções do estado contemporâneo o problema da jurisdição*. *Caderno de Pesquisa da UNISINOS*, nº 03/Setembro 1997. "(...) *Welfare State* seria aquele Estado no qual o cidadão, independentemente de sua situação social, tem direito de ser protegido. Seria o Estado que garante tipos mínimos de renda, alimentação, saúde, habitação, educação, assegurados a todo o cidadão, não como caridade, mas como direito político (...) Há uma garantia cidadã ao bem-estar pela ação positiva do Estado (...) *Estado Democrático de Direito* emerge como um aprofundamento, *Welfare state (...)* Ao mesmo tempo em que se tem a permanência em voga da já tradicional questão social, há como que a sua qualificação pela questão da igualdade. Assim, o conteúdo deste se aprimora e se complexifica, posto que impõe à ordem jurídica e à atividade estatal um conteúdo utópico de transformação do *status quo*. Produz-se, aqui, um pressuposto teleológico cujo sentido deve ser incorporado aos mecanismos próprios ao Estado do Bem-Estar, construídos desde há muito (...) art. 1º define os contornos do Estado brasileiro (...) *b. As crises de um Modelo:* (...) Estamos diante de um ponto de não-retorno. Não há como pensar-se em uma volta às bases do Estado Mínimo. Este é um caminho fechado (...) Para superá-la duas perspectivas são apontadas: aumento na carga fiscal, crescimento da base de incidência, ou redução de custos via diminuição da ação estatal (...) Crise de legitimação. Uma *crise ideológica* patrocinada pelo embate antes mencionado entre democratização do acesso e burocratização do atendimento (...) *crise filosófica* atinge exatamente os fundamentos sobre os quais se assenta o modelo do bem-estar. Esta crise aponta para a desagregação da base do Estado do Bem-Estar, calcada na *solidariedade*, a partir de uma relação clientelista que irá se construir entre o cidadão e o Estado (...) A fórmula política neoliberal propõe a redução da ação estatal como método para redesenhar o Estado (...) Mais, esta postura implica na revisão de atividades fundamentais do Estado, não apenas daquelas ligadas ao Executivo (...) Tais transformações atingem também as funções legislativa e jurisdicional. A primeira reflete a emergência de novos focos de produção legislativa, seja no âmbito supranacional, seja, mesmo, no âmbito da iniciativa privada (...) As que atingem a função jurisdicional não têm a claridade meridiana como as que se apresentam já perante a tradicional monopólio da atividade legislativa. Todavia, isto não impede que percebamos alguns indícios daquilo que possa vir a ser uma multipolarização dos locais e métodos de produção de respostas aos conflitos produzidos no interior da Sociedade (...) Já há uma tendência a uma também diversidade de fórmulas para a solução de controvérsias, e que refletem, também, estas transformações que se operam na sociedade neste final de século, a partir de projetos políticos que têm pretensões próprias, o que não nos exime de tentar entendê-los seja para capacitar-nos tecnologicamente para lidarmos com os mesmos, seja para compreendê-los, seja para rechaçá-los (...) Ao *acesso à justiça*, suas repercussões e sua tecnologia apresentadas às defasagens da Justiça tradicional (...)" (grifo nosso).

mita, e ao mesmo tempo, tenha por finalidade a realização de um Estado Social e que resista a esse processo de desintegração social. Assim como Castilho,[19] concordamos com o fato de que: "(...) a criminalidade econômica organizada, é a atividade criminosa em matéria tributária, a violação às disposições cambiais, os fenômenos delinqüênciais no campo societário e os fatos ligados aos procedimentos falimentares". Afirma-se como situação que agrava a fragilização com que o *Welfare State* vem-se deparando. Impõe-se elaborarmos institutos jurídicos que auxiliem o sistema penal, portanto, no plano dogmático e político-criminal, (re)definirmos instrumentos que possam evitar ou conter o avanço da macrocriminalidade econômica como elemento de agravamento da crise do Estado Social.

Percebe-se que a *macrocriminalidade econômica*[20] - ou criminalidade econômica empresarial - possui como atributos o cunho patrimonial, o abuso no exercício de atividades empresariais, o conteúdo variado, a multiplicidade e a dispersão dos lesados e a escassa repulsa social. A criminalidade econômica merece um processo de reflexão especial e apartado, uma vez que a sociedade, de forma global, não vislumbra que sobre ela recai o ônus dessa criminalidade a partir da omissão do Estado na realização ou efetivação de diversos direitos que devem ser assegurados pelo *Welfare State*. A repulsa social em relação aos "desviantes" é insignificante frente ao dano causado à população vitimada por genocídios econômicos causados de modo transindividual, coletivo ou difuso. Por fim, a elaboração de bens jurídico-penais para proteção de interesses supra-individuais.

Tem-se o crime econômico como infração penal que lesa ou põe em perigo a ordem econômica, pois significa a intervenção direta do Estado na relação econômica como um sujeito privilegiado, impondo coativamente uma série de diretrizes e normas de forma a planificar o comportamento dos distintos sujeitos econômicos. A intervenção do Estado na economia, seja reconhecendo impostos, seja discipli-

---

[19] CASTILHO, Ela Wiecko V. de. Op. cit., 1998, p. 68.

[20] Idem, p. 67-68. "Para Lopez-Rey os fatos que constituem à criminalidade econômica se integram à criminalidade não-convencional, por oposição a convencional. A outra abrange crimes contra a lei internacional e seus usos, fraudes econômicas e financeiras, corrupção em altos escalões, tráfico e exploração de mão-de-obra migrante, práticas discriminatórias, genocídio, falsa publicidade de produtos, poluição ambiental e tráfico de pessoas e de drogas, entre outros (...) Preferem que se fale em crimes contra a ordem econômica, ou como Tiedemann (1994), crimes contra a ordem socieconômica, pois esta expressão permite incluir, não somente os crimes contra a economia nacional, mas também os crimes financeiros, tributários, laborais, falimentares, etc., alcançando ainda os crimes societários e outros, que possam ter relevância principalmente patrimonial, em estreita conexão com a vida econômica (...) Em Bajo Fernandez encontramos a definição de *derecho penal econômico* como conjunto de normas jurídico-penais que protegem a ordem econômica (...)"

nando o mercado de capitais, as transações internacionais ou a formação de preços, assim considerada a regulação jurídica através da qual o Estado intervém na economia, na ordem tributária de um país.

Modernamente, a criminalidade econômica condiciona os juristas trilhar em novo caminho para (re)adequar a teoria do bem jurídico penal estabelecendo um superior arsenal instrumental para combatê-la sem que venhamos a negligenciar a garantia aos direitos fundamentais. Na esteira deste pensamento, Bitencourt[21] adverte que propugnar pela repressão à criminalidade tributária não pode implicar a (re)edição de um Direito Penal do Terror.

A interferência do Estado na economia ensejou a elaboração de uma orientação restritiva no Direito Penal, que distingue atividades econômicas em "campo de atuação dos crimes econômicos". O patrimônio é compreendido como bem de natureza individual e disponível; de modo diverso, a ordem econômica é entendida como bem de natureza supra-individual e indisponível que consiste na atividade interventora direta do *Estado na economia*[22] com a finalidade de realizar o bem-estar coletivo da sociedade.

---

[21] BITENCOURT, Cezar Roberto. *Princípios garantistas e a delinqüência do colarinho branco*. Revista Brasileira de Ciências Criminais, nº 11, p. 125. "(...) Nessa histeria toda em busca de um Direito Penal do Terror fala-se abundantemente em 'criminalidade moderna', que abrangeria a criminalidade ambiental internacional, criminalidade industrial, tráfico internacional de drogas, comércio internacional de detritos, onde se incluiria a delinqüência econômica ou criminalidade de colarinho branco. Esta dita criminalidade moderna tem uma dinâmica estrutural e uma capacidade de produção de efeitos incomensuráveis, que o Direito Penal clássico não consegue atingi-los, diante da dificuldade de definir bens jurídicos, de individualizar culpabilidade e pena, de apurar a responsabilidade individual ou mesmo de admitir a presunção de inocência e o *in dubio pro reo(...)* Nesta criminalidade moderna, é necessário orientar-se pelo perigo ao invés do dano, pois quando o dano surgir será tarde demais para qualquer medida estatal. *A sociedade precisa dispor de meios eficientes e rápidos que possam reagir ao simples perigo, ao risco, deve ser sensível a qualquer mudança que poderá desenvolver-se e transformar-se em problemas transcendentais. Neste campo, o direito tem que se organizar preventivamente* (...)"(grifo nosso).

[22] CASTILHO, Ela Wiecko V. de. Op. cit., 1998, p. 88-89. "(...) o Estado passou a interferir ativamente na economia, utilizando os instrumentos clássicos (política fiscal, monetária, policiando a atividade econômica, proibição e condicionamento das atividades, fixação de preços, etc.), produzindo e, inclusive, administrando e planificando a economia nacional. Estamos diante da economia mista e do Estado econômico. Economia mista, porque coexistem a economia privada e a pública, a iniciativa privada e a planificação pública, o princípio do lucro e o da satisfação das necessidades sociais, o principio da economia de mercado e o da direção central. Estado econômico, porque o Estado deixou de funcionar apenas no plano político para se transformar no principal responsável pela economia nacional (...) intervenção estatal ocorre tanto com o controle de muitos ramos nos quais antes havia apenas empresas privadas, quanto com o planejamento econômico, que não se confunde com a planificação do sistema socialista, mas exerce influência decisiva em todas as atividades econômicas (...) Além disso, com impostos, multas ou aplicação de recursos, o Estado pode frear ou impulsionar certas atividades que lhe interessarem (...) atores do mercado se converteram em uma nova classe de 'legisladores virtuais', sem pátria, que controlam a capacidade dos governos de aumentar, diminuir, gastar ou pagar suas dívidas com a inflação (...)"

Nesta perspectiva, o crime econômico, além de conceitualmente restrito, é necessariamente relativo, dependendo do modelo de intervenção estatal na economia estabelecido na Constituição. Quanto menor a intervenção estatal, menor será o campo da criminalidade econômica. No Estado Democrático de Direito, superior ao Estado Social, a intervenção é mais intensa, assim como, excepcionalmente, o processo de intervenção penal na garantia da realização das finalidades do Estado.

Quanto aos crimes contra a ordem econômica e financeira, em consonância com Araújo Júnior[23] foram projetados como estrelas na cena da Ciência Penal, importam em "reviravolta das regras do jogo penal", numa transformação profunda e certamente irreversível da política criminal que ainda inicia uma nova orientação no Direito Penal moderno.

O novo paradigma que surge impulsionado pela criminalidade econômica e tributária se apresenta como violação de um bem-jurídico penal de caráter supra-individual ou coletivo. Os efeitos reflexos da macrocriminalidade são mediatos em relação à coletividade e imediatos em relação ao Estado, que representa a coletividade de forma abstrata. Diante das "infrações penais e sua danosidade social" o Estado fica impossibilitado de efetivar os direitos fundamentais do cidadão, assegurados na Constituição face a seu prejuízo fiscal.

Não podemos olvidar que o processo de criminalização de condutas que atentem contra a "ordem tributária" não são de fácil formulação dogmática. A técnica de estruturação dos tipos penais tem-se transformado em tortuoso processo para os juristas, pois a defasagem histórica revela os limites do pensamento dogmático diante do novo paradigma penal a ser desvendado e (re)construído.

---

[23] ARAÚJO JÚNIOR, João Marcelo & SANTOS, Marino Barbedo. Op. cit., 1987, p. 80. "Daí, a necessidade de uma regulação jurídica através da qual o Estado, intervindo diretamente, estabelece limitações gerais, regula preços, fixa limites à liberdade de gestão econômica e impõe sanções. Dentre estas, *as sanções penais* ocupam lugar de destaque, não só em razão da atual noção de disciplina social, fulcrada numa concepção positiva do civismo, que exige uma *igualdade real entre os cidadãos, pouco importando a condição econômica deles, como também, por considerações de* utilidade social, a fim de evitar ou corrigir às disfunções do sistema econômico (...) Disso decorrem as características especiais do delito econômico e financeiro, que estão a exigir a implantação de regras próprias que permitam, inclusive, uma eficiente proteção do bem jurídico e, incidentemente, às vítimas individuais ou aos *grupos de vítimas de tais delitos*.(...)" (grifo nosso).

1.4. Direito penal tributário integrando crimes econômicos

Concordamos com o fato de que a definição Direito Penal Tributário, como assevera Villegas,[24] resgata e contempla todas as normas que reprimem fatos ilícitos relacionados de alguma maneira com a atividade tributária do Estado.

No entanto, verificamos que a infração tributária assume uma visibilidade quando existe violação de qualquer das duas modalidades normativas. Podemos atribuir, portanto, à infração tributária material, o fato de o contribuinte violar normas jurídicas de previsão do fato gerador, alíquotas, base de cálculo do tributo.

A divisão terminologia torna-se simples, uma vez que pode ser resumida basicamente em duas: (1) infrações administrativas em criminais (penalização) e (2) a reconversão de infrações criminais em meros ilícitos administrativos (despenalização), não afetando substancialmente o conteúdo de injustiça dos fatos, mas sim no grau de *"repressão do Estado"*. A ilicitude dos respectivos fatos continua sendo a mesma em essência, mudando a natureza da sanção face à política criminal utilizada para os *crimes contra a ordem tributária*.[25]

Em sua obra clássica, Villegas[26] e, em momento mais recente, Costa Júnior, por razões diferentes, manifestam sua preferência pela designação *Direito Penal Tributário*, que deve ser utilizada para disciplinar as normas que reprimem as infrações tributárias. Pois, para o primeiro: "(...) a designação 'direito penal tributário' deve ser utilizada apenas como referência às normas que reprimem infrações fiscais (substancialmente contravencionais), mas não quanto àquelas que versam sobre delitos ainda, que eles, de alguma forma, se relacionem com o fisco".

Para o segundo, Costa Júnior,[27] com o qual nos identificamos plenamente, não é possível aceitar a designação do Direito Penal

---

[24] VILLEGAS, Hector. *Direito Penal Tributário*: EDUC, 1974, p. 130. "(...) Conforme este critério, do qual compartilha Sainz de Bujanda e que, de certa forma, afina-se com as teorias de Jarach, as conclusões podem sistematizar-se da seguinte forma: 1) a denominação 'direito penal tributário' *alude a todas as normas que reprimem fatos ilícitos relacionados de alguma maneira com a atividade tributária do Estado*, com total independência do texto no qual se incluam; 2) aceita-se a designação 'direito tributário penal', considerando tal direito como aparte do direito penal tributário integrada pelos ilícitos e sanções tipificadas nas próprias leis tributárias, e ainda pelas sanções que as mesmas leis tributárias qualificam como penais(...)". (grifo nosso)
[25] COSTA JÚNIOR, Paulo José & DENARI, Zelmo. *Infrações Tributárias e Delitos Fiscais*. 3ª edição. São Paulo: Saraiva, 1998. p. 16-17.
[26] VILLEGAS, Hector. Op. cit., 1974, p. 130-131.
[27] COSTA JÚNIOR, Paulo José & DENARI, Zelmo. Op. cit., 1998. p. 17. "(...) Por outro lado, quando o legislador, diante do caráter extremamente *nocivo da conduta, instituir tipos penais tributários, ou, por razões de política criminal, houver por bem converter a infração tributária em crime, infligindo-lhe pena privativa da liberdade pessoal, já não haverá a possibilidade de, em tese, distinguir*

Tributário como sinônimo de um Direito Penal subordinado ao Direito Tributário, uma vez que tal reflexão que tem como ponto de partida a identidade substancial entre o delito de Direito Penal Comum e a infração tributária, razão que leva à definição de todo o ilícito vinculado à matéria fiscal (seja delitual ou não), sob a denominação genérica de Direito Penal Tributário.

Na esteira de Costa Júnior,[28] preocupam-nos ações do Parlamento, diante da gravidade da conduta praticada pelos desviantes, no sentido de instituir tipos penais tributários, ou, se por razões de política criminal, houver por bem converter a infração tributária em crime, aplicando-lhe pena privativa da liberdade pessoal, situação da qual estamos distantes tendo em vista nosso sistema punitivo, não haverá, pois, a possibilidade de, em tese, distinguir os delitos tributários dos delitos comuns.

Contrario sensu, as razões de política criminal poderão determinar que condutas tidas como infrações tributárias passem a ser incluídas no rol de delitos previstos no Código Penal. Mais: ao alvedrio do legislador nacional, inclusive, nada obsta que, por *"razões de Estado"*, os crimes econômicos e, principalmente, aqueles cometidos em violação contra os bens jurídicos penais tributários venham a ser definidos como crimes hediondos. O que impede tal decisão em nosso ordenamento jurídico? Nada. Aliás, os mesmos critérios que definiram o seqüestro ou venda de medicamentos adulterados como sendo crimes hediondos!

Citemos algumas das principais características do Direito Penal Tributário: (1) apreciado do ponto de vista das sanções que aplica aos infratores, é de caráter penal, na medida em que impõe verdadeiras penas, ou seja, conseqüências jurídicas consistentes em uma diminuição de bens jurídicos e tendentes a reprimir a transgressão cometida e a evitar infrações futuras; (2) distingue-se dos outros ramos penais administrativos enquanto está unicamente referindo-se às violações das normas tributárias e se inclina a proteger receitas que o Estado deve obter por meio delas. Ademais, sua sanção típica, a multa fiscal, não é somente retributiva e preventiva, mas também compensatória, o que outorga à norma repressiva tributária peculia-

---

os delitos tributários dos delitos comuns. A luz das respectivas infrações, teremos duas violações de normas que reprimem condutas ilícitas, e, sob o aspecto das respectivas penas, por isso que ambas privativas da liberdade pessoal (...) Neste particular, podemos compartir com Jarach que 'o delito tributário não se diferencia ontologicamente do delito penal comum (...) por todo exposto, referindo-nos ao Direito Penal Tributário como o conjunto de normas que regulam os delitos tributários e as respectivas sanções, sendo certo que o adjetivo 'tributário' pretende somente significar que as normas penais - que se alojam no núcleo da disciplina matriz - colocam sob sua tutela a matéria tributária.(...)'" (grifo nosso).

[28] COSTA JÚNIOR, Paulo José & DENARI, Zelmo. Op. cit., 1998. p. 15-16.

ridades não comuns às regras repressivas administrativas em geral; (3) as figuras que elege são, em geral, de caráter antijurídico, enquanto estão desaprovadas pelo direito. As normas repressivas não se têm separado das leis fiscais, e a doutrina, em geral, considera esse ramo como capítulo ou parte do Direito Tributário.

A partir das características centrais expostas anteriormente, resultam alguns princípios que ordenam o dito Direito Penal Tributário: (1) caráter contravencional da infração tributária;[29] (2) caráter penal da sanção tributária - da natureza penal da sanção surge que o Direito Penal Tributário deve adequar-se, necessariamente, aos princípios elaborados pela dogmática jurídico-penal, vigentes no Direito Penal Comum, tais como a legalidade, a tipicidade, a proibição da analogia e a irretroatividade; (3) caráter também compensatório das sanções mistas[30] e, (4) antijuridicidade da infração tributária - a necessária antijuridicidade da infração tributária (por ser contrária ao direito), propõe importante problema específico do Direito Penal

---

[29] VILLEGAS, Hector. Op. cit., 1974, p. 133-135. "(...) Esse caráter contravencional implica que a razão do castigo seja, fundamentalmente, a simples desobediência às normas que o Estado se vê obrigado a impor, desinteressado em geral, a intenção e o resultado. Implica, também, que referido castigo se funde diretamente em razões de utilidade ou necessidade e só indiretamente em motivos éticos (...) entre outras, as seguintes conseqüências:1) O elemento intencional perde relevância e o aspecto objetivo passa a prevalecer sobre o subjetivo. Assim é, porque a punibilidade das contravenções se apoia, preponderantemente, no ponto de vista objetivo da oposição da ação há disciplina estatal da atividade administrativa, resultando, em geral, indiferente, a determinação de haver o transgressor atuado, no caso concreto, com alguma intencionalidade especial, isto é, dolosamente, ou com simples negligência, ou seja, culposamente (...) circunstância adotada, que deriva da essência contravencional da infração tributária, marca um importante ponto distintivo entre o direito penal tributário e o direito penal, já que, neste último, a subjetividade é essencial (...); 2) Também perde a importância o resultado da ação. Diz Carrara que o dano que caracteriza o delito é o dano real e o perigo efetivo, enquanto aquele que governa a contravenção é o perigo temido e meramente possível (...); 3) Em algumas oportunidades se reprimem fatos moralmente inocentes. Isto é explicável quando se tem em conta que o legislador, estabelecendo que determinadas ações ou omissões constituirão infração e darão lugar a uma sanção, não vem inspirado por princípios ético-jurídicos, senão que persegue fundamentalmente uma finalidade (...) Assegurar a arrecadação dos recursos atribuídos ao Estado segundo a lei (...) 4) Encontram-se justificadas importantes diferenças processuais com relação ao direito penal comum. Entre elas, citamos a legitimidade de sua aplicação por órgãos jurisdicionais administrativos, disponibilidade da sanção segundo um princípio de oportunidade, possibilidade de transações etc. (...)"

[30] Idem, p. 136. "(...) Na oportunidade de estudar concretamente a disciplinação jurídica da sanção tributária, fundamentaremos a tese de que as sanções pecuniárias (a multa e o 'comisso') não apenas são repressivas como também compensatórias, pelo que lhes atribuímos a denominação de 'sanções mistas'. É justamente esse caráter compensatório que justifica que, cientificamente, o direito penal tributário comporte uma série de disposições que se afastam do direito penal comum. Assim mencionamos: a falta de personalidade da pena da qual, por sua vez, deriva a responsabilidade por fato de terceiros, a responsabilidade das pessoas jurídicas e não da extinção da sanção por morte do infrator; 2) a proibição de aplicação de sentença condicional; 3) a proibição de aplicação estrita das normas penais comuns sobre o concurso de sanções e; 4) diferenças em matéria de prescrição (...)"

Tributário, já que existem condutas punidas pelas leis repressivas fiscais, cuja antijuridicidade é questionada.

1.5. Criminologia crítica

Em oposição à criminologia tradicional, surgiu a *Criminologia Crítica*[31] que entendemos, em consonância com Castilho,[32] "(...) cita o crime e a criminalidade como entidades ontológicas pré-constituídas ao Direito Penal e sua grande indagação gira em torno das causas do crime. As respostas, de modo geral, são agrupadas em biológicas, psicológicas, antropológicas, sociológicas e multifatoriais (...)", inseridas no contexto da ideologia da defesa social,[33] e rotulam os *"desviantes"* como sujeitos diferentes dos demais membros da sociedade que devem ser (re)educados e (re)socializados e que teve origem no início da década de 60. Com o surgimento de diversos teóricos críticos propugnando pela elaboração de um novo paradigma criminológico, agruparam-se através da expressão de "criminologia da reação social", diversos pensadores que, em síntese, buscavam construir a oposição teórica ao *establishment* criminológico.

A Criminologia da Reação Social incorporou diversas matrizes da *Criminologia Crítica*, estabelecendo uma ruptura no pensamento penalista e criminológico clássico e constituindo um novo paradigma da reação social sobre o qual é pertinente a manifestação de Dias e Andrade[34] (...) "Em vez de perguntar 'por que é que o criminoso comete crimes', passa a indagar-se primacialmente porque é que determinadas pessoas são tratadas como criminosos, quais as conseqüências desse tratamento e qual a fonte de sua legitimidade. Não são, em síntese, os motivos do delinqüente mas antes os critérios das agências ou instâncias de controlo que constituem o campo natural desta nova criminologia".

---

[31] A Criminologia da Reação Social incorpora a Criminologia Nova de (Quinney, Taylor, Young, Walton), crítica (Pavarimi, Baratta), da Repressão Social (Juarez Cirino dos Santos), Dialética (Lyra Filho) e Radical (Jacinto Coutinho) entre outros.

[32] CASTILHO, Ela Wiecko V. de. Op. cit., 1988, p. 23.

[33] Ideologia que se refere à falsa consciência que legitima instituições sociais, atribuindo-lhes funções ideais diversas das que realmente exercem. A ideologia da defesa social tem como conteúdo: (a) o princípio da legitimidade do estado na repressão à criminalidade; o princípio de que o crime é um mal para a sociedade; (b) o princípio de que um crime é expressão de uma atitude interior reprovável; (c) o princípio de que a pena não tem unicamente a função de retribuir, mas também a de prevenir o crime; (d) o princípio de que a lei penal é igual para todos; (e) o princípio de que os tipos penais representam ofensa às condições essenciais à existência da sociedade (...)"

[34] DIAS, Jorge de Figueiredo & ANDRADE, Manuel da Costa. *Criminologia: O homem delinqüente e a sociedade criminógena*, 1984, p. 43.

A *Defesa Social*,[35] apesar de ter uma proposta de caráter humanista, representou uma humanização conservadora no Direito Penal, ao inverso da proposta de Gramática, derrotada no Congresso de San Remo e de Liège de Direito Penal, cuja aprovação do *Programa Minimum*, em 1954, constituiu censura formal ao pensamento de Felippo e vitória do pensamento que defendia a visão de que o Estado deveria garantir a ordem social e que a solução seria procurar "estudar", a reforma de legislação penal e penitenciária em vez de pesquisar sua abolição.

Sabemos que o sistema penal é um mal. Os males devem ser eliminados. Portanto, o sistema penal deve ser abolido. Entretanto, entre esta constatação e as conseqüências de tal atitude existe uma diferença abismal. Concordamos integralmente com o pensamento de Santos:[36] "(...) o desejo de que isso ocorra não provoca, entretanto, o seu desaparecimento. Nem sequer os mais convictos abolicionistas do sistema penal acreditam que seus desejos se tornarão realidade, em curto ou médio prazo. Construir-se um sistema inteiro, não-penal, sobre uma realidade penal presente e futura, é infecundo, é trabalhar no vazio, é escrever na água. Fazê-lo é algo que se pode permitir ao poeta ou ao filósofo, não ao jurista ou ao sociólogo, pois àquele é inerente a sensibilidade para o concreto". Devemos agir para tornar nosso desejo realidade, todavia, o melhor instrumento a ser utilizado é o Direito Penal Mínimo que garante ao cidadão seus Direitos e tutela bens jurídicos penais que asseguram à sociedade condições dignas de vida e desenvolvimento.

A função do jurista não é simples, pois compete-lhe uma incansável ação de descriminalização, com o fim de evitar situações inadequadas para a sociedade, como nos classificados delitos contra os

---

[35] ARAÚJO JÚNIOR, João Marcelo & SANTOS, Marino Barbedo. Op. cit., 1987. p. 10-11. Apresentação do vol. "(...) Los delitos sócio-econômicos", Madri, 1985. Se a Defesa Social, como solicitam alguns de seus muito eminentes representantes, houver de estruturar-se sobre a abolição do Direito Penal e das garantias inerentes ao seu exercício, não se terá dado um passo à frente, mas sim um passo para atrás, de 30 anos. A situação *mutatis mutandis* será inteiramente distinta, porém, em seus efeitos, similar àquela que defendeu Felippo Gramática e, que foi repudiada pelo Programa Mínimo: o desaparecimento do Direito Penal. O enorme valor das concepções abolicionistas, para promover um futuro jurídico-não-penal melhor, não impede que sejam julgadas impraticáveis no presente momento histórico. Seria, portanto, desejável, que seus patrocinadores saibam distinguir entre o que seja um louvável desejo para o futuro – no que não estarão sozinhos – e o que é uma exigência urgente, no plano da política criminal (...) Defesa Social compete uma importante missão no âmbito da despenalização: que se produz quando se substituem penas privativas de liberdade por penas pecuniárias (dias-multa); penas privativas de liberdade de longa duração, por outras mais curtas; estabelecimentos penais fechados, pelos regimes abertos ou semiliberdade; a privação de liberdade ininterrupta, pela limitação de fim de semana ou pela suspensão condicional da pena, pela suspensão da decisão ou outros institutos análogos (...)".

[36] ARAÚJO JÚNIOR, João Marcelo & SANTOS, Marino Barbedo. Op. cit., 1987, p. 9.

costumes. Paralelamente, protegendo bens jurídicos (des)protegidos, denunciados, especialmente, pela denominada Criminologia Radical. Não menos urgente é a (des)criminalização, a (des)penalização e a (des)carcerização de diversos comportamentos, a supressão de leis parapenais, que, com violação do princípio da igualdade de todos perante a lei, reprimem comportamentos característicos de pessoas marginalizadas e não enfrentam a macrocriminalidade econômica.

Atualmente os cientistas do direito devem aprofundar processo de racionalização e (re)elaboração dogmática, com intuito de desenvolver uma célere repressão à macrocriminalidade econômica. Criminalidade essa que impõe severos e mediatos efeitos, de forma devastadora para a sociedade. A admissão por parte da Defesa Social da correção da preocupação da Criminologia da Reação Social é louvável em termos de honestidade científica. Como entendemos que é dever dos juristas colocar o Direito Penal a serviço de uma maior justiça social estimulados pelos esforços atuais em favor de sua revisão e racionalização, significativamente urgente no que se refere à criminalidade econômica e à organizada, uma vez que a opinião pública atualmente não é contrária à pena, mas tão-somente, a seus excessos e a algumas de suas formas, bem como, ao modo como são impostas ou executadas.

No que concerne à política criminal, propugnamos por uma política razoável de despenalização, em duplo sentido: (1) no de evitar sistematicamente a pena (castigo), ou, não sendo possível, (2) no de restringir seu campo de aplicação, em especial, o da pena privativa de liberdade, cujos efeitos nocivos são, univocamente, reconhecidos. Na verdade, em relação aos *"desviantes"* destes delitos, o Direito Penal tem-se ocupado em proporcionar um sistema punitivo mais *"humanizado"* do que em relação a outros. Visível confirmação de um Direito Penal de Classe em ação!

A rigorosa fixação do bem jurídico a ser protegido pelas normas de Direito Penal Econômico, além de importar em uma exigência técnica insuperável, evitará o risco de uma inflação penal no momento em que é a intervenção mínima do Direito Penal que tem sido a ênfase no Sistema Punitivo, a partir de uma concepção político-criminal que contenha a proliferação de normas incriminadoras. Para tanto, quatro caminhos têm sido propostos: o da (des)judicialização, o da (des)penalização, a (des)criminalização e a (des)carcerização.

No que tange à política-criminal progressista, esta não prescinde do princípio da intervenção mínima do Direito Penal, menos nas situações dos "crimes de colarinho branco" assinalados por Araújo Júnior:[37]

> "(...) A esta orientação político-criminal, à qual, *em matéria dogmática corresponde o princípio da intervenção mínima, não se opõe o surgimento de novas figuras criminais. Isto porque, sendo os direitos coletivos de criação recente e, conseqüência, menos conhecidos, justifica-se o recurso ao Direito Penal, na medida em que nascem ou se afirmam*. Além disso, 'a adaptação do direito penal às concepções sociais atuais é necessária para evitar que se quebrante nos cidadãos seu sentimento de justiça'. Hoje, em verdade, procura-se colocar o direito penal a serviço da justiça social, fazendo desaparecer, quanto possível, as injustiças do sistema punitivo vigente. Dentre essas injustiças, avulta a impunidade da delinqüência absoluta, que privilegia os grupos econômico-político-dominantes, a despeito da gravidade de suas ações danosas, em face dos criminosos relativos, de regra pertencentes às categorias sociais economicamente débeis e estereotipados como criminosos(...)." (grifo nosso).

A Criminologia da Reação Social consolidou, em seus estudos, diversos subconceitos que acabam por denunciar a realidade de inversão de ação por parte do Estado frente à omissão dolosa por parte de seus agentes que atuam na repressão à criminalidade econômica. Conceitos como *delinqüência reprimida*,[38] *delinqüência negra*,[39] ou mais

---

[37] ARAÚJO JÚNIOR, João Marcelo & SANTOS, Marino Barbedo. Op. cit., 1987, p. 89.

[38] SOARES, Orlando. *Prevenção e Repressão da Criminalidade*. Rio de Janeiro: Freitas Bastos, 1983. p. 18. "(...) Sob esse aspecto, as estatísticas judiciais não refletem o fenômeno global e social da delinqüência; em primeiro lugar, porque não se referem mais que a uma delinqüência "convencional", em segundo lugar, porque se submeteram a filtros sucessivos que eliminam uma boa parte (...) Em geral, dentro de sua política de arquivar, os representantes do Ministério Público podem estar subconscientemente determinados a considerar que um procedimento judicial é inoportuno à luz de certas leis ou regulamentos particularmente técnicos que regem as atividades econômicas e financeiras (...) o sistema legal de muitos países permite a administração da justiça fugir ao tratamento judicial mediante uma transação entre as partes (...) Considere-se ainda que são objeto da repressão judicial os casos detectados, ou seja, aqueles que constituem a criminalidade aparente, enquanto aqueles que escapam às malhas judiciais (por se desconhecer o agente, pela ocultação do fato e destruição de provas, por suborno etc.) englobam efetivamente a criminalidade real.

[39] SOARES, Orlando. Op. cit., 1983, p. 19. (...) As chamadas cifras negras da delinqüência correspondem ao número de infrações penais, variável segundo sua natureza, que não é conhecido "oficialmente" nem detectado e, portanto, tampouco perseguido, permanecendo assim como a delinqüência oculta ou escamoteada, a qual alguns agregam de forma menos justificada os crimes ou delitos cujo autor não se consegue identificar. (...) Sob esse aspecto, os "critérios" e "valores" da "ordem estabelecida" refletem os princípios da classe dominante – pois, as idéias dominantes são as da classe dominante, e, assim sendo, como os sistemas de polícia apóiam certos subsistemas de controle social que constituem a justiça criminal, sucede que a missão da "ordem estabelecida" se limita a investigar os atentados contra os "valores"

modernamente chamada cifra oculta da criminalidade a *delinqüência dourada*[40] ou *white-collar-criminality*, são denunciadas no Brasil desde o meio da década de 1960/70. A prestimosa denúncia de Lyra[41] não representou preocupação significativa para o Estado, sociedade ou juristas de plantão. Perdemos a oportunidade de enfrentar a macrocriminalidade econômica em sua gênese no Brasil. Deixamos que o sistema capitalista se desenvolvesse sem o devido acompanhamento da tutela penal, que poderia reprimir adequadamente condutas ilícitas, bem como não preparamos a sociedade (jurídica e culturalmente) para esta natureza delituosa. A distinção apresentada entre os conceitos propugnados por Sutherland e Lyra são ratificados por Araújo Júnior:[42]

> "(...) A criminalidade cognominada por Sutherland *White-Collar criminality*, que preferimos chamar 'criminalidade absoluta', somente foi enfrentada no Brasil com a Lei de economia Popular de 1938 (Decreto-Lei nº 869, de 18/11), que fazia incidir, sob rigorosa ameaça penal, toda uma série de fatos que, direta ou indiretamente, impedem ou fazem periclitar as condições favoráveis da economia do povo, a justa proporção entre preços e valores, a previdente formação de reservas pecuniárias no seio

---

que esta ordem pretende proteger penalmente. Cite-se como exemplo, no caso do Brasil, com relação à repressão aos crimes contra a economia popular, que, pós-1964, deixaram praticamente de ser reprimidos, passando a questão à esfera administrativa, com imposição de "multas" e muita corrupção (...) regra, nos diversos países o risco de ser "pego" aumenta na razão inversa do estado sócio-econômico. Daí, pois, entre as classes sociais economicamente favorecidas, ou privilegiadas, é que encontramos uma boa parte das cifras negras da delinqüência (...)"

[40] SOARES, Orlando. Op. cit., 1983, p. 19 e 21 "(...) As cifras douradas da criminalidade correspondem aos criminosos que têm o poder político e o exercem impunemente – os chamados criminosos de colarinho branco, abandonando-se os cidadãos e a coletividade à exploração pela oligarquia, ou dos que dispõem de um poder econômico que se desenvolve em detrimento do conjunto da sociedade.(...) A expressão crimes do colarinho, como se sabe, foi cunhada para identificar o comportamento de uma 'pessoa de elevado *status* sócio-econômico que viola as leis estabelecidas para regular suas atividades ocupacionais e principalmente as referentes aos gerentes de negócios e aos executivos (...) Em matéria fiscal, por exemplo, a complexidade dos textos é objeto de astuta exploração por parte dos assessores particularmente especializados das empresas, até o ponto de que seus dirigentes logram contornar a aplicação da lei em proporções realmente surpreendentes'. (Hora do Povo, 14.01.81) (...) A utilização abusiva do privilégio dos senadores ou membros do parlamento, imunidade parlamentar, contribui igualmente para aumentar as cifras douradas da delinqüência (...) Em muitos países a descoberta de graves peculatos não ocasiona mais que a destituição da personalidade envolvida, sem que seja esta objeto de processos judiciais, que, ademais, deve ser de caráter especial quando se trata de ministros ou membros do parlamento (...) A criminalidade política escapa a toda sorte de repressão porque é 'ato do príncipe' e este se adereçou com uma roupagem republicana aparentemente mais democrática (...)"

[41] LYRA, Roberto. op. cit., 1978.

[42] ARAÚJO JÚNIOR, João Marcelo & SANTOS, Marino Barbedo. Op. cit., 1987, p. 109.

das classes menos favorecidas da fortuna, e que estão em maioria, bem como a segurança do depósito ou aplicação dos pecúlios acumulados, do dinheiro arduamente poupado pelo povo (...)."

Por fim, o problema foi explicitado a partir do advento da Lei Federal nº 7.492/86, denominada de Lei dos Crimes de Colarinho Branco, que possuía inicialmente como destinatários diretores e administradores de instituições financeiras. Hoje esta denominação estende-se a vários outros indivíduos que, de diversas formas, lesam a ordem econômica. A Constituição Federal dispõe sobre a ordem econômica e financeira nos arts. 170, 173 e parágrafos. Além das Leis relativas à defesa da ordem econômica e tributária inserem-se, nesta ótica, a concorrência desleal, o cartel, o *trust*, o monopólio, o *dumping* e várias outras figuras como os crimes falimentares, os crimes contra o sistema financeiro, os crimes de improbidade administrativa e crimes ambientais.

Os crimes designados de "colarinho branco" tornam-se cada vez mais freqüentes. A delinqüência nos negócios ameaça as estruturas do Estado, porque atinge a confiabilidade do sistema financeiro, econômico e social, gerando insegurança na população. O crime econômico destrói as instituições democráticas, na medida em que o poder político fica cada vez mais dependente do poder econômico. A função da Constituição é desvirtuada. Os poderes das instituições fundamentais do Estado se esvaziam.

A inter-relação entre a criminalidade e a economia tem sido analisada sob vários aspectos, desde a Antiguidade. Em sua obra *Prevenção e Repressão da Criminalidade*, Orlando Soares[43] aborda a relação entre a economia e a criminalidade, a partir da análise de Chambliss, que classificou como modelos *"funcional"*, ligado à tradição filosófica de Durkhein, e *"dialético"*, de Marx.

A partir da classificação empregada por Chambliss,[44] concordamos que as hipóteses funcionalistas expressam um caráter conservador, que não está adequado à realidade contemporânea e, em especial, no que tange à criminalidade econômica bem caracterizada, pelo *white-collar-criminality* ou pelos *power-criminality*. Na mesma esteira, constatamos que as classes exploradas e marginalizadas *no* e *do* processo produtivo surgem como vítimas nesta natureza delitiva.

Por fim, cabe-nos a referência da atualidade do pensamento de Marx. Mantemos apenas dissonâncias críticas a respeito da incom-

---

[43] SOARES, Orlando. Op. cit., 1983, p. 23.

[44] CHAMBLISS, Willian J. A economia política do crime: um estudo comparativo da Nigéria e dos EEUU. In. Criminologia Crítica. Ian Taylor, Paul Waltonon (e) Jock Young; tradução Juarez Cirino dos Santos (e) Sérgio Tancredo. Rio de Janeiro : Edições Graal, 1980, p. 205-207.

pletude do termo *classe proletária*, que não abrange a totalidade daqueles que labutam no processo produtivo mundial. Na modernidade, é ilusão acreditar que o trabalhador reagirá apenas e tão-somente contra o capitalista, pois a criminalidade que se originou do processo de acumulação capitalista, por si só, sem a "consciência de classe" está desprovido de caráter de reação ideológica e, em não raras oportunidades, é o próprio operário que, desprovido de capacidade individual e (des)assistido pelo Estado, sofre os efeitos imediatos da violência urbana originada na miséria. Entretanto, tais situações não nos impedem de reconhecer a validade do pensamento progressista de corte socialista.

2
O bem jurídico penal

2.1. O bem jurídico: reflexão preliminar

A Teoria do Bem Jurídico Penal, concebida no interior do Direito Penal clássico, tem demonstrado sua (in)completude frente à sociedade moderna. O jurista progressista deve propor-se a realizar uma reflexão consistente a respeito do bem jurídico-penal, com seus limites atuais, assim como a necessidade de (re)elaboração de sua estrutura delitiva, incorporando finalidades que superem *o modelo* superem o *modo (modo de produção) de Direito liberal-individualista*.[45] Uma nova teoria ou uma teoria (re)formulada deve orientar-se em direção à criação de um modelo de produção de direito diferenciado. A teoria do bem jurídico deve recepcionar os valores assegurados na Constituição e (re)dimensionar seu objeto, compreendendo o desenvolvimento tecnológico, industrial, cultural e ideológico do direito, ou seja, (re)significar o conceito de bem jurídico-penal, contemplando a criminalidade de caráter transindividual, difuso ou coletivo. Nos crimes econômicos de forma geral e, em especial, nos crimes contra a ordem tributária, pressupõe-se a existência de um tipo penal que deva, nos delitos econômicos, ter como base investigações criminológicas específicas, de molde que o processo de criminalização não decorra de simples improvisação legislativa, pois, devemos ter

---

[45] Consultar STRECK, Lenio Luiz. *Hermenêutica Jurídica e(m) crise: uma exploração hermenêutica da construção do Direito*. Porto Alegre : Livraria do Advogado, 1999, p. 43: "(...) é preciso entender que - *existe um campo jurídico, instituído ao mesmo tempo que instituinte, no interior do qual se trabalha ainda com a perspectiva de que, embora o Estado tenha mudado de feição, o Direito perfaz um caminho a latere, a releva das transformações advindas de um Estado intervencionista, regulador*. Esse campo jurídico se constitui em um conjunto de todos os personagens que fazem, interpretam e aplicam a lei, transmitem conhecimentos jurídicos e socializam jogadores que se encontram no jogo do campo, no interior do qual os conflitos dão-lhe dinamismo, mas também o mantém, como um campo: os jogadores em competição e que disputam entre si, mas não o campo em si mesmo; portanto, a disputa reafirma e ainda fortalece o campo. Todos os jogadores num campo jurídico têm determinado conjunto de disposições que orientam suas ações. Tais disposições são traçadas através de disputas do campo com outros campos sociais e de conflitos internos, o que constitui o hábito desse campo.(...)" (grifo nosso).

em conta que a dificuldade estrutural do Direito Penal Econômico, no âmbito legislativo, se produz como conseqüência, por um lado, das novas formas de criminalidade e, de outro, da insuficiência dos tipos tradicionais para combatê-las.

Nos crimes contra a ordem tributária, por versarem acerca de matéria nova, ainda não incorporados à nossa cultura jurídica, caberá ao legislador procurar, ao descrever o tipo, fixar de modo evidente a ação ilícita e sua conseqüente sanção. Assim como para Araújo Júnior,[46] inquieta-nos a possibilidade de adotarmos, sem critérios, normas penais em branco nos delitos econômicos.

O estudo mais aprofundado da matéria referente ao Direito Penal Econômico começa a se desenvolver cientificamente a partir da década de 70, quando o *Welfare State* começava seu declínio. A elaboração de institutos penais que assegurassem o Estado Fiscal através de sua justiça distributiva se impôs. O discurso daqueles que citam a vagueza e a indeterminação das normas penais como impeditivas de uma tipificação dos crimes econômicos não corresponde à realidade, uma vez que, apesar da defasagem dos institutos jurídicos existentes, em algumas oportunidades, os desviantes são apanhados pelo nosso fragilizado sistema punitivo. Entretanto, situações esporádicas não correspondem a bom exemplo de utilidade ou funcionamento de nosso Direito Penal. Portanto, verificamos, a partir das diversas dificuldades de definição, que não é possível solver o problema sem refletirmos sobre o exaurimento do paradigma teórico originário do Direito Penal clássico, cujo resultado da ação delituosa "dano imediato" fundou nossa formação penalista. Por fim, a teoria do bem jurídico tradicional começa a demonstrar seus limites frente à complexa criminalidade moderna uma vez que é da natureza desta espécie de delito atingir *"mediatamente"* suas vítimas que não percebem a extensão do dano causado a seus bens jurídicos, o que dificulta a reação individual ou coletiva!

O dano causado nos crimes contra a ordem tributária não é imediato e individual, mas difuso e não há, *"aparentemente"*, nexo de causalidade dos fatos praticados com o resultado constatado posteriormente. Para o Direito Penal clássico, este é um grande problema.

---

[46] ARAÚJO JÚNIOR, João Marcelo & SANTOS, Marino Barbedo. Op. cit., 1987, p. 103-104. "(...) Além disso, por se tratar de matéria nova, ainda não incorporada à nossa tradição jurídica, o legislador deverá procurar, ao descrever o tipo, fixar com a maior clareza possível a ação proibida e o resultado de que decorre a existência do crime. *Toda e qualquer delegação administrativa, através de normas penais em branco, deve ser evitada, salvo em casos de extrema necessidade, sendo certo, entretanto, que as normas da Comunidade Econômica Européia* (Lei para o desenvolvimento das organizações do Mercado Comum, de 31/08/1972) contemplam normas em branco e, segundo Tiedemann, não têm dado lugar a especiais dificuldades (...)." (grifo nosso).

Estamos diante de um *"perigo abstrato"*? A literatura jurídica tem demonstrado riscos que identificamos ao (re)introduzirmos tipos penais de natureza excepcional (norma penal em branco e delitos de perigo) em nosso sistema punitivo. Preocupado com essa realidade, Araújo Júnior[47] relatou as conclusões do XIII Congresso Internacional de Direito Penal, em que se definiu e aprovou que as cláusulas gerais deveriam ser evitadas no Direito Penal Econômico e dos Negócios e, onde fosse necessário o uso dessas cláusulas, as mesmas deveriam ser interpretadas restritivamente. No entanto, face às características altamente dinâmicas do mercado financeiro, dificilmente seria possível prescindir de *conceitos jurídicos indeterminados nem das cláusulas gerais*. Entretanto, é princípio vencedor na doutrina, aquele, segundo o qual esses instrumentos jurídicos somente poderão fundamentar um juízo condenatório quando se tratar de valorações reconhecidas e seguras, isto é, se tratar do núcleo desses conceitos indeterminados.

No que se refere à técnica legislativa, concordamos com Araújo Júnior, pois ainda tem sido de melhor técnica a utilização da *recomendação internacional*[48] que propugna pelo uso do chamado delito-obstáculo, desde que a ação delituosa seja claramente definida, e a proibição se relacione diretamente com um bem jurídico perfeitamente identificado. A Reação Social, ao tomar ciência dos danos causados à coletividade pelos desviantes, efetiva sua denúncia pública, nesse sentido, Araújo Júnior,[49] citando Batista:

> "(...) relativamente aos crimes de perigo e aos formais (...) a superveniência de um resultado de dano tem o condão de *identificar e trazer a debate o delito econômico, e, quase sempre, pela iniciativa do lesado ou pela repercussão pública inconsolável de um prejuízo coletivo. Raramente se terá visto no Brasil um processo criminal iniciado apenas a partir de constatações descobertas em inspeções de rotina da autoridade administrativa, em atividades sujeitas à fiscalização como, por exemplo, o sistema bancário*".

---

[47] ARAÚJO JÚNIOR, João Marcelo & SANTOS, Marino Barbedo. Op. cit., 1987, p. 103.

[48] Como dissemos, a doutrina internacional tem apontado para a técnica do delito-obstáculo como a mais adequada para definir o bem jurídico penal protegido. Contudo, face à natureza do delito, frente ao ordenamento jurídico brasileiro, a propositura das respectivas ações penais cabe ao Ministério Público, tendo em vista que os delitos contra a ordem tributária causam um grave prejuízo à coletividade porque dificultam a realização da efetiva investigação face à "qualidade" dos desviantes e seus privilegiados meios de consecução de delitos. Todavia, no instante em que são apurados os fatos e apontadas as responsabilidades na aplicação da pena, verificamos explicitada a condição especial de que usufruem os desviantes.

[49] ARAÚJO JÚNIOR, João Marcelo & SANTOS, Marino Barbedo. Op. cit., 1987, p. 104.

Há três fatos que assumem destaque quando refletimos acerca dos limites de nossa dogmática penal de orientação clássica: (1) a criminalização da conduta omissiva dos agentes de fiscalização; (2) a utilização dos delitos de perigo abstrato e; (3) por fim, a aplicação das regras do Direito Penal comum aos tipos penais inerentes ao Direito Penal Econômico, inclusive, com a eliminação da responsabilidade objetiva na legislação penal existente para o tratamento à essa criminalidade.

O Direito Penal possui como uma de suas funções a proteção dos direitos difusos, pela natureza deles, não comporta crimes em que a consumação dependa de uma efetiva lesão do bem jurídico. Diversamente de Araújo Júnior,[50] que é definitivo na defesa dos delitos de perigo, posicionamo-nos com certa reserva diante da adoção desta técnica:

> "(...) O inconveniente denunciado será obviado, se o legislador introduzir na lei penal tipo, *através do qual a conduta omissiva dos funcionários encarregados da fiscalização seja incriminada*. Ademais, como já vimos, o delito econômico, necessariamente, ofende a um bem jurídico supra-individual e, sendo assim, impossível será que os tipos penais possam, em tal matéria, assumir configuração diversa da dos crimes de perigo abstrato. A proteção dos direitos difusos, pela natureza deles, não comporta crimes em que a consumação dependa de uma efetiva lesão do bem jurídico (...) que diz respeito à culpabilidade, as regras do Direto Penal comum devem ser, também, as aplicáveis ao Direito Penal Econômico. Todo esforço possível deverá ser feito pelo legislador no sentido da abolição de quaisquer resquícios de responsabilidade objetiva, porventura existentes em nossas leis penais (...)." (grifo nosso)

A (re)pressão penal deve agir com vigor e celeridade nas situações referentes às condutas consideradas socialmente nocivas e incompatíveis com a harmoniosa convivência em comunidade sob pena de (des)legitimação de sua função frente à sociedade e à opinião pública. O Direito Penal não pode estar voltado para reprimir violações das pautas morais dominantes cuja importância para a coletividade é formal e abstrata.

Ao verificarmos a problemática que circunda as disposições normativas de natureza penal, constatamos que é preciso uma ruptura com o Direito Penal clássico, no que tange à essa nefasta criminalidade concretizada por *"setores influentes e privilegiados da*

---
[50] ARAÚJO JÚNIOR, João Marcelo & SANTOS, Marino Barbedo. Op. cit., 1987, p. 104-105.

sociedade". A realidade impõe urgência à (re)fundação de um Direito Penal que constitua um novo paradigma na formulação de um bem jurídico-penal que tutele a ordem jurídica de modo que propicie essa criminalidade não obstruir a efetivação do Estado Democrático de Direito assegurado pela Constituição.

2.2. A (in)eficiência do atual paradigma

Há não muito tempo, o Direito Penal parecia haver alcançado marcos definitivos sobre a questão do bem jurídico. Os termos do problema pareciam seguros, uma vez que não haviam sido constatados o exaurimento das duas funções atribuídas ao conceito de bem jurídico. Exemplificativamente, duas destas funções: (1) uma função imanente ao sistema do Direito Penal positivo e (2) uma função extra-sistemática.

A primeira função obedece à interpretação teleológica das normas penais e a sua construção sistemática. Como Baratta,[51] verificamos a função extra-sistemática: "(...) a conseqüência dogmática deste uso intra-sistemático do conceito de bem jurídico é a duplicação da antijuridicidade: antijuridicidade formal é a violação da norma social ou jurídica correspondente ao tipo delitivo (Binding); antijuridicidade material é a lesão ou ameaça do interesse protegido pela norma". Portanto, há responsabilidade penal somente quando se realizam ambas as formas de antijuridicidade. Não olvidemos que a antijuridicidade material está condicionada à existência da antijuridicidade formal (princípio da legalidade).

Os legisladores, tendo em vista sua compreensão política (extrasistemática), originam diplomas legais de natureza penal - ou não - "dogmatizando fatos" não transpostos para a antijuridicidade material e sem a identificação da antijuridicidade formal. A função extra-sistemática do conceito de bem jurídico como critério da política criminal e de apreciação do sistema positivo é analisada por Baratta:[52]

> "(...) A parte desta função intra-sistemática e com uma pretensa independência desta, constrói-se uma função extra-sistemática do conceito de bem jurídico como critério de apreciação do sistema positivo e da política criminal. Não existe uma conexão necessária entre a antijuridicidade material, considerada à luz do uso extra-sistemático do bem jurídico, e a antijuridicidade for-

---

[51] BARATTA, Alesandro. *Funções Instrumentais e Simbólicas do Direito Penal*. Lineamentos de uma Teoria do Bem Jurídico. *Revista Brasileira de Ciências Criminais*, ano 2, nº 5, 1994. p. 5.

[52] Idem, ibidem.

mal (intra-sistemática) de um comportamento. Quero dizer com isto que admite-se que o legislador possa separar-se dela por 'defeito' ou por 'excesso', deixando de tutelar interesses dignos desta, considerados vitais para a sociedade, ou tutelar interesses que não o merecem (...)."

O conceito intra-sistemático do bem jurídico é utilizado com freqüência por parlamentares na elaboração da *parte especial* do Código Penal e na instituição das leis que introduzem modificações no Código Penal objetivando proteger o bem jurídico.

A doutrina moderna tem entendido, como função principal do Direito Penal, a proteção dos denominados bens jurídicos de natureza individual, concebidos dentro de um modo de produção liberal-individualista do Direito. Diversos juristas reconhecem nesse modo de produção contribuição essencial na defesa das garantias fundamentais, paralelamente, denunciam não só a intensificação dos aspectos subjetivos estranhos à realidade social, mas, também, apontam a interferência do poder autoritário do aplicador da lei sobre condutas estabelecidas como delituosas.

Com o surgimento da *Constituição Federal de 1988*, que insere uma nova valoração constitucional com fulcro na constitucionalização do Estado Democrático de Direito, impõe-se uma filtragem ou mesmo a afirmação da tutela penal da nova concepção de Estado que passa a viger no Brasil. O sopesamento valorativo se impõe com a finalidade de (re)adequar aos bens jurídico-penais que devem ser cotejados com bem jurídico protegido penalmente a partir de princípios constitucionais que são permeados por princípios máximos da justiça como tem sido alertado por Carvalho:[53]

> "(...) partindo-se de que a Lei Maior traz em si os princípios máximos da justiça, que se quer impor, qualquer ofensa a bem jurídico, protegido penalmente, terá que ser cotejado com os princípios constitucionais. Deixa, assim, a ofensa aos citados bens, de ter relevância penal, se os princípios constitucionais não restarem por ela arranhados (...), diante dos valores conseqüentemente, o bem jurídico, protegido pela norma penal, deve sofrer um processo de avaliação, diante dos valores constitucionais de âmbito global tutelado pela norma maior, dela não poderá afastar-se (...) esta afirmação é tanto mais verdadeira quanto se trata de lei penal anterior à Constituição, cuja subsistência, pelo prin-

---

[53] CARVALHO, Márcia Dometila Lima de. *Fundamentação Constitucional do Direito Penal*. Porto Alegre: Sergio Fabris, 1992, p. 33-34.

cípio da recepção, só tem cabimento quando existente uma congruência material daquela com esta (...)."

Podemos denominar as teorias promocionais de *"teorias"* do bem jurídico no *"sentido lato"* e de teorias defensivas as *"teorias do bem jurídico no sentido estrito"*. Esta diferenciação, contudo, desenvolveu-se de um modo incontrolável e impreciso, perdendo utilidade prática no instante em que a tutela penal se expande em direção aos seus interesses individuais e casuais, para áreas de interesses difusos e coletivos.

Ao submetermos a diferenciação entre as funções intra-sistemáticas e extra-sistemáticas a uma análise mais rigorosa, veremos que esta não é tão precisa como poderia parecer incialmente. Como Baratta,[54] asseveramos os limites dessa diferenciação:

"(...) classificam-se os discursos segundo a intenção dos autores, mas não se pode considerá-la totalmente apropriada para classificá-los segundo as premissas epistemológicas e os conteúdos. Isto só seria possível se a definição extra-sistemática de áreas de interesses dignos de tutela fosse realmente independente da definição intra-sistemática, isto tanto com relação às premissas epistemológicas quanto aos conteúdos e se, inversamente, *o critério do bem jurídico utilizado nas operações exegéticas e sistemáticas sobre as normas existentes fosse realmente independente das valorações político-criminais direcionadas ao que deveria ser tutelado pelas normas penais* (...)" (grifo nosso)

As definições extra-sistemáticas dos bens merecedores de tutela têm sido obtidas mediante a utilização de uma perspectiva heurística. Inversamente, observa-se que, nas definições intra-sistemáticas, os modelos ideais e as valorações político-criminais dos autores sobrepõem-se amplamente às operações analíticas sobre as normas penais preexistentes no ordenamento jurídico, até mesmo com base em incontestável análise com ponto de vista crítico.

Em determinadas situações, elaboradas teorias extra-sistemáticas dos bens jurídicos não conseguem negligenciar completamente suas atividades de dupla função legitimadora, que se realiza independente da disposição dos autores com relação ao sistema de justiça criminal. Citando Hassemer, Baratta[55] chama a atenção para o fato de que: "(...) podemos tomar por exemplo a teoria 'pessoal' do bem jurídico elaborada por Hassemer, cuja intenção é rigorosamente limitativa. Nessa teoria a legitimidade extra-sistemática somente se

---
[54] BARATTA, Alesandro. Op. cit., 1994, p. 7.
[55] Idem, p. 8.

admite na tutela penal de bens jurídicos 'asseguráveis' e determinados, direita ou indiretamente relacionados com interesses de pessoas físicas".

Defendemos a tentativa de limitação dos tipos penais a partir da incorporação na dogmática penal do princípio penal garantista que propugna, corretamente, *por uma intervenção mínima do Estado*. Idéia apropriada para delitos de caráter individual na proteção dos bens jurídicos, todavia, injusta e "desigual" para delitos que ofendem ao Estado Democrático de Direito. Em síntese, indevida para os delitos fundados na ofensa aos bens jurídicos supra-individuais, coletivos e difusos.

Concordamos com Andrade[56] quando informa que no campo do Direito Penal clássico: "(...) *a dogmática jurídica penal possui uma função racionalizadora declarada de* lege ferenda *a função pedagógica e racionalizadora de* lege lata". E, assim sendo, constatamos que o Direito Penal clássico despe-se de sua legitimidade a partir de diversos fatores, entre os quais destacamos: (1) a inflação legislativa penal de caráter populista; (2) a (in)eficiência do "rito processual"; (3) a incapacidade dos operadores jurídicos (formação teórica); (4) a importância de diversos tipos penais que possuem caráter moral e; (5) a omissão do Estado frente aos *"crimes de colarinho branco"*.

A realidade demonstra que devemos agir no sentido de utilizar a repressão penal para a *"criminalidade absoluta"*. Isso significa que em realidade devemos usar da tutela penal com uma finalidade garantista, (re)legitimando o sistema penal de acordo com o que

---

[56] ANDRADE, Vera Regina Pereira de. *Dogmática Jurídica: esforço de sua configuração e identidade*. Porto Alegre : Livraria do Advogado, 1996, p. 89, 90-91: "(...) dogmática jurídica tem cumprido desta forma uma função pedagógica fundamental, dando origem a gerações sucessivas de um tipo peculiar de jurista: o jurista dogmático. (...) pode-se dizer que a função prática da Dogmática Jurídica condicionou e impôs sua função pedagógica: a potencialidade de se converter em fonte dominante também do ensino jurídico derivou de sua potencialidade para uma certa prática do Direito que deveria produzir certos operadores (...) Escolas de Direito se constituíram assim em instituições por excelência de reprodução do saber dogmático sendo 'lugar nobre da socialização jurídica e criando as condições para um tipo de alienação específica: a alienação do jurista' (...) Podemos referir, enfim, uma função político-jurídica da dogmática, materializada junto ao Poder Legislativo, pois ela exerce também uma função orientadora das classes políticas de criação legislativa (que podemos denominar função racionalizadora *de lege lata*) aspirando converter a política jurídica em política científica. Comumente, os juristas dogmáticos encontram-se encarregados, por órgãos oficiais, de constituírem comissões para estudos de criação de leis ou reformas de códigos, fundamentalmente em construções dogmáticas (...) *Na função orientadora e racionalizadora de decisões que esta chamada a desempenhar, eles atuassem duplamente junto a legisladores e juízes, preparando, respectivamente, as decisões de criação e aplicação das normas jurídicas. Em ambos os casos - orientação da política legislativa ou das decisões judiciais - sua competência não consiste em 'tomar' decisões, mas em prepará-las.(...) funções pedagógica e político-jurídica não estão inscritas, contudo, como suas promessas, como função racionalizadora de lege ferenda o está, ocupando um lugar central e tipificador do próprio paradigma* (...)." (grifo nosso)

acreditamos ser sua finalidade moderna. - *Desobstruir as vias que levam a construção do Estado Social no Brasil!* Compete aos poderes instituídos a realizar o art. 5º, *caput*, da Constituição Federal de 1988; *"todos são iguais perante a lei"*, eliminando a distinção existente na (re)pressão penal a partir da posição social, política ou econômica em que o "desviante" ocupa na sociedade. Findemos com tratamentos diferenciados eivados de ofensivos privilégios para aqueles que realizam delitos identificados com a macrocriminalidade econômica que afrontam nosso *Sistema Penal*. Singelas comparações entre penas previstas nos diversos títulos do Código Penal demonstram o tratamento (des)proporcional dispensado pelos parlamentares em seu processo de legiferação ao negligenciarem a nova valoração constitucional e seus mais elementares reflexos na legislação infraconstitucional.

Quando analisamos a relatividade da distinção entre conceitos extra-sistemáticos e intra-sistemáticos e dos bens jurídicos tutelados, verificamos a utilização indevida, por parte dos operadores jurídicos, das definições empregadas para bens e interesses dignos de tutela. De acordo com suas percepções e do modo autônomo em relação à ciência jurídica, constatamos que os juristas, sem abandonar previamente sua ótica *"tecnicista"*, ocupam-se em elaborar tipos penais (in)suficientes frente à complexidade da criminalidade moderna. No momento em que escolhem seu objeto de estudo ou programa de pesquisa, decidem quais áreas de *"negatividade social"* selecionarão para uso do instrumental do sistema de justiça criminal. Isto significa uma retificação e, paralelamente, a ratificação desse sistema penal e seus critérios de negatividade social.

No caso de indefinição, por conseguinte, ao escolher seu objeto de pesquisa, se o cientista do direito não estiver apto para romper velhas estruturas do penalismo clássico, estará (re)produzindo um conhecimento histórico falido diante das necessidades do Estado. O Direito Penal clássico não se encontra à altura das exigências de um pensamento jurídico que corresponda aos novos paradigmas que superem o modo (modo de produção) de Direito liberal-individualista.

Não consideramos que a *negatividade social e o sistema de controle*[57] sejam objetos de uma construção social e institucional que expo-

---

[57] FOUCAULT, Michel. *Microfísica do Poder*. Rio de Janeiro: Ed. Graal, 1979, p. 130-131: "(...) Magazine Littéraire: Você determina, na história da repressão, um momento central: a passagem da punição à vigilância? (...) M.F. : Sim. O momento em que se percebeu ser, segundo a economia do poder, mais eficaz e mais rentável vigiar que punir. Este momento corresponde à formação, ao mesmo tempo rápida e lenta, no século XVIII e no fim do fim do XIX, *de um novo tipo de exercício do poder*. Todos conhecem as grandes transformações, os reajustes institucionais que implicaram a mudança de regime político, a maneira pela qual as delegações de poder no ápice do sistema estatal foram modificadas. *Mas quando penso na mecânica do poder, penso em sua forma capilar de existir, no ponto em que o poder encontra o nível dos indivíduos, atinge*

nha a dinâmica dos conflitos e o seu deslocamento; portanto, suas contradições não podem ser compreendidas como um fato natural, mas sim, como um processo que articula e compõe interesses que podem ou não ser irreconciliáveis.

No plano internacional, o Direito Penal Econômico tem sido dividido em duas grandes classificações: (1) no âmbito da economia pública e (2) na esfera da economia privada. Ao abordarmos *"referente material"*, nas definições de criminalidade e desvio, não se faz referência às qualidades dos fatos típicos, situações e processos de controle, mas aos objetos, bens jurídicos construídos, cujas qualidades são atribuídas pelos atores que representam a dinâmica das relações de poder entre os diversos atores em conflito. É também resultado de uma (re)definição permanente das finalidades, dos objetos e dos limites do *"controle social"*.

A perspectiva ideológica hegemônica que se organiza através do Direito Penal, com objetivo de consolidação da visão ideologicamente prevalecente, tem inviabilizado a elaboração de institutos jurídicos adequados ao combate à criminalidade moderna, que tem afrontado a sociedade civil e fragilizado a cidadania, pois atinge valores constitucionais que têm como finalidade, promover a *dignidade da pessoa humana*, o que somente será possível no momento em que o Estado Social utilizar o arsenal jurídico ínsito na justiça tributária.

A *Constituição* se afirma como *Constituição Dirigente*,[58] ao estilo da Magna Carta portuguesa de 1976. A Constituição brasileira é promovedora, normativa e *garantista* e, assim sendo, impõe-se a constitucionalização de bens jurídicos penais. A partir da idéia de

---

seus corpos, vem se inserir nos seus gestos, suas atitudes, seus discursos, sua aprendizagem, sua vida cotidiana. O século XVIII encontrou um regime por assim dizer sináptico de poder, de seu exercício no corpo social, e não sobre o corpo social. A mudança de poder oficial esteve ligada a este processo, mas através de decalagens. Trata-se de *uma mudança de estrutura fundamental que permitiu a realização, com uma certa coerência, desta modificação dos pequenos exercícios do poder. Também é verdade que foi a constituição deste novo poder microscópico, capilar, que levou o corpo social a expulsar elementos como a corte e o personagem do rei.* A mitologia do soberano não era mais possível a partir do momento em que uma certa forma de poder se exercia no corpo social. O soberano tornava-se então um personagem fantástico, ao mesmo tempo monstruoso e arcaico. (...) Há assim correlação entre os dois processos, mas não uma correlação absoluta. Houve na Inglaterra as mesmas modificações de poder capilar que na França. Mas lá o personagem do rei, por exemplo, foi deslocado para funções de representação, em vez de ser eliminado. *Assim não se pode dizer que a mudança, ao nível do poder capilar, esteja absolutamente ligada às mudanças institucionais a nível das formas centralizadas do Estado.* (...)" (grifo nosso)

[58] A conceitualização da *Constituição* dirigente e seus efeitos em relação ao bem jurídico-penal de caráter difuso, coletivo ou supra-individual carecendo de análise mais detida a partir de uma visão de Estado Democrático de Direito frente ao Direito Penal Tributário, de forma geral verificaremos mais adiante a partir da elaboração de J.J. Gomes Canotilho.

Constituição Dirigente e *Garantismo Penal*, assume importância notável a reflexão de Baratta:[59] "(...) bens constitucionalmente relevantes, tais como a liberdade, a integridade pessoal, a honra, a saúde, ou o funcionamento dos órgãos do Estado e das instituições públicas, são objetos de tutela de praticamente todos os ramos do direito. No entanto deve-se destacar que a fragmentação das áreas de tutela em cada ramo do direito depende não tanto da natureza dos bens, mas principalmente da estrutura das diversas situações que lhe são prejudiciais e da qual se incumbem os diversos ramos do direito, com as técnicas próprias e específicas de tutela. Por esta razão, a questão dos conteúdos da tutela colocada em termos de qualidade intrínseca dos bens jurídicos é afinal, uma questão tão impossível de se resolver que acaba por tornar-se vã (...)."

No Brasil, Carvalho[60] destaca o fato de que o bem jurídico-penal constitucionalizado não pode estar (des)conforme com a Magna Carta. Como a Lei Maior condiciona a norma ordinária, institui novo fundamento de validade com função garantidora. Indica a razão da tutela penal, bem como a sanção penal correspondente, apresentando uma função material que fornece conteúdo ao injusto, isto é, elabora a tipicidade e define sua respectiva antijuridicidade.

---

[59] BARATTA, Alesandro. Op. cit., 1994, p. 10.

[60] CARVALHO, Márcia Dometila Lima de. Op. cit., 1992, p. 31, 32; 34 e 37: "(...) Desenvolveremos aqui a idéia de que o Direito Penal é o instrumento adequado para o desenvolvimento de uma maior justiça social, desde que respeitados os seus limites e desde que prevaleça o princípio da autoridade sobre o da legalidade e culpabilidade, visto, estes, sob uma perspectiva concreta, social, e não meramente formal, sob a capa de uma falsa neutralidade (...) *a hierarquia dos bens jurídicos, prevalecente no Direito Penal vigente, não se coaduna com a hierarquia dos valores constitucionais do instituído Estado Democrático de Direito; que os crimes econômico-financeiros, culturais e ambientais, pertencem a um grau de hierarquia superior à da criminalidade clássica, e, por isso, merecem tratamento mais severo, obedecidas as suas particularidades de delitos que têm como bens jurídicos valores supra-individuais, consagrados pela Constituição como essenciais à vida em sociedade (...)* Conseqüentemente, o bem jurídico, protegido pela norma penal, deve sofrer um processo de avaliação, diante dos valores constitucionais de âmbito global tutelado pela norma maior, dela não poderá *afastar-se* (...) Por sua vez, a norma penal incriminadora não se encontra isolada deste ordenamento jurídico, onde existem normas outras, de caráter permissivo e até premiais, cuja finalidade é dar eficácia ao citado ordenamento, e não apenas atestar uma validez jurídico-formal, ou apregoar sua legitimidade (...) voltando ao Direito Penal, a sua relação com a Constituição se verifica quando se depreende que a essência do delito se alicerça em uma infração ao direito, e o conceito do que é direito tem de ser deduzido do que se encontra concentrado como tal, como idéia de justiça, expresso no ordenamento constitucional (...) *é preciso buscar na Constituição a gênese e função social de bem jurídico. E como a Constituição representa o ideal de direito de um determinado momento histórico, não estando alheia, pois, aos interesses da estrutura social, nem sobrevivendo fora deles, existe uma relação entre a norma jurídica e o interesse em que ela se alicerça* (....) o advento de uma nova era constitucional, torna-se imprescindível uma revisão dos bens tutelados pela lei penal, determinando-se, à vista da nova Constituição, onde deve estar o acento dos tipos penais, como devem ser hierarquizados e, conseqüentemente, como devem ser graduadas as penas à luz da importância daqueles bens para os objetivos constitucionais (...)" (grifo nosso).

Concluímos, em síntese, que é necessária uma filtragem constitucional nestes bens jurídicos a fim de que seja possível, no Estado Democrático de Direito, uma compatibilização de tutela penal a bens jurídicos de natureza individual, bem como a bens jurídicos supraindividuais, difusos e coletivos. A filtragem hermenêutica-constitucional não pode ser apenas negativa (quando verificamos se as normas infraconstitucionais foram recepcionadas pela *Constituição de 1988*). O processo de legiferação realizado por parlamentares, quando da elaboração de normas infraconstitucionais, deve primar pela eficiente harmonização entre as leis penais ordinárias e os valores e princípios constitucionais explícitos na *Magna Carta* (filtragem hermenêutica-constitucional positiva), instituindo a utilização do Direito Penal como instrumento de tutela de bens jurídicos essenciais à preservação e garantia do Estado Democrático de Direito. O Direito Penal é utilizado quando os institutos de natureza civil, tributária ou administrativo, são insuficientes para evitar dano ou lesões graves à sociedade. Quando atentarem contra a ordem constitucional, impõe-se enérgica e célere atuação do Estado, concretizando a *Justiça Criminal*, compatível com os princípios constitucionais que fundam o *"Estado Social"* e asseguram os meios adequados à sua realização.

2.3. Estado de prevenção, sociedade e dinamização dos bens jurídicos

A distinção entre concepção defensiva e concepção promocional do bem jurídico perdeu parte de seu significado. Isto se deve à extensão da área da tutela penal aos interesses supra-individuais, difusos ou coletivos (o ambiente, a saúde, os interesses do consumidor, a ordem pública) e às funções da administração pública (como o sistema monetário, o sistema de economia, a atividade do Estado). A própria estrutura desses bens jurídicos proporciona que, em seus limites, o conceito estático e defensivo não possa prosseguir, distinguindo-se do conceito promocional.

O fenômeno geral no qual se insere este desaparecimento gradual da linha de distinção entre função defensiva e função promocional do conceito de bem jurídico pode ser indicado como a *"administrativização"* do Direito Penal, ou seja, indica que os tipos penais emergentes tendem a se parecer, na sua forma, cada vez mais com as normas de intervenção da administração pública, distanciando-se dos requisitos *"clássicos"* da lei (abstração e generalidade). Desta forma, as normas penais se transformam em instrumento de administração de situações particulares de riscos excepcionais; em outras palavras, um instrumento de resposta contingente às situações de *"emergências"* concretas. Ao mesmo tempo, se expande a esfera de competência e discricionariedade da magistratura, as decisões judiciais tendem a assumir um caráter programático e *"político"* semelhante às leis.

O Direito Penal jurisprudencial encontra respaldo, em primeiro lugar, na técnica legislativa utilizada na formulação das leis (uso de conceitos indeterminados, de elementos normativos, de cláusulas genéricas). O risco do desenvolvimento de um Direito Penal Jurisprudencial nos preocupa tanto quanto inquieta Baratta:[61]"(...) é o instrumento pelo qual o legislador - como freqüentemente ocorre devido à fragilidade do equilíbrio das maiorias parlamentares e dos governos de coalisão - procura transferir para as decisões judiciais a responsabilidade política que ele não pode ou não quer assumir com as decisões 'programáticas' que lhe corresponderiam esperando do juiz as decisões 'programadas' dos casos individuais".

Outra questão a ser destacada é a consolidação de um Direito Penal jurisprudencial que provém de transformações na estrutura e função da magistratura, de uma expansão quase autógena de sua discricionariedade, que se manifesta ao assumir-se a gestão política dos conflitos. Em termos mais concisos, poder-se-ia afirmar que o *"Estado da prevenção"*, ou o *"Estado da Segurança"*, é aquele em que a produção normativa e os mecanismos de decisão tendem a reorganizar-se permanentemente, como resposta a uma situação de emergência estrutural.

Sobre a atual tendência da exasperação da punição penal acompanhada de uma incontrolável criminalização. Assim como Bitencourt,[62] entendemos que: "(...) constatando-se uma febril criminalização: novos tipos penais e exasperação das sanções criminais completam este panorama tétrico (...) orquestrasse uma política de reforma legislativa nas áreas, de direito material, que apontam no rumo da criminalização maciça, no agravamento das sanções penais, no endurecimento dos regimes penais, e, na área processual, na 'abreviação', redução, simplificação e remoção de obstáculos formais a uma imediata e funcional resposta penal".

Portanto, constatamos que as tendências mais modernas e humanizadoras do Direito Penal como as políticas de (des)criminalização, (des)penalização e (des)jurisdicionalização não fazem mais parte da realidade concreta dos defensores da indiscriminada e a-

---

[61] BARATTA, Alesandro. Op. cit., 1994, p. 12.

[62] BITENCOURT, Cezar Roberto. Op. cit., n.11, p. 122.

científica utilização do Sistema Penal. E isso explicaria o fato de o legislador *"delegar"* parte de seus poderes decisórios à Administração e à Justiça e esclareceria também a *dinamização dos bens jurídicos*.[63]

Quanto à transformação dos sistemas penais (dinamização dos bens jurídicos), relaciona-se com o desenvolvimento de técnicas de imputação de responsabilidade penal que se antecipam à esfera da punibilidade a fases anteriores da conduta e nas quais ainda não se realizou uma lesão efetiva do bem tutelado.

Consideramos, por fim, que o *"Estado da Prevenção"* assume a distribuição dos bens produzidos e a administração dos riscos que o acompanha. A *"administrativização"* do Direito Penal, no sentido de a predisposição das normas e decisões penais se tornarem acessórios às normas e às funções administrativas, é, portanto, um aspecto de um processo de *"administrativização"* geral do Estado. O Estado surge como avalista e concretizador da "segurança jurídica", ou seja, da estabilização das regras do jogo político que define o mundo jurídico aplicável. O Estado desempenha a função de garantia das relações de produção, harmoniza os relativos conflitos dela decorrentes e se transforma em responsável da segurança dos bens jurídicos e, por fim, administra os riscos vinculados à produção e seus respectivos conflitos.

2.4. Evolução conceitual e funções do bem jurídico

O objeto de proteção do bem *jurídico-penal*,[64] integrado por uma faculdade jurídica privada ou uma atribuição externa e individual

---

[63] A dinamização dos bens jurídicos se refere a um deslocamento na relação Estado-Sociedade com relação à produção e à proteção de bens jurídicos. No modelo do Estado liberal clássico, exemplificativamente, o *"Estado de certeza do direito"* e os substratos reais dos bens jurídicos são produzidos na sociedade civil e estão pré-constituídos nas relações das funções públicas. No *"Estado da Prevenção"*, os bens jurídicos a serem protegidos são, cada vez mais, *"bens"* produzidos pelo Estado, no que tange às infra-estruturas, complexos organizativos e funções relacionadas à atividade do Estado e das instituições públicas.

[64] PRADO, Luiz Régis. *Bem-Jurídico-Penal e Constituição*. 2ª ed. São Paulo: Editora Revista dos Tribunais, 1997. p. 28-29. "(...) A doutrina do bem jurídico, erigida no século XIX, dentro de um prisma liberal e com nítido objetivo de limitar o legislador penal, vai, passo a passo, se impondo como um dos pilares da teoria do delito. Surge ela, pois, 'como evolução e ampliação da tese original garantista do delito como lesão de um direito subjetivo e com o propósito de continuar *a função limitativa do legislador, circunscrevendo a busca dos fatos merecedores de sanção penal aqueles efetivamente danosos à coexistência social, mas lesivos de entidades reais* - empírico-naturais - do mundo exterior. O seu surgimento produz-se por razões de natureza política e dogmática. No primeiro aspecto, vem a ser quase uma conseqüência necessária das transformações econômicas e políticas de uma época (uma nova concepção de Estado)'(...)." (grifo nosso).

constitutiva de um direito subjetivo, representa o núcleo essencial do fato punível sobre o qual se deve configurar o conceito jurídico de delito. A concepção material de delito como lesão de um direito subjetivo decorre da teoria contratualista aplicada no âmbito penal. Esse posicionamento, resultante da ideologia liberal-individualista dominante, se apresenta como um conteúdo sistemático funcional. A conduta punível é aquela lesiva a um direito subjetivo liberal concreto-imanente que visa à proteção do direito individual na esfera objetiva da liberdade pessoal.

Analisando essa concepção, Prado[65] verifica que o bem jurídico se identifica com o sentido e o fim das normas penais, sendo uma vinculação prática da norma:

"(...) no limite entre a *Política Criminal e Direito Penal* está o lugar onde se situa o bem jurídico - como ponto de união. O bem jurídico vem a ser, portanto, uma criação da experiência e como tal é um interesse vital do indivíduo ou da comunidade. Firma-se uma conceituação liberal de bem jurídico que precede o direito positivo, e independe dele, sendo endereçada mais ao legislador. O injusto penal compreende a conduta culpável e ilícita. Do *ponto de vista formal, é ilícita quando significa transgressão de uma norma estatal* (mandado ou dever) e, em sentido material, quando opera uma lesão ou perigo de lesão a um interesse vital garantido pela norma (bem jurídico) (...)"(grifo nosso).

A essência da noção de bem jurídico tutelado deriva dos limites da descrição legal respectiva e não reside na natureza dos bens e valores que a determinam. A formulação jurídica atual propicia que qualquer fórmula despida de cientificidade origine bens jurídicos penais com fundamento empírico do substrato sociológico da vigência, que corresponde ao reconhecimento geral através de singelos sentimentos, e não de conceitos jurídicos, como por exemplo: consciência geral do direito, convicção jurídica comum, ou pontos de vista da classe social dirigente.

Contudo, o modelo liberal-individualista começa a ser questionado face a sua dimensão social. Existem limites para o liberalismo-contratualista penal? O sistema apresenta contradições, limites ou disfunções? Sobre essas questões concordamos com a manifestação de Prado:[66]

"(...) O direito penal deve proteger os sistemas sociais, enquanto garantia do indivíduo. O que interessa aqui é a dimensão so-

---

[65] PRADO, Luiz Régis. Op. cit., 1997, p. 33.
[66] Idem, p. 38-39.

cial/possibilidade de participação no sistema social. De seu turno, Gomez Benitez reputa útil o conceito social de bem jurídico, desde que submetido a certas correções, tais como o conteúdo social do conceito (expressão direta de funcionalidade) e dano social identificado com a necessidade de prevenção geral de penar (...) *funcionalista não reconhece funções negativas: conhece somente disfunções* (...) isto é, defeitos que podem ser corrigidos no âmbito do sistema. Ademais, em uma concepção em que as diferentes partes de um sistema social são consideradas em função do todo, o Direito tem não só uma função positiva primária no tempo em que o instrumento de conservação por excelência, e o subsistema de que depende em última instância a integração do sistema, a última barreira além da qual está a inevitável desintegração do sistema (...)" (grifo nosso).

Concretamente, observamos que nenhuma teoria sociológica, nos últimos anos, conseguiu formular um conceito material de bem jurídico, com capacidade de expressar não só a correspondente reação à conduta delitiva, como também esclarecer, de modo convincente, por que uma certa sociedade criminaliza exatamente determinados comportamentos e não outros.

A natureza garantista dos bens jurídicos protegidos (garantia dos valores e princípios tendentes à realização do Estado Democrático de Direito) nos *crimes contra a ordem tributária*[67] assume visibilidade ainda maior quando constatamos a importância que a justiça distributiva representa para o acesso dos cidadãos a determinados bens, que devem ser assegurados pelo Estado. Países, como Itália e Espanha, possuem nas respectivas Cartas Magnas os princípios constitucionais que afirmam a função do Estado em realizar a justiça distributiva. O Direito Penal é utilizado para garantir seus propósitos. Se assim não proceder, assumirá o sério risco de inviabilizar o Estado Democrático de Direito.

---

[67] SANTOS, Marino Barbedo. Op. cit., 1985; p. 254-245. Ao tratar da criminalidade tributária, SANTOS diz: "(...) Bien jurídico protegido es el monopolio del Estado en materia de cambios y de relaciones monetarias con el extranjero y, en este sentido, el orden o constitución económica nacional; no es el patrimonio del Estado (...) de las grandes familias de delitos, clásicas, contra la economía pública, *la constituye las infracciones tributárias, contra la hacienda* (...) *abono de los impuestos constituye una obligación que la Constitución prevé en el artículo 53, según el cual todos deben contribuir a los ingresos públicos de acuerdo con su capacidad económica*. Precepto que, con palabras de Conso, es uno de los más 'inaplicados', como lo prueba la masiva evasión fiscal. En un momento en el cual los estratos más amplios de la población, que viven del trabajo dependiente, no pueden volenti o nolenti – escapar a la presión fiscal, *el impago de impuestos constituye una violación insoportable del principio de igualdad de todos ante la ley. Pago de impuestos que es la base de la justicia tributaria y, por tanto, de la justicia efectiva fundamento del Estado Democrático*.(...)." (grifo nosso).

A realidade tem demonstrado que o bem jurídico penal mantém sua força vital, uma vez que ainda se constitui em espécie de conceito fundamental que, atualmente mantém seu vigor, pelo menos frente aos crimes realizados sob a égide do paradigma que caracterizou o Direito Penal até a metade do século. No entanto, o processo de acumulação de capital e a mudança do próprio capitalismo teve como conseqüência o surgimento de uma outra necessidade de tutela a bens jurídicos emergentes e, paralelamente, foi inserida no processo de constitucionalização dirigente.

A sociedade complexa gera a mais difusa necessidade de proteção penal aos indivíduos e às coletividades. Os tipos penais que visam à proteção de consumidor, meio ambiente, *ordem tributária*, cumprem um papel (in)suficiente de reação aos prejuízos causados à sociedade como um todo, e não sua função de proteção penal, com a finalidade de evitar os respectivos danos à coletividade. Para o jurista progressista, é fundamental colocar no centro de nossas preocupações o fato de que constitui dever do Estado garantir que a função do *bem jurídico*,[68] a partir do Estado Social afirmado em nossa Constituição, fundante juridicamente do Estado Democrático de Direito no Brasil realize seus princípios, características e finalidades. Não estamos diante de uma vontade particular, mas sim, de uma imposição jurídica que deve ser sempre (re)afirmada como tal.

A *Nova Constituição* tem princípios e valores que dispensam regulamentações, pois, alteraram substancialmente a vocação da teoria do bem jurídico preexistente a 1988. O ordenamento jurídico é permeado, implícita e explicitamente, por valores coletivos e supraindividuais aos quais o Estado e, por via de conseqüência, seus agentes devem resguardar, assegurar e promover. Os crimes, por exemplo, *contra a ordem tributária*, simbolizam perfeitamente situações que são caracterizadas por um grave dano ou lesividade social intensa, uma vez que atingem toda a sociedade, podendo seus efeitos ser coletivos, difusos e supra-individuais. A sociedade "destinatária"

---

[68] SANTOS, Marino Barbedo. Op. cit., 1985; p. 282. Verifiquemos a função do conceito de bem jurídico no pensamento de SANTOS: "(...) función del concepto del bien jurídico debe ser poner orden y límites en el sistema, constituir el criterio de estructuración legislativa de acuerdo con esquemas racionales: eliminando, por un lado, directrices de tutela de escasa relevancia social o historicamente superadas; ayudando, por otro, a salvar las eventuales lagunas, *acogiendo las necesidades nuevas y otorgando dignidad jurídica a intereses y valores injustamente olvidados por el legislador (...) derecho penal económico constituye quizá uno de los sectores de la parte especial en que la utilización del concepto del bien jurídico es más ardua y problemática: en el que los objetos merecedores de tutela son más difíciles de aislar y recortar*. En su extrema complejidad, el fenómeno económico afecta a una serie de intereses de distinta naturaleza, entre los cuales existe *una relación dialéctica que oscila entre la convergencia y el antagonismo: intereses individuales y de grupo, intereses 'difusos' e intereses referidos a la comunidad* considerada de forma unitaria(...)." (grifo nosso).

de prestações positivas por parte do Estado, por ocasião da ação delituosa dos desviantes, deixará de promover as prestações positivas afirmadas constitucionalmente, ao (des)penalizar condutas delituosas ou mantendo um (in)suficiente Direito Penal garantidor dos bens jurídico-penais como a ordem econômica e tributária. Assim como Carvalho,[69] afirmamos o dever científico e político de analisar a dogmática jurídica atual (acertos e equívocos) e, quando se impuser, propugnar vigorosamente pela (re)hierarquização dos delitos e das penas a serem aplicadas aos *"criminosos"* nos delitos que afrontem ao Estado Democrático de Direito. Quando da análise dos delitos em que os valores constitucionais forem colocados em xeque, entendemos que estaremos diante de uma cláusula limitadora da atividade do Parlamento, pois este, face à natureza dessas violações, não poderá transigir com os desviantes porque estará dispondo de condições de bem-estar da sociedade, ampliando indevidamente seus poderes delegados pelo sufrágio. Ao legislar indiscriminadamente em matéria penal, como de fato está ocorrendo, promulga leis de caráter duvidoso do ponto de vista constitucional, pois não possui legitimidade para tanto. Contudo, o pensamento jurídico nacional não se insurge contra estas anomias, e raras vezes, questões inerentes ao Sistema Penal são endereçadas ao Supremo Tribunal Federal.

---

[69] CARVALHO, Márcia Dometila Lima de. Op. cit., 1992, p 38-39 "(...) As leis penais, devendo ser interpretadas segundo a lei que lhes é hierarquicamente superior, precisam ser compatibilizadas, não só com os concretos preceitos dela, mas com a idéia de direito que se abriga no seu texto. A lei penal necessita ficar circunscrita dentro dos limites bem definidos do texto constitucional. O resultado disso é que, na hierarquia dos valores expressos no texto da Lei Maior, capta-se a necessidade da realização de um processo despenalizador, e de outro processo de penalização, realizados, ambos, a partir de premissas constitucionais (...) despenalização com referência a infrações, abrigadas nas leis penais, mas que não ofendem, significativamente, os novos interesses tutelados pela Constituição, perdendo a sua razão de ser, a sua relevância social (...) *Penalização de fatos, até então atípicos, mas que, diante da Lei Maior, passaram a ter relevância social, fatos até então indiferentes ao legislador, mas que não poderão continuar sendo por ofenderem, significativamente, interesses tutelados constitucionalmente. Aqui, pode-se observar, ainda, a existência de fatos que já eram apenados mas cuja apenação deve ser melhor graduada, diante de seu significado de maior relevo para a Constituição* (...). a conceituação do delito, como um fato lesivo de um valor constitucionalmente relevante, atende ao caráter de *extrema ratio* do Direito Penal, evitando ataques a princípios consagrados no Direito Penal hodierno, quais sejam os da insignificância e adequação social, já referidos linhas atrás (...) moderna orientação doutrinária, reconhece-se eficácia plena e aplicabilidade imediata à maioria das normas constitucionais, mesmo às de caráter sócio-ideológicas, não mais encaradas como simples princípios programáticos (...) Constituição positivou certos valores e princípios que o constituído Estado Democrático de Direito elegeu como de máxima importância, centrando, neles, a dignidade da pessoa humana (artigo 1º, III), a prevalência dos direitos humanos (artigo 4º, II), visando, com isto, à construção de uma sociedade livre, justa e solidária (...)" (grifo nosso).

2.5. Constituição e bem jurídico penal

2.5.1 Conceito de bem jurídico e a Constituição

O *bem jurídico*[70] é compreendido por grande parte da doutrina como valor cultural. Os bens jurídicos têm como fundamento valores culturais que se baseiam em necessidades individuais. Isto ocorre, tendo em vista que estas se convertem em valores culturais quando são socialmente dominantes. Os valores culturais transformam-se em bens jurídicos quando a confiança em sua existência surge a necessidade de proteção jurídica.

Sobre a utilização dos crimes de perigo abstrato convém recordar Araújo Júnior:[71] "(...) o delito econômico, necessariamente, ofende a um bem jurídico supra-individual e, sendo assim, impossível será que os tipos penais possam, em tal matéria, assumir configuração diversa da dos crimes de perigo abstrato. A proteção dos direitos difusos, pela natureza deles, não comporta crimes em que a consumação dependa de uma efetiva lesão do bem jurídico".

O conceito de *bem jurídico*[72] deve sofrer apurada análise de caráter *hermenêutico-constitucional*, operando-se uma espécie de harmonização de diretivas político-criminais ou a partir de uma *interpretação conforme a Constituição*, (re)avaliar quais os valores fundamentais a serem protegidos pelo Direito Penal, bem como quais os direitos e garantias fundamentais a serem concretizados pelo Estado Democrático de Direito.

---

[70] PRADO, Luiz Régis. op .cit., 1997, p. 42-43: "(...) num sentido objetivista, Welzel considera o bem jurídico como um 'bem vital da comunidade ou do indivíduo, que por sua significação social é protegido juridicamente (...) inspiração fenomenológica, essa peculiar orientação estabelece que os bens jurídicos realizam certas funções dentro do contexto apto e dinâmico da vida social'. Seguindo a sua concepção dos valores ético-sociais da ação, a ameaça penal deve contribuir para asseguramento dos interesses individuais e coletivos fundamentais, através do valor-ação (...) isso é exatamente - na tradição conceitual de Welzel - a formalização do controle Social. Nesta última instância o direito penal tende ao fortalecimento e garantia dos valores ético-sociais da ação, mas, na busca dessa meta, atua submetido a princípios como o da legalidade e o da proteção de bens jurídicos, que também são, de sua parte, valiosos desde um ponto de vista ético-social e característicos do Direito Penal. (...) Navarrete, e o 'bem ou valor merecedor da máxima proteção jurídica, cuja outorga é reservada às prescrições do Direito Penal' (...) Bettiol enfatiza que o bem jurídico 'e a posse ou a vida, isto é, o valor que a norma jurídica tutela, valor que jamais pode ser considerado como algo de material, embora encontrando na matéria seu ponto de referência' (...)"

[71] ARAÚJO JÚNIOR, João Marcelo & SANTOS, Marino Barbedo. Op. cit., 1987, p. 104-105.

[72] Em que consiste o bem jurídico? Bem jurídico é um bem protegido pelo direito. É, portanto, um valor da vida humana que o direito reconhece, cuja preservação é disposta na norma. A noção de bem jurídico não se confunde com a de objeto da ação. Este último vem a ser o elemento (pessoa humana ou coisa) sobre o qual incide o comportamento punível do sujeito ativo da infração penal.

Em relação ao cumprimento das prestações de caráter público de que depende o indivíduo no quadro da assistência social por parte do Estado, entendemos, em consonância com Prado,[73] que: "(...) com esta dupla função, o Direito Penal realiza uma das mais importantes e numerosas tarefas do Estado, na medida em que apenas a proteção dos bens jurídicos constitutivos da sociedade e a garantia das prestações públicas necessárias para a existência possibilitam ao cidadão o livre desenvolvimento da sua personalidade, que nossa Constituição considera como pressuposto de uma condição digna".

Para tanto, a concretização do bem jurídico como um juízo de valor do ordenamento positivo deve levar em conta as seguintes condições: (1) que o legislador não é livre em sua decisão de elevar a categoria de bem jurídico qualquer juízo de valor, estando vinculado às metas que, para o Direito Penal, são deduzidas na *Constituição*,[74] pois existem limites para legiferar, uma vez que a *Carta Magna*, em sua valoração, estabelece limites sobre os quais deve ser realizada uma filtragem constitucional; dito de outra maneira, assinalou o ponto de vista valorativo, para que se possa determinar o conteúdo material do bem jurídico, ficando ainda para serem desenvolvidas as condições e funções em que se baseia esta sociedade, dentro do marco constitucional fixado; (2) que um tipo penal que identifique o bem jurídico de modo claro não significa por si só possuir legitimidade; é necessário ainda que só seja protegido diante de ações que possam colocá-lo frente ao perigo (delito de perigo ou perigo abstrato) ou delitos que porventura provoquem lesão (delito de resultado).

---

[73] PRADO, Luiz Régis. Op. cit., 1997 p. 58.

[74] Idem, p. 54: "(...). O pensamento jurídico moderno reconhece que o escopo imediato e primordial do Direito Penal radica na proteção de bens jurídicos - essenciais ao indivíduo e à comunidade -, norteada pelos princípios fundamentais da personalidade e individualização da pena, da humanidade; da insignificância; da culpabilidade; da intervenção penal legalizada; da intervenção mínima e da fragmentariedade (...) *proteção de bens jurídicos da comunidade tem possibilitado um efetivo questionamento em relação aos direitos sonegados 'a sociedade uma vez que 'desviantes' de uma nova forma de lesividade social ou danosidade social proporcionam a partir de suas ações ou omissões face a nova fase do desenvolvimento político e econômico da sociedade moderna. Penalização das pessoas jurídicas além de penas e sanções administrativas fazem parte uma moderna agenda de combate 'a criminalidade econômica, macrocriminalidade ou crimes de colarinho branco.* (...) penalista progressista moderno está na defesa de uma intervenção mínima do Estado, contudo, entendemos que em algumas áreas como a da criminalidade econômica se faz necessário uma penalização mais gravosa face aos efeitos muitas vezes imperceptíveis para a população, mas que causam à coletividade grandes prejuízos na realização por parte do estado da prestação de serviços típicos de um estado social. A seleção dos recursos próprios do Estado, o Direito Penal deve representar a *ultima ratio legis*, colocar-se em último lugar e só entrar em ação quando for indispensável para a manutenção da ordem jurídica (...)." (grifo nosso)

A Constituição Democrática e dirigente permite-nos extrair a noção adequada de bem jurídico, tendo por base os princípios que fundam o Estado Democrático de Direito, em nosso caso, é mais do que uma faculdade política, é um imperativo ético, técnico harmonizarmos a *Constituição* com os bens jurídicos penalmente relevantes, no sentido de realizarmos uma filtragem constitucional, seja no sentido de expungirmos tipos penais inadequados ou não recepcionados por nossa *Constituição*, assim como a ilegitimidade dos parlamentares que promulgam leis de caráter penal que levam em consideração alguns temas e circunstâncias pontuais, originando diplomas legais que são inconstitucionais na forma e no conteúdo ofensivos aos Direitos Humanos. Em síntese, o legislador não é livre para estabelecer tipos penais, devendo refletir a partir dos valores encerrados na própria Constituição.

Por fim, ao analisar nossa Constituição, Carvalho afirma corretamente a necessidade de interpretarmos, de fato, o art. 1º (da Carta Constitucional - Estado Democrático de Direito - na esteira das modernas doutrinas constitucionais e ocidentais, como as de Espanha e Portugal. Países que como o Brasil, tornaram-se Estado Democrático de Direito e encontram no *Welefare State* uma das formas de realização dos direitos e garantias fundamentais e sociais do cidadão, e complementarmente, impulsionaram a reforma penal que compatibiliza os novos princípios e valores constitucionais.

2.5.2. Noção material-constitucional de bem jurídico

A Constituição Federal da República Federativa do Brasil estabelece em seu preâmbulo as bases de um Estado Democrático de Direito - de forte matiz social. Por termos uma concepção que aponta no sentido da construção de um Estado Social, conforme orienta nossa *Constituição Dirigente*,[75] sobre a qual interpretamos o Direito Penal conforme a *Constituição*, implicando uma correlação lógica de

---

[75] CANOTILHO, José Joaquim Gomes. *Constituição Dirigente e Vinculação do Legislador*, Coimbra: 1994. p 22: "(...) a programática de uma constituição dirigente, democraticamente fixada e compromissoriamente aceite, aspira tornar-se a dimensão visível de um projeto de justo comum e de direção justa (...) mesmo sentido pronuncia-se CARVALHO, Márcia Dometila Lima de. Fundamentação constitucional do Direito Penal. Porto Alegre: Sérgio Fabris, 1992, p. 27: (...) que o Estado Constitucional Democrático não pode se identificar com um Estado de Direito formal, mas visa a legitimar-se como um Estado de justiça social concreta. Dizendo, ainda, com o referido autor português, *o Estado de Direito Democrático Constitucional é um Estado alicerçado na normatividade jurídica, quanto aos direitos fundamentais, garantias, competências, etc... (racionalidade formal ou racionalidade do Estado de Direito Liberal), mas, ao mesmo tempo, um Estado aberto a uma definição normativa-constitucional de direitos sociais, econômicos e culturais, a uma fixação de fins e tarefas e a uma planificação, não ideológica, dos problemas econômicos e sociais (racionalidade material ou racionalidade do Estado Democrático).* (...)." (grifo nosso)

proibição de qualquer construção interpretativa ou doutrinária que seja, direta ou indiretamente, contrária aos valores fundamentais, garantindo, ao mesmo tempo, uma postura protetiva ao Estado e garantista para o cidadão.

O Estado de Direito material, democrático e social busca a afirmação das garantias jurídicas e alterar as relações sociais, com vista a uma democracia real. Nesse sentido, Prado[76] assevera:

> "(...) Essa forma de configuração do Estado deve ser entendida como aquela que 'por um lado mantém incólume a sua ligação ao direito, e mesmo a um esquema rígido de legalidade, bem como ao respeito e à garantia dos direitos e liberdade fundamentais das pessoas, mas que, por outro lado, se move, dentro desse esquema, por considerações axiológicas de justiça na promoção e na realização de todas as condições - sociais, culturais e econômicas - de livre desenvolvimento da personalidade de cada homem. (...) *dimensão normativo-social converte o Estado de Direito democrático e social. Ao lado do aspecto normativo - constitucional liberal, ganha acentuada tônica sociodemocrática, em franco abandono a uma postura individual-abstencionista.* A passagem do conceito formal ao material de Estado de Direito caracteriza-se porque se pretende a liberdade e a segurança individuais do cidadão, não só mediante a abstenção estatal, senão com a garantia positiva, a cargo do Estado, de uma existência digna ao ser humano (...)" (grifo nosso).

No Estado Democrático de Direito existem determinações originárias dos valores elementares da comunidade, que devem estar, em princípio, delineadas na Constituição. O aspecto substancial dos valores constitucionais se relacionam com a definição de um espaço aberto que torne possível o jogo das alternativas, facultando a qualquer idéia, ou tendência, a oportunidade de vir a ser majoritária, mesmo que não se apresente como hegemônica. Agir de forma democrática e garantista significa reconhecer a importância da hermenêutica crítica, no processo de construção de um novo referencial dogmático no Direito, a ser incorporado pela Ciência Penal. Não podemos negligenciar o fato de que a credibilidade do Direito Penal se altera de acordo com a "produção de consenso social" realizado pelos aparelhos ideológicos do Estado. No Direito, este discurso é perceptível no "princípio" da *segurança jurídica*. A reação social aos delitos não pode ser critério terminativo na repressão à criminalidade tributária que é complexa, pois a população não tem a noção da dosimetria e proporcionalidade com que são definidas as penas do Código Penal.

---

[76] PRADO, Luiz Régis. Op. cit., 1997. p. 72.

Em relação ao bem jurídico e ao Direito Penal, importante rememorarmos lição de Prado.[77]

"(...) conceituação material de bem jurídico implica o reconhecimento de que o legislador eleva à categoria de bem jurídico o que já na realidade social se mostra como um valor. Esta circunstância é intrínseca à norma constitucional, cuja virtude não é outra que a de retratar o que constitui os fundamentos e os valores de uma determinada época. Não cria os valores a que se refere, mas se limita a proclamá-los e dar-lhes um especial tratamento jurídico (...) o que importa que sua privação só pode ocorrer quando se tratar de ataques a bens de análoga dignidade; dotados de relevância ou compatíveis com o dizer constitucional ou, ainda, que se encontrem em sintonia com a concepção de Estado de Direito democrático (...)."

O Estado Democrático de Direito, explícito no art. 1º (em nossa *Constituição Dirigente*), traz a lume um liame entre o Estado Democrático de Direito e o Direito Penal democrático e moderno, em consonância com as *conclusões garantistas de* Carvalho,[78] uma vez que,

---

[77] PRADO, Luiz Régis. Op. cit., 1997 p. 72.

[78] CARVALHO, Márcia Dometila Lima de. Op. cit., 1992. p. 43-44; 45-47. "(...) um Estado que se diz preocupado com a justiça social, intervindo, para dar à propriedade uma função social e reduzir as desigualdades regionais e sociais existentes no país, com o intuito de assegurar a todos uma existência digna; diante de um Estado que se propõe a fazer a reforma agrária, desapropriando por interesse social, estabelecendo uma política agrícola e fundiária, a fim de promover, cada vez mais, bem estar e justiça; diante de um Estado que se propõe a intervir, sem se utilizar do autoritarismo (...) Constituindo, o delito, o mais grave ataque desfechado contra os bens jurídicos que o Estado quis proteger, a sanção social, como reação estatal, representa a sua pronta e forte intervenção no domínio da individualidade do infrator (...) *dignidade da pessoa humana, como fundamento do Estado Democrático de Direito, é o valor expresso no princípio da humanidade do Direito Penal, que não pode deixar de ser considerado quando da criminalização de qualquer fato, etiquetado como socialmente agressivo, ou quando da cogitação de qualquer sanção criminal* (...). avançar mais, para demonstrar que, embora a dogmática jurídico-penal, expressa na Parte Geral, delimitando as condições de eficácia das normas penais, traga, consigo, *uma relativa segurança jurídica, esta seria uma segurança suficiente para um Estado Liberal, mas insuficiente, por si só, para garantir a justiça que se propõe a fazer o novo Estado Democrático de Direito, com feições nitidamente intervencionistas* (...) Nesta espécie de Estado é a Parte Especial, o conteúdo do Direito Penal, que deve ser revisto, **repesando-se os seus bens jurídicos, à vista da matriz constitucional.** *Só a infiltração, a concretização dos valores preconizados pela Constituição, na futura Parte Especial do Direito Penal, propiciará a almejada justiça social* (...) Como isto poderá ser feito – elencando-se os valores constitucionais, só na medida necessária, sem esquecer o caráter fragmentário do Direito Penal, a sua indispensável eticidade, a conveniência de que sejam utilizadas, antes da sanção penal, todas as outras de que dispõe o direito (administrativas, civis, fiscais, com cautela inclusive as premiais) – é toda uma problemática a ser resolvida (...) formulação rigorosa de um elenco de bens jurídicos compatibilizados com a Constituição, evitará o abuso do poder punitivo, em detrimento dos seus valores mais primordiais (...) se a Constituição e esse Estado Democrático de Direito abrem-se para transformações políticas, econômicas e sociais, a lei, inclusive a penal, como expressão do direito positivo, deve apresentar-se como corolário necessário deste conteúdo constitucional (...)" (grifo nosso).

a partir de nova concepção de Estado que supera o velho Estado Liberal, de caráter patrimonial e paternalista, funda-se um Estado Social que contempla e harmoniza não apenas os direitos fundamentais do cidadão e tutela os interesses da sociedade.

A idoneidade do bem jurídico está diretamente relacionada com o seu valor social, danosidade social, proporcionalidade das penas, sua utilidade e *função*.[79] Assim como a aplicação de penas pelo Judiciário, é condição para (re)habilitar os operadores do direito e o Judiciário frente à sociedade. Resta a dúvida: As penas são adequadas aos desviantes ou para os operadores jurídicos? As *"penas"* não estariam a demonstrar a ignorância e a incapacidade dos operadores do Direito para a resolução do problema da criminalidade? Provavelmente, no entanto, estamos distantes de encontrar outra alternativa que a atualmente existente, ao mesmo passo, que distantes de realizar nossos "desejos" abolicionistas.

Devemos ser cuidadosos na (re)definição, ou (re)adequação dos bens jurídico-penais, a serem adotados a fim de contemplar e compreender a dependência dos interesses mutáveis e variáveis do Estado e da sociedade, preservando a comunidade que cada época exige especiais bens jurídicos a serem objetos de tutela penal. Por fim, a substancialidade do bem jurídico põe em destaque a necessidade de uma valoração adequada ao modelo de Direito Penal humanista.

Como Carvalho,[80] propugnamos que, com gênese na concepção de Estado Democrático de Direito, urge a reformulação de um Direito Penal que possa ser denominado de democrático:

"(...) O reajuste faz-se premente a fim de que o delito venha a corresponder à concepção própria do Estado Social e Democrático de Direito que a nova Constituição sanciona, significando isto, ainda, como já referido no capítulo anterior, *um processo de penalização assaz necessário, mas também um processo inverso de despenalização e de atenuação de penas bem evidente (...) balanço dos bens*

---

[79] PRADO, Luiz Régis. Op. cit., 1997, p. 47, 48 e 49. "(...) (a) Função de garantia ou de limitar o direito de punir do Estado: o bem jurídico é erigido como conceito limite na dimensão material da norma penal. O adágio *nullum crimen sine iniuria* resume o compromisso do legislador, mormente em um Estado de Direito Democrático e Social, em não tipificar senão aquelas condutas graves que lesionem ou coloquem em perigo autênticos bens jurídicos; (b) função teológica ou interpretativa: como um critério de interpretação dos tipos penais, que condiciona seu sentido e alcance à finalidade de proteção de certo bem jurídico; (c) função individualizadora: como critério de medição da pena, no momento concreto de sua fixação, levando-se em conta a gravidade da lesão ao bem jurídico; (d) função sistemática: como elemento classificatório decisivo na formação dos grupos de tipos da parte especial do Código Penal (...)"

[80] CARVALHO, Márcia Dometila Lima de. Op. cit., 1992, p. 47-48.

jurídicos dignos de proteção, ganham mais força os pertinentes à defesa da ordem econômico-social, cultural e ambiental, hierarquicamente superiores, pela Constituição, aos clássicos crimes contra o patrimônio, por exemplo (...) Além da sua natureza individual ou coletiva, passam a ter uma natureza constitucional que os fazem merecedores da proteção penal. É a dignificação constitucional do bem jurídico (...) atrair, irremediavelmente, para a base fundamental do bem jurídico, que a tipificação delitual e correspondente sanção punitiva visa a proteger, os valores constitucionais, comprometendo, com essa aliança, o Direito Penal – parte integrante do ordenamento jurídico geral – com os fins visados pela Lei Maior. O delito passa a ser fruto de uma visão político-normativa, de cunho eminentemente constitucional (...)."(grifo nosso).

A Constituição, sobretudo em uma *sociedade democrática,*[81] deve ser o ponto jurídico-político de referência inicial, em termos de injusto penal - reduzido às margens da estrita necessidade - com ampla utilização e do princípio da intervenção mínima, da insignificância, e o princípio da proporcionalidade na esfera penal - como afirmação do indispensável liame material entre o bem jurídico e os valores constitucionais amplamente considerados.

Podemos sintetizar a função político-criminal do bem jurídico sob três diretrizes: (1) exigência de eficiência do sistema penal; (2) adequação à Constituição da parte especial do C.P.B.; (3) credibilidade do sistema. Nesta mesma direção, a criminalização caracteriza-se por: a) seu personalíssimo interesse, como corolário da natureza da sanção criminal; b) a dimensão e relevância social do interesse tutelado/ofensa; c) a necessária concretização do interesse e da ofensa, que se apresenta como corolário das fundamentais exigências garantistas.

Assim, quanto mais conservadora for a sociedade, mais violentamente reagirá contra o desviante e sua conduta. Ao contrário, uma sociedade muito dinâmica, fortemente secularizada, deve melhor desenvolver mecanismos de adaptação e de autotutela no confronto

---

[81] PRADO, Luiz Régis. Op. cit., 1997, p. 80 e 81 A concepção de sociedade aberta e pluralista e o delito reaparecem na reflexão de PRADO: "(...) O delito vem a ser, assim, uma magnitude de valoração (*Wertungsgrösse*). A experiência axiológica em que se funda a lei penal pode ser problemática, sendo certo que em uma sociedade aberta e pluralista, as profundas divergências de opinião acerca das normas sociais devem ser aceitas não só como uma questão inevitável, mas também como legítima expressão da livre discussão dos problemas sociais. Por isso, é incompatível criminalizar uma conduta que se oponha à concepção da maioria ou ao padrão médio de comportamento. A estigmatização de um comportamento como delituoso deve limitar-se à violação daquelas normas sociais em relação às quais existe um consenso praticamente ilimitado e com as quais, no mínimo, em geral e possível as pessoas se conformarem (...)."

com o fato delituoso, isto num contexto de controle social, em que a intervenção penal seja mínima. Sobre este assunto, destacamos que uma política criminal restritiva da intervenção penal impõe subordinar esta última a valorações tipicamente jurídico-penais, que permitem selecionar com critérios próprios os objetivos dignos de amparo penal.

No contexto de um Estado Democrático de Direito, surge a polêmica questão sobre qual deve ser a hierarquização "correta" que os bens jurídicos penais desfrutam na sociedade e no sistema punitivo. O conjunto social prepondera, em termos de proteção jurídico-penal sobre os indivíduos, pois se trata de adotar um sistema que esteja a serviço da pessoa, e não o contrário. Portanto, o interesse social importante para o indivíduo deve ser levado à categoria de bem digno de tutela jurídico-penal. Deste modo, para que um bem jurídico possa ser considerado, em sentido político criminal, como bem jurídico-penal, insta acrescer ainda o juízo de suficiente relevância social.

2.6. O bem jurídico como critério da conceituação normativa

A idéia básica é que para instituir uma conduta como crime, não se pode resumi-la à infração de uma norma ética ou divina, sendo necessário, sobretudo, a prova de que lesa interesses materiais da sociedade (individuais, coletivos, difusos), isto é, bens jurídicos legalmente instituídos. A importância do bem jurídico na teoria do crime é reconhecida por todos os autores. Dissonâncias surgem quando se pretende fazer dele *"um exato critério delimitador dos limites puníveis"*, agravando-se essas dissonâncias, ao se procurar uma vocação crítica para o conceito de sentido dogmático e imanente ao sistema.

O bem jurídico, também referido como objeto jurídico do tipo legal, é o bem material ou ideal (valor ou interesse juridicamente reconhecido) que, por sua significação social, é tutelado pelo Direito. O bem jurídico pode ser individual, como por exemplo, a vida, a integridade física, a liberdade pessoal, a honra, o patrimônio, etc. Ou pode ser supra-individual, universal, difuso, ou coletivo, como a *Constituição* do Estado e sua ordem democrática, a conservação dos segredos de Estado, a Administração Pública, a segurança da moeda, a fidelidade dos documentos, a ordem tributária, o meio ambiente equilibrado.

O conceito de bem jurídico penal vem evoluindo, o que lhe proporciona sensíveis transformações que refletem a própria transformação do Estado. Como Castilho,[82] entendemos que o conceito de bem jurídico pode expressar a vulnerabilidade do desenvolvimento do capitalismo: "(...) foi formulada no marco do direito liberal burguês. A evolução do capitalismo provocou o reconhecimento dos denominados interesses difusos e coletivos. Essa denominação alude à existência de uma conflitividade social em cujo seio aqueles estratos que revelam maior vulnerabilidade no desenvolvimento capitalista logram impor por sua própria força um controle sobre o conteúdo e desenvolvimento das posições econômico-jurídicas dominantes e fechadas à participação".

No Estado Democrático de Direito, urge construção, aperfeiçoamento ou utilização de mecanismos que visem a dirigir a reação institucional para a criminalidade econômica, para os desvios criminais dos organismos estatais e para o crime organizado, tanto do setor privado quanto dos setores públicos. Trata-se, ao mesmo tempo, de assegurar uma maior representação processual em favor dos interesses coletivos e difusos, possibilitando a efetividade de um Estado garantidor.

Na dogmática tradicional, predomina o bem jurídico individual, havendo uma ligação específica entre o bem jurídico e a pessoa. A ofensa é perfeitamente delimitada e perceptível, em seu caráter microssocial. Este enfoque predomina nos tipos legais definidos no Código Penal brasileiro. Diversamente, os bens supra-individuais não estão diretamente ligados à pessoa, mas vinculados ao funcionamento do sistema. Tal é o caso da qualidade dos bens de consumo, da ordem tributária, do meio ambiente e da livre concorrência possuindo caráter macrossocial.

Régis Prado,[83] quando aborda a questão dos bens supra-individuais, esclarece: "(...) a aceitação dos bens supra-individuais foi muitas vezes provocada pela dificuldade de investigação ou pela limitação de figuras clássicas de crimes, para fazer frente a condutas anti-sociais em áreas como o sistema de crédito, as subvenções ou subsídios etc." Portanto, segundo esta matriz de pensamento, o macrossocial deve estar subordinado ao microssocial.

Mesmo assim, é improvável que a nova categoria de bens jurídicos seja abandonada nos países que adotam esse modelo de Estado, porque nele se proclama o dever do poder público de promover as condições para que a liberdade e a igualdade sejam reais e efetivas, bem como de remover os obstáculos à realização das finalidades do Estado Democrático de Direito. Neste caso, é imperiosa a neces-

---

[82] CASTILHO, Ela Wiecko V. de. Op. cit., 1998, p. 75.

[83] PRADO, Luiz Régis. Op. cit., 1997, p. 76.

sidade de um novo bem jurídico penal efetivo: "*a ordem econômica*", que possui caráter supra-individual e se destina a garantir um justo equilíbrio na produção, circulação e distribuição da riqueza entre os grupos sociais, pois, o Direito Econômico possui como características: (1) correspondência da ordem pública econômica a um determinado sistema de organização geral da economia a um definido sistema de organização geral da economia que está implantado em um país; (2) fixação da ordem pública econômica por razões de interesse geral; (3) domínio imperativo da ordem pública econômica sobre a organização econômica do país, obrigando a todos os cidadãos, tanto governantes quanto governados.

2.7. O crime fiscal concretamente

2.7.1. Objeto jurídico penal e a estrutura do crime fiscal

Pode-se afirmar que, sem a presença de um bem jurídico de proteção prevista no preceito punitivo, o próprio Direito Penal, além de resultar materialmente injusto, sanciona fatos socialmente intoleráveis. A noção de bem jurídico é de extrema relevância, já que a moderna Ciência Penal não pode prescindir de uma base empírica nem de um vínculo com a realidade, que lhe propicia a noção social que, apanhada, deve ser redimensionada pelo jurista através da dogmática jurídica penal, cuja finalidade, além de reprimir, é tutelar penalmente fatos relevantes para a sociedade.

Esta consideração ganha espaço em um momento em que se projeta uma reforma da parte especial do Código Penal, quando a função político-criminal do bem jurídico penal, compreendido a partir de uma filtragem constitucional do ordenamento jurídico-penal, incorpora modernas tendências político-criminais que reconhecem o risco à sociedade de diversas condutas sociais que ensejam formas diversificadas de enfrentamento com a macrocriminalidade econômica. Constituem também pontos de reflexão significativos os critérios principais de individualização e de delimitação da matéria destinada a ser objeto da tutela penal, assim como a avaliação da proporcionalidade (gravidade), ou mesmo a insignificância que esses crimes representam, dependendo do caso concreto, para a sociedade.

A Lei Federal nº 8.137/90, em seus arts. 1º e 2º, *nos crimes contra a ordem tributária*, tipifica, dentre outros, o crime de sonegação fiscal que, com o surgimento do novo diploma legal, derrogou o anterior (Lei Federal nº 4.729/65). Cabe destacar que o ordenamento jurídico brasileiro obedece à lógica de tipificar os delitos por meio de normas penais especiais e esparsas, e não de constar na parte especial do Código Penal Brasileiro.

No Brasil, constata-se que o sujeito ativo, em regra, será o contribuinte. No entanto, nas figuras penais previstas nas leis especiais que versam sobre matéria penal tributária, percebe-se que o sujeito ativo poderá ser qualquer pessoa que participe da concretização do crime. Entendemos que seria de melhor técnica, no momento da "Reforma do Código Penal", reconhecermos a capacidade das pessoas jurídicas em realizar delitos contra a ordem tributária, econômica e ambiental e (re)formularmos o Direito Penal a fim de que possa incidir com precisão, reprimindo esta complexa criminalidade.

Nas hipóteses em que a lei elege um substituto passivo tributário, o sujeito ativo será o substituto, obrigado a reter e recolher o tributo do contribuinte de fato. Se o crime for praticado visando a reduzir ou suprimir tributos, em favor da sociedade comercial, instituições financeiras ou empresas de qualquer natureza, serão responsabilizados pessoalmente os diretores, administradores, gerentes, ou funcionários responsáveis. Na sociedade moderna, entendemos que esta criminalização não é suficiente para atuar sobre essa criminalidade.

O sujeito passivo será o Estado, representado pela Fazenda Pública, ofendida nos seus interesses relacionados com a arrecadação dos tributos devidos. A ação penal somente poderá ser interposta pelo Ministério Público, pois a ele pertence unicamente esta competência, consoante o art.129, incisos I, III, VI e VIII, da Constituição da República Federativa do Brasil.

Com o advento da Lei nº 8.137/90, não houve mudança substancial em relação ao que dispunha a Lei nº 4.729/65. Em breve referência, Stoco[84] descreveu a técnica redacional que permeava o Diploma de 1965: "(...) a rigor, todas as figuras contempladas nessa lei descreviam condutas típicas já previstas em dispositivos do Código Penal vigente. No entanto, a inação das autoridades responsáveis pela sua aplicação criou o entendimento generalizado de que as fraudes fiscais por sua natureza e objetivos, não se enquadram nos conceitos do Código Penal apesar de se subsumirem nos tipos que descrevem crimes de falso e outros."

A Lei Federal 4.729/65 tinha por escopo agir como mecanismo de defesa dos interesses estatais na arrecadação de tributos. A Lei de Sonegação Fiscal expressava, de forma inequívoca, a disposição do

---

[84] STOCO, Rui. *Sonegação Fiscal Crimes contra a Ordem Tributária*. In: *Leis Penais Especiais e sua interpretação jurisprudencial*. São Paulo: Revista dos Tribunais, 1995. p. 1483.

governo em reprimir tal conduta *desviante*, apesar da criação de novos preceitos primários, com a incorporação de novas figuras típicas, inclusive as anteriores que foram reproduzidas.

A diversidade de condutas tipificadas demonstra basicamente duas modalidades de crimes: comissivos ou omissivos. Dependendo das circunstâncias, as descrições típicas poderão ser crimes de mera conduta ou crimes formais. O elemento subjetivo comum é o dolo específico, descrito numa vontade de particular intenção, que constitui um elemento subjetivo do injusto, previsto em cada um dos tipos penais, previstos com a nova redação da Lei Federal nº 8.137/90, regulamentando os *crimes contra ordem tributária*. Stocco[85] estabelece que: "(...) exigiu-se para a tipificação dos delitos que as condutas sejam praticadas com o fim ou com a intenção de suprimir ou reduzir o tributo ou contribuição, ou para eximir-se, total ou parcialmente de pagamento de tributo (esta última hipótese apenas com relação ao crime previsto no inciso I, do art. 2º), sem o que a figura típica não se perfeccionará".

Restando comprovado que, na decorrência do delito, o agente diverso daquele é descrito no *caput* do art. 1º ou no inc. I do art. 2º, não se poderá falar em crime, pois os crimes citados não admitem a modalidade culposa no Direito brasileiro. Os delitos estabelecidos nos tipos penais dos artigos 2º e 3º constituem-se em evasão de obrigações fiscais e previdenciárias e também, em aproveitamento de benefícios fiscais. Verifica-se, de igual modo, que os meios previstos no art. 1º dessa lei, em seu art. 3º, estendem-se aos crimes previdenciários, exceto em relação aos crimes de perigo, inclusive prevendo a questão da reincidência.

Inexiste a modalidade culposa, uma vez que o dolo é elemento indispensável para configuração do tipo penal no Brasil. Modernamente, frente ao surgimento do Estado Democrático de Direito, devemos (re)pensar sobre a proporção dos bens jurídicos a serem tutelados, seu valor frente à *Constituição Federal* e a própria proporção da pena a ser aplicada.

O problema maior a ser enfrentado é o de fixar concretamente os critérios pelos quais se deve proceder à seleção de bens e valores fundamentais da sociedade. Neste diapasão, Prado[86] diz:

> "(...) pode ela ser contemplada sob uma dupla perspectiva: a de delimitação do âmbito do injusto penal e de potencialidade da função da pena. Com freqüência assinala-se que uma orientação

---

[85] Idem, p. 1488.
[86] PRADO, Luiz Régis. Op. cit., 1997. p. 19, 20 e 21.

preventiva, dirigida a evitar a prática de ilícitos penais, pode circunscrever o campo do punível de modo mais restrito e seletivo, pois, sendo seu objetivo manter a conveniência, unicamente aqueles valores necessários a sua mantença deveriam ser objeto de tutela e sanção penal (...) *relação entre o bem jurídico e pena opera uma simbiose entre o valor de bem jurídico e a função da pena: de um lado, tendo-se presente que se deve tutelar o que em si mesmo possui um valor, o marco da pena não é senão uma conseqüência imposta pela condição valiosa do bem.* De outro lado, e, ao mesmo tempo, a significação social do bem se vê confirmada precisamente porque para sua proteção vem estabelecida a pena (...)" (grifo nosso).

Devemos destacar a importância que assume a temática que aborda o significado do bem jurídico penal incorporando as lesões de caráter coletivo ou difuso, especialmente para um Direito Penal de feição liberal e cientificamente moderno, como instrumento próprio de realização ou proteção do Estado Democrático de Direito. Constatamos que o bem jurídico possui uma transcendência ontológica dogmática e prática, que em certo sentido é fundamental e, por essa razão, indeclinável na formulação de um Direito Penal que expresse nossos valores e princípios constitucionais. De sua essência, entidade e conteúdo dependem tanto de sua estruturação técnica como de sua legitimidade e existência no Sistema Penal. O Direito Penal clássico e, conseqüentemente, alguns de seus dogmas esculpidos a partir de uma concepção de Estado Liberal que remonta ao final do século passado estão superados. Compete-nos (re)orientar este debate.

2.7.2 O crime fiscal: o bem jurídico protegido no tipo penal fiscal e a experiência comparativa

O ordenamento normativo eleva determinados entes, e certas situações de fato, à categoria de bens jurídicos socialmente relevantes, merecedores da tutela penal. Assim, será considerada delituosa a conduta que ofenda um bem juridicamente tutelado pela Lei Penal. Esta lesão justifica a imposição de uma sanção ao autor da conduta.

Qualquer avaliação açodada reproduzirá um ponto de partida clássico para a compreensão daquilo que a nova concepção de Estado engendra: a função do Direito Penal, no Estado Democrático de Direito. A vantagem desta percepção irá repercutir na essência dos chamados bens coletivos de titularidade difusa, objetos de atenção, tanto da dogmática quanto da política criminal.

A objetividade jurídica do tipo penal fiscal não se resume apenas em proteger a *arrecadação estatal, tampouco* considera a Fazenda

Pública como ente abstrato a ser protegido a qualquer custo. Sobre o tema, asseveramos que pesquisas recentes a respeito têm sustentado que a conduta típica dos delitos contra a ordem tributária incide sobre o dever de lealdade do cidadão para com o Estado em relação à obrigação tributária, a função do tributo no estado de direito e, por óbvio, a Fazenda Pública. Dentre elas, apenas a orientação patrimonial e a função do tributo no estado de Direito irão conseguir o consenso que justifique a legitimidade dos crimes contra a ordem tributária.

A doutrina alemã, que se divide no que se refere aos delitos fiscais, é trazida por Rios:[87] "(...) parte da doutrina alemã entende que o delito fiscal é um delito de perigo concreto, uma vez que o resultado típico (a redução do imposto) não pressupõe a efetiva lesão da pretensão tributária ou a diminuição efetiva dos ingressos fiscais. Em vista do conceito legal de resultado, o perigo para o bem jurídico existe sempre que a liquidação tributária não se realize na quantia devida. Desta forma, o bem jurídico protegido (...) é o interesse do Estado no ingresso, complexo ou a tempo, dos tributos". Entendemos, sinteticamente que apesar de concordarmos que os crimes contra a ordem tributária representam um delito de perigo abstrato para a sociedade, eles têm o liame de melhor se ajustar à tutela dos interesses da coletividade no embate junto aos crimes econômicos. Os delitos de perigo concreto demandam uma comprovação célere, impossível em nossa estrutura estatal burocrática. Os desviantes ficariam sujeitos a longos e desagradáveis processos penais ou nossa patrimonialista estrutura estatal permitiria - como já o faz - as mais diversas formas de impunidade, ou (des)legitimariam o Direito Penal.

A legislação portuguesa, quando versa sobre a tutela jurídico-penal do patrimônio fiscal, demonstra a aceitação *tout court* da orientação patrimonial da Fazenda Pública. Contudo, ressaltemos o fato de que o bem jurídico exclusivo do crime fiscal não outorga a dimensão real da unidade funcional a que este tipo de delito visa tutelar, pois sua repressão não visa apenas a satisfazer a voracidade arrecadadora da Fazenda Pública, mas sobretudo, a assegurar os princípios constitucionais explícitos, em nosso caso, pela *Constituição*. Na legislação lusitana, a importância da *"fé pública"* assumiu este caráter meramente patrimonial.

---

[87] RIOS, Rodrigo Sánches. *O crime fiscal*. Porto Alegre: Sergio Fabris, 1998. p. 42-43.

Os delitos fiscais e o injusto social que simboliza a lesividade social desta natureza delitiva se apresentam como uma grave preocupação na reflexão de Rios:[88]

"(...) algumas ressalvas devem ser feitas quanto à adoção desta função dentro do âmbito estritamente penal. A primeira delas é que a realização típica do delito fiscal *não coloca em perigo as funções do tributo, porque vale o raciocínio de que, se a lesão do bem jurídico é um elemento do tipo de injusto - e portanto deveria ser abarcada pelo dolo do autor* (...) Além do que não resulta necessário que o dolo do autor abarque o conhecimento de que, com sua conduta típica, está afetando as funções do tributo', sendo suficiente apenas o conhecimento de que, com sua conduta, está causando um prejuízo patrimonial ao Erário Público. Destarte, a função tributária estaria também ausente do elemento subjetivo do tipo (...)." (grifo nosso).

A justificação dos crimes contra a ordem tributária encontram-se no fato de que a conduta criminosa, além de causar um prejuízo imediato à integridade patrimonial do Erário Público (lesando a função pública da arrecadação), acaba por obstaculizar a realização do valor constitucional da solidariedade de todos os cidadãos na contribuição da manutenção dos gastos públicos e dificultando a efetivação do Estado Democrático de Direito.

Acrescente-se um outro aspecto de grande importância, a aceitação com restrições, dentro do Direito Comparado, da chamada extinção da punibilidade pelo pagamento do produto da fraude fiscal. Segundo Rios:[89] "(...) considerá-lo tipicamente um delito de falso, que esgote o resultado na lesão contra a fé pública, e estabelecer apenas parte da conduta delituosa, pois a esta deve ser somada a intenção do agente de causar um dano ao patrimônio do fisco, mesmo que este resultado nem sempre seja alcançado".

Nosso anteprojeto, tal qual o Código vigente, concebe o delito, do ponto de vista ontológico, como a ação humana que viola ou ameaça um bem jurídico ou um interesse jurídico. Por isso, toda norma penal incriminadora destina-se a proteger bens ou interesses, que o legislador considerou essenciais à ordem social. No entanto, em matéria econômica, esses bens ou interesse são conseqüentes, diretamente, dos objetivos fixados na *Constituição*.

---

[88] RIOS, Rodrigo Sánches. Op. cit., 1998. p. 48.

[89] Idem, p. 53-54.

Como Araújo Júnior,[90] preocupa-nos essa característica supra-individual dos crimes contra a ordem tributária, pois até o momento, a doutrina nacional não dedicou tempo suficiente para reflexão sobre a gravidade de nossa (in)suficiente solução dogmática e político-criminal:

"(...) uma *característica essencial* desse bem jurídico: *a ordem pública econômica é supra-individual, possuindo natureza difusa e complexa, constituindo a sua violação uma ameaça à coletividade* (...) os delitos econômicos, assim, *lesam interesses coletivos, pois são ações socialmente gravosas*, que, tendo por objeto a atividade econômica lesam interesses difusos ou coletivos, isto é, correspondentes às necessidades reais de amplos estratos da população, geralmente privados de proteção por sua natureza antagônica ao poder econômico dominante(...)." (grifo nosso).

No que concerne aos crimes de natureza econômica, imperam na doutrina nacional soluções penais medievais (ligadas ao Estado Liberal clássico) que centram seu objeto de estudo somente na proteção penal às garantias de natureza individual, relegando, por via de conseqüência, os efeitos supra-individuais da macrocriminalidade econômica a um segundo plano. Plano esse que procura soluções a partir da própria concepção liberal, que deveria ser superada através de uma reflexão original que oriente no sentido de uma ruptura de paradigmas no Direito Penal. Criminólogos progressistas repetem o equívoco quando abordam o anteprojeto de Código Penal, (re)editam velhas discussões a partir de compromissos humanistas, contudo, tímidos nas sugestões. É o caso de Araújo Júnior:[91] "(...) os crimes financeiros e os tributários, enquanto violarem bens jurídicos individuais, pertencem à esfera do direito penal convencional, não merecendo, por isso, relevo especial. Entretanto, quando se dirigirem contra interesses difusos da sociedade, transformam-se, só por isso, em ilícitos econômicos, inexistindo, portanto, necessidade de que sejam tratados em capítulos autônomos, fato que faz presumir sejam coisas diferentes, quando em verdade não o são". Entendemos que ambas as situações são diferentes, pois a economia pública é atingida, e não a individual. O dano não será individual, mas sim coletivo. Essa será a regra e, como tal, deve gerar uma nova formulação teórica que atualize a teoria do bem jurídico penal, bem como (re)dimensione por completo a teoria da pena. Imaginar solver essa nefasta delinqüência é olvidar a realidade de exclusão social em que

---

[90] ARAÚJO JÚNIOR, João Marcelo & SANTOS, Marino Barbedo. Op. cit., 1987, p. 88-89.
[91] Idem, p. 90.

vivemos, bem como desconhecer que a mesma se dá face à concentração de renda que, não raras vezes, é obtida através de meios ilícitos. A transação, a conciliação e o abrandamento não reduzirão o problema; impõe-se a (re)pressão aos desviantes, a (re)definição do bem jurídico penal, bem como o questionamento incansável a normas penais que (des)legitimem o próprio Direito Penal frente ao jurista e à sociedade.

Com pensamento oposto ao nosso quanto à utilidade de institutos penais como a *"transação"* para os crimes contra a ordem tributária, Santos[92] diz:

> "(...) *la respuesta sancionadora, el derecho conoce el mecanismo de la transacción. Las materias a las que se puede aplicar son, en el conjunto del Derecho penal especial, poco numerosas, pero tienen gran importancia en el 'Droit pénal des affaires', en el que el legislador ha preferido guiarse por razones de oportunidad más que represivas, considerando que muy a menudo los intereses individuales se identifican con los de la sociedad,* de modo que la víctima es, a la vez, titular de la acción privada y de la pública (...) primer grupo, se admite en materia fiscal, aduanera – ámbitos que son los que a nosotros nos interesan – postal, de caza y pesca, de correos y telecomunicaciones y radiodifusión y televisión (...).cuanto a las infracciones económicas,(...) dispone que el Director departamental de la competencia y los precios puede acordar el beneficio de la transacción, en las condiciones fijadas por decreto, a los autores de infracciones de este carácter (...)" (grifo nosso).

Não poderíamos deixar de abordar o polêmico tema sobre a obrigação ou não de aguardar o transcurso do processo administrativo antes de iniciarmos a ação penal pública. Existe interdependência ou independência da esfera administrativa e penal, no que tange aos crimes de sonegação fiscal? É, ou não, necessário aguardar o processo administrativo ser exaurido, para que se proponha ação penal pública incondicionada, nos crimes contra a ordem tributária?

Com a edição da Lei Federal nº 9.430, de 27 de dezembro de 1996, (re)surgiu no ordenamento jurídico, a partir de seu art. 83, a polêmica em torno da independência entre as instâncias administrativas e penal, ainda que nos pareça tecnicamente evidente a independência das esferas administrativa e penal. Existe também o entendimento majoritário estabelecido através da Súmula 609 do Supremo Tribunal Federal, no sentido de que a ação penal, nos crimes de sonegação fiscal, não está condicionada a nenhuma condi-

---
[92] SANTOS, Marino Barbedo. Op. cit., 1985, p. 238.

ção prévia de procedibilidade. Contudo, respeitamos doutrina penal nacional divergente (Delmanto, Gandra Martins) sobre a solução da matéria. Não olvidemos que este crime está incorporado, hoje, aos *crimes contra a ordem tributária*.

Incorporada ao diploma legal, a similar determinação da Lei Federal nº 9.430/96 (re)vive o debate acerca da independência das instâncias, embora tal questão tenha sido por demais debatida nos tribunais, o que originou a Súmula 609 do STF: *"É pública incondicionada a ação penal por crime de sonegação fiscal."* A própria Súmula foi elaborada quando vigia a Lei nº 4.729/65, que definia o delito de sonegação fiscal, e cujo texto não dispunha acerca do prévio esgotamento da via administrativa como pressuposto para o exercício da ação penal. Tal diploma legal foi revogado pela Lei nº 8.137, de 1990, que não mais fala em sonegação fiscal, mas sim, em *crimes contra a ordem tributária*.

No dizer de Costa Júnior,[93] os crimes definidos na Lei Federal nº 4.729/65: "(...) todos de mera conduta, visto que se aperfeiçoam independentemente do resultado não integram os tipos ali descritos. De sua parte, os crimes contra a ordem tributária, previstos na Lei 8.137, o núcleo do crime é suprimir ou reduzir tributos com a intenção de causar um dano ao erário público. Trata-se, portanto, de um crime de resultado que participa da subespécie dos crimes de dano".

A partir da classificação entre crimes formais e materiais, advêm diversas conseqüências, levando-se em consideração o momento consumativo do delito; na distinção entre crimes de dano, ou de perigo, leva-se em consideração o resultado da ação delituosa. Essa distinção decorre do fato de que os crimes materiais, ou de dano, só se consumarem com a efetiva produção do resultado previsto no tipo, com efetiva lesão ao bem jurídico protegido. Tendo em vista a definição legal dos *crimes contra a ordem tributária* (supressão ou redução de tributos), eles só se consumam com efetiva produção desse resultado. E, logicamente, só se pode denominar supressão ou redução do tributo após o término do procedimento administrativo, que culmina com o lançamento, atividade privativa das autoridades fazendárias.

Concluímos, portanto, divergindo de parcela da doutrina penal que entende ser necessária não somente a realização de uma das condutas previstas na Lei, mas também a produção do resultado lesivo ao erário público. Por esta razão é necessária a comprovação efetiva do dano ao erário (a supressão ou redução do tributo). Tal

---

[93] COSTA JÚNIOR, Paulo José. *Infrações Tributárias e Delitos Fiscais*. Rio de Janeiro: Saraiva, 1995. p. 100.

preocupação pode ser facilmente superada dentro da dogmática processual penal vigente. Na situação em que o magistrado viesse a compreender que a denúncia, formulada por órgão ministerial, era omissa, poder-se-ia supri-la a qualquer tempo, antes da sentença final, conforme autoriza o art. 569 do Código de Processo Penal. No entanto, em matéria de *crimes contra a ordem tributária*, a denúncia assim recebida impedirá a *distorção jurídica* que ocorre quando da possibilidade de o desviante ser beneficiado pela "*transação ou suspensão*" do processo criminal. Poderá gozar dos "privilégios penais" pagando os tributos que devia para a sociedade, de forma que *paga* pela extinção de sua punibilidade. É possível a aplicação do mesmo princípio, no caso do desviante que devolve a *res furtiva* ao Delegado de Polícia (Estado)? Não nos parece o entendimento mais acertado, principalmente, porque no caso do sonegador, "*para sê-lo*" necessita realizar diversos crimes ao mesmo tempo que atinge uma coletividade difusa; já na outra situação, parece-me viável, uma vez que o delito realizado sem violência e com arrependimento eficaz não lesaria a vítima, pois, com a restituição, o mundo da vida retornaria, por verossimilhança, ao *status quo ante*, isto é, pela ausência de dano concreto.

2.8. A (re)forma do Código Penal brasileiro

Convém refletirmos acerca dos elementos que delimitam e relativizam a transcendência de qualquer reforma do Direito substantivo. Primeiramente, devemos observar que o Código Penal somente representa uma parte da cobertura normativa do sistema legal, isto é, a peça com maior visibilidade - um elemento muito importante -, no entanto, nada mais que um elemento do complexo sistema da burocracia jurídica do Estado. O Código Penal não é tudo. A coerência lógica das normas penais substantivas ou materiais, portanto, não pode garantir, exclusivamente, o êxito, a eficácia do sistema legal. O sistema de justiça criminal exige uma revisão adequada da infra-estrutura, dotações materiais e humanas, arcabouço teórico moderno. Uma racional (re)distribuição do trabalho de seus operadores jurídicos e instâncias, utilizando-se, ao mesmo tempo, a garantia dos direitos fundamentais e procedimentos ágeis e expeditos que permitam a pronta aplicação das normas substantivas ao caso concreto, à realidade é, desde logo, uma positiva percepção social de seu funcionamento cotidiano.

Concluímos que adequado é o Sistema Penal que não apenas pune ou sanciona, pode ser instituído no curso de *processo histórico*[94] que poderá ser civilizatório, mas que realiza céleres processos investigatórios em observância das garantias fundamentais, como também produz respostas satisfatórias às exigências que o delito causa à sociedade. Assim sendo, verificam-se que os Códigos Penais representam somente o instrumento mais visível de resposta jurídica aos delitos realizados.

Nosso Código Penal reflete também um problema estrutural no combate à criminalidade econômica resultante de um (in)suficiente processo de (re)formulação que se alonga por décadas de modo esparso, a ausência de marcos teóricos definidos e precisos, ao mesmo tempo em que os doutrinadores pátrios mantêm uma posição vacilante em relação à *"espécie"* de criminalidade a ser enfrentada. No interior do ordenamento jurídico dão origem a infinitas incoerências e antinomias, aliadas a um processo de legiferação "imune" de critérios científicos. Por fim, a crônica ausência de debate social público mantém o privilégio da interlocução restrito a poucos setores e a determinados grupos sociais. Em regra, esses setores não são afetos a mudanças significativas na *Justiça Criminal*.

A ausência de rigor técnico necessário à definição dos tipos penais e os demasiados surtos autoritários sobre a delinqüência comum auxiliam o poder legiferante a consolidar um Direito Penal máximo simbólico cujo principal ícone é a intervenção máxima do Estado *"a fim de satisfazer a opinião pública"*. Em regra, o que observamos a respeito da criminalidade econômica, financeira ou tributária é mantido em silêncio pelas *"forças vivas da sociedade"*, o que inclui o empresariado, os meios de comunicação e os aparelhos ideológicos do Estado.

A dificuldade na criminalização das pessoas jurídicas é concreta. A sanção penal que, no caso da pessoa jurídica, deve ser (re)pen-

---

[94] MOLINA, Antonio Pablos de. *Directrices politicriminales del Código Penal Español: un análisis crítico*. In: *Revista Brasileira de Ciências Criminais*, nº 19, 1998, p.16. Concordamos com MOLINA no seu desejo de: "(...) un sistema legal óptimo es aquel que no solo castiga pronto y bien (satisfacción de la pretensión punitiva del Estado), sino que está en condiciones de dar respuesta y satisfacción a las demandas y exigencias que el delito genera. Tales expectativas sociales son tres: reparación justa del daño que el crimen ha ocasionado a su víctima (función reparadora), reinserción del infractor en la sociedad una vez cumplida la condena merecida (función resocializadora) y solución satisfactoria del conflicto que el delito exterioriza, promoviendo un clima de conciliación y pacificación (función integradora). Pues el crimen, cuyo control corresponde al sistema legal, no puede definirse como lacra, tumor o castigo del cielo, sino como doloroso problema social y comunitario; y esta caracterización obliga a asignar al sistema una rica gama de funciones más allá de la mera represión (...) el Código Penal representa solo una pieza de la maquinaria legal que instrumenta la respuesta jurídica al delito. Pero nada más (...)."

sada sem dúvida, questiona a teoria da culpabilidade e demonstra seus limites. Percebemos que o sistema de sanções aplicáveis, penas ou outras medidas, repousam em pré-condições psicológicas individuais, culpabilidade, periculosidade, em função das quais se desenvolve o sistema de sanções penais no Direito Penal clássico, adstrito ainda a *finalidades clássicas* de prevenção geral ou especial que dificilmente podem ter êxito no âmbito das *pessoas jurídicas*.[95]

Temos concordância com o pensamento de penalistas progressistas (Conde, Palazzo, Castilho, Carvalho), no que concerne à necessidade de criarmos institutos que possibilitem a penalização das pessoas jurídicas. Certamente não poderemos refletir a partir do marco do modo liberal burguês ou individualista da produção do Direito, contudo, impõe-se tarefa no sentido de estabelecermos uma discussão que permita a (re)definição do Direito Penal clássico no que se refere à *Teoria da Pena*, e não apenas no campo da *"culpabilidade"*.

Paradoxalmente, não podemos incidir no equívoco de reeditarmos normas penais em branco e devemos reconhecer a manutenção da questão do erro de proibição no que tange ao cidadão, em muitos casos, face à fúria legislativa de alguns parlamentares que afirmam uma série de disposições normativas que devem ser obedecidas, sob pena de incidirem na realização de delitos. Reafirmamos: não estamos preocupados com a *"criminalidade de bagatela"* ou de *"pequeno potencial ofensivo"* que, no Direito Penal Tributário, é realizada pelo cidadão comum. Do modo inverso, preocupam-nos fraudes e falsificações, bem como o ocultamento de informações, praticado pelas *"forças vivas"* que se especializam e tornam a *"delinqüência"* imposição de garantia de lucros.

O *Anteprojeto*[96] que está no Congresso, tal como nosso histórico Código vigente, concebe o delito, do ponto de vista ontológico, como

---

[95] CONDE, Francisco Muñoz. Op. cit., nº 11, p.16-17. A criminalização da pessoa jurídica é abordada do seguinte modo: "(...) el ordenamiento juridico en su conjunto deba permanecer, impasible ante los abusos que a través de la persona juridica se cometan y que, cuando esos abusos revistan los caracteres de delito, no puede imponer consecuencias que especificamente incidan en la persona jurídica que servió de vehículo o instrumento para su comisión (...) *Personalmente, me parece bien que el actual Derecho Penal disponga de un arsenal de medios específicos de reacción y control jurídico penal de las personas jurídicas. Claro que estos medios deben ser adecuados a la propia naturaleza de estos entes*. No puede hablarse de penas privativas de libertad, pero sí de sanciones pecuniarias; no puede hablarse de inhabilitaciones, pero sí de suspensión de actividades o disolución de actividades, o intervención por parte del Estado(...)." (grifo nosso).

[96] Referimo-nos ao Anteprojeto da parte especial do Código Penal Brasileiro, que dispõe, em seu art. 2º: A Parte Especial do Código Penal (Decreto-Lei nº 2.848, de 07 de dezembro de 1940) passa a vigorar com a seguinte redação: *Dos crimes contra a ordem tributária*, que vão do art. 374 ao art. 378.

a ação humana que viola ou ameaça um bem jurídico ou um interesse jurídico, desconhecendo as modernas realidades que impõem a reflexão e a criminalização de condutas atentatórias a bens jurídico-penais de caráter coletivo. Por isso, toda norma penal incriminadora destina-se a proteger bens ou interesses que o legislador considerou essenciais à ordem social, mas que não estão adequados à *nossa Constituição*. Observemos que, na década de setenta, já se verificava a defasagem da construção jurídica nos delitos de natureza supraindividual, difusa ou coletiva, obstaculizando a introdução de novos tipos para *criminalidade contra a ordem tributária*. Regozijavam-se os desviantes que se aproveitavam da incapacidade das instituições jurídico-políticas, bem como dos próprios institutos jurídicos inadequados a esta necessidade de proteção social. Em período anterior a 1988 era, de fato, difícil a situação do Ministério Público do ponto de vista técnico quando se propunha a enfrentar essas situações.

Quanto à necessidade de (re)construção dogmática para a aplicação de penas às pessoas jurídicas, concordamos com Araújo Júnior:[97] "(...) pessoalmente entendemos que já é tempo de o Brasil modernizar sua legislação em tal assunto. A aplicação de medidas punitivas de natureza criminal às empresas é, a nosso ver, indispensável à proteção da ordem pública econômica, pois como a realidade tem mostrado, o gigantismo empresarial, não raro, conduz a uma diluição da personalidade e, conseqüentemente, da responsabilidade pessoal". Podemos perceber a ausência de uma preocupação efetivamente teórica a partir do texto pouco inovador que tramita no Congresso Nacional. Nada de novo no que se refere aos crimes contra a ordem tributária se depreende do Anteprojeto de Lei que altera disposições do Código Penal e dá outras providências.

Concluímos, por fim, tendo em vista a última Comissão Parlamentar de Inquérito-CPI dos Bancos, em que o atual Diretor da Receita Federal relatou aos congressistas diversos privilégios concedidos através da legislação infraconstitucional a empresários ou, em alguns casos, a desviantes, que nossa posição é correta ao afirmar que nosso Direito Penal é (in)suficiente. Todavia, não há referência à falta de iniciativa do Governo Federal em propor uma Política Tributária e uma *Política Criminal Tributária*, o que explicitaremos no último capítulo.

---

[97] ARAÚJO JÚNIOR, João Marcelo & SANTOS, Marino Barbedo. Op. cit., 1987, p. 106.

3
Constituição dirigente e valores penais

3.1. O Direito Penal e a nova Constituição

Um dos desafios primordiais dos juristas na *atualidade*[98] consiste em (re)definir a função do Direito Penal no Estado Democrático de Direito. O novo Sistema Penal deverá colocar no centro de suas ações resposta à complexa criminalidade econômica que oprime a sociedade e o Estado moderno. O pensamento jusfilosófico deve dedicar um precioso estudo sobre os *"crimes contra a ordem tributária"* que impõem sérios danos à coletividade. Os crimes fiscais exigem uma reflexão urgente e não-dogmatizada por parte dos operadores jurídicos, uma vez que a conduta delitiva inerente ao tipo penal representa significativo elemento de obstrução à construção real do Estado Democrático de Direito.

Para os conservadores e os alienados, esses fenômenos são normais e inevitáveis, portanto, justificáveis, pois fazem parte da dinâmica social. Tais fenômenos constituem ingredientes comuns, normais, inerentes à chamada sociedade aberta, inspirada nos princípios da competitividade e da livre empresa, princípios esses que filosoficamente se afinam com a idéia de livre arbítrio (fundamento primevo do individualismo), base do sistema capitalista e, bem ao estilo do neoliberalismo político e econômico vigente em nosso continente.

---

[98] No atual estágio do capitalismo brasileiro – a chamada sociedade diferenciada, ou seja, dividida em classes sociais distintas, com diferente capacidade aquisitiva, com diversas concepções morais e interesses antagônicos entre exploradores e explorados – dois graves problemas devem ser enfrentados: (1) as dificuldades econômico-financeiras (desemprego, subemprego, inflação escondida, especulação, desperdício, desenvolvimento desordenado e subordinado aos interesses das economias centrais); (2) o incontrolável crescimento da criminalidade, em meio à violência generalizada, praticado por grupos excluídos e marginalizados (criminalidade de massa) e, ao mesmo tempo, os crimes praticados pelas elites de nossa sociedade, *crimes contra o sistema financeiro e a ordem tributária*, cujos danos não são percebidos imediatamente pela população, mas que atingem os fundamentos do Estado Democrático de Direito, com danosidade social gravíssima.

De outra sorte, os humanistas que encaram o futuro e lutam pela renovação social, política, econômica e jurídica, empenham-se no esforço de construção de uma nova sociedade mais justa e fraterna, transformadora, e vêem tais questões sob *outro ângulo*,[99] buscando investigar as causas desses fenômenos.

O *Garantismo Penal* de Ferrajoli[100] é um novo instrumento de ação sobre o Direito Penal, que realiza a aproximação com a *Constituição*. O *Sistema Penal* deixa de exercer papel unicamente repressivo e cumpre função protetiva a bens jurídicos coletivos. O Direito Penal passa a ser recepcionado pela *Constituição*. O jurista, a partir desta ferramenta, deverá compreender o ordenamento jurídico penal desde a análise da nossa *Constituição Dirigente e Garantista*.

Precisamos efetuar uma análise do bem jurídico-penal tendo por referência nossa *Constituição*. De fato, o modelo de bem jurídico-penal protegido, existente nos crimes contra a ordem tributária, deve ser (re)elaborado frente ao Estado Democrático de Direito. Urge indispensável superação da razão cínica que legitima a demagogia do voluntarismo jurídico que procura ocultar as nefastas lacunas de punibilidade existentes nos delitos tributários. Sob pretextos tecnicistas, juízos de oportunidade e conveniência são realizados, formando, em torno de *"razões políticas"*, rede de privilégios e favores legais, produzindo atitude (des)legitimante do próprio Sistema Punitivo no processo de produção da dogmática jurídica.

---

[99] Entendemos que no exercício da função de legitimação, o Estado, promovendo a mediação de conflitos de classe, dá sustentação à hegemonia do capital, atuando como agente unificador de uma sociedade economicamente dividida e fragmentada em grupos de interesses adversos, que promovem o direito positivo, na esperança de que este seja o instrumento primordial dessa promoção. A *Constituição formal*, etapa histórica já superada em nosso constitucionalismo principalmente, é concebida como meramente programática, continente de normas que não são normas jurídicas, na medida em que definem direitos mas não os garantem, na medida em que esses direitos só assumem eficácia plena quando implementados pelo legislador ordinário ou por ato do Executivo. Ela consubstancia, não raras vezes, um instrumento retórico de dominação, porque com esse seu perfil reformado (função) se transforma em mito e, infelizmente, prosperam as *Constituições formais* capitalistas. *Constituições* que se seguem a estas, seja na provisão da institucionalização de um *"Estado Social"*, seja na implantação do *"capitalismo social"*, noção que não resiste nem mesmo à contradição dos vocábulos que integram a expressão que a designa. Somente o processo de produção é social - relembremos MARX - o processo de acumulação capitalista é essencialmente individualista. O Estado ao desempenhar suas novas atribuições, ao atuar como agente de implementação de *políticas públicas*, qualifica suas funções de integração, de modernização e de legitimação do próprio sistema capitalista, na medida em que o dota de uma aparente eficiência no atendimento das necessidades sociais. Todavia, precisamos analisar criticamente essa forma de intervenção, uma vez que não conduz à substituição do sistema capitalista por outro, muito antes pelo contrário, dota-o de uma legitimidade funcional e simbólica. É justamente no intuito de impedir tal substituição - seja pela via da transição para o socialismo, seja mediante a superação do capitalismo e do socialismo real - que o Estado é chamado a atuar sobre e no domínio econômico. (CANOTILHO, GRAU, CARVALHO e STRECK)

[100] FERRAJOLI, Luigi. *Derecho y Razon*. Op. cit.

Como sabemos, o tratamento dispensado a esta natureza de delitos tem sido sentido historicamente a partir de um cotejamento com a valoração constitucional estabelecida. Se fosse realizado o estudo sobre "critérios utilizados no processo de legiferação penal pelo Parlamento" constataríamos que as normas produzidas no período subseqüente à *Constituição de 1988* mantêm a limitação teórica (paradigma liberal-individualista). No entanto, permissivamente, retratam nas normas penais o sistema de méritos e privilégios penais para a "criminalidade de colarinho branco", o que ofende à recente *Constituição Dirigente*. Nossa *Constituição* vai além do estabelecimento de normas programáticas, inclusive permitindo a crítica necessária à (des)qualificação de nosso processo de legiferação que atua à margem dos preceitos e princípios constitucionais.

Um dos princípios a ser afirmado em nosso Sistema Penal, a partir de uma *Constituição Dirigente e Garantista*, versa sobre o princípio da intervenção mínima do Estado na esfera penal. Os *crimes contra a ordem tributária* e os demais que ofendem as Estado Democrático de Direito, por sua natureza, consideramos de *ultima ratio*, pois causam uma lesividade social grave e, na esfera administrativa, não são reprimidos com eficiência.

É inegável o fato de que nosso Direito Penal está defasado face à (in)compreensão do poder legiferante da nova realidade. Paralelamente, os *"desviantes"* atuam de forma sofisticada, dificultando a reação do aparelho estatal. Não temos um Direito Penal que se adapte às necessidades de uma *Constituição Dirigente*, cuja finalidade é a realização da *"dignidade da pessoa humana"*.

3.2. O estado social: pré-compreensão de Constituição, Estado e direito econômico diretivo

A partir da *Constituição Federal de 1988*, em nosso país, além da existência do Estado de Direito, é possível constitucionalmente a construção um Estado Social. Essa possibilidade tem exigido uma profunda reflexão, a fim de que seja (re)fundado compasso entre a teoria e a prática dos sujeitos sociais envolvidos com um projeto humanista de sociedade, sem exploração do homem pelo homem. Sabedores que somos da difícil conexão entre o Estado de Direito e o Estado Social, procuramos auxiliar no que tange à ausência de compreensão ou ação mais enérgica acerca dos *crimes contra a ordem tributária* que atingem gravemente a ordem social estabelecida em nosso Estado Democrático de Direito e que se apresentam como problema específico a ser enfrentado pelos juristas.

Supera-se o momento de nossa Constituição histórica e adentra-se à modernidade, com a hegemonização de uma política neoliberal de caráter global. A modernidade neoliberal tem como um de seus pressupostos a flexibilização da soberania dos Estados, de modo muito mais radical do que as concepções de *Constituição liberal*[101] que existiam no século passado.

Em relação às finalidades da Constituição em seu sentido moderno, Canotilho[102] assevera:

"(...) A constituição em sentido moderno pretendeu, como vimos, radicar duas idéias básicas: (1) ordenar, fundar e limitar o poder político; (2) reconhecer e garantir os direitos e liberdades do indivíduo. *Os temas centrais do constitucionalismo são, pois, a fundação e legitimação do poder político e a constitucionalização das liberdades.* Procuremos captar estes temas através de modelos teóricos - o modelo historicista, o modelo individualista e o modelo estadualista. Alguma coisa do que atrás foi dito sobre o constitucionalismo antigo e sobre a constituição em sentido histórico vai estar subjacente nas condições posteriores. O que se pretende agora é fornecer modelos de compreensão das palavras e das coisas que estão na génese do constitucionalismo moderno. *Se o constitucionalismo é uma teoria normativa do governo limitado e das garantias individuais, parece aceitável a abordagem desta teoria através de modelos, isto é, estruturas teóricas capazes de explicar o desenvolvimento da idéia constitucional* (...)" (grifo nosso).

O *Estado Social redistributivo*,[103] garantido através do *Estado Consti-*

---

[101] GRAU, Eros Roberto. *A ordem econômica na constituição de 1988*. 3.ed. São Paulo: Malheiros, 1997. p. 54. O crítico doutrinador brasileiro conceitua da seguinte forma as constituições liberais: "(...) As Constituições liberais não necessitavam, no seu nível (delas, Constituições liberais), dispor, explicitamente, normas que compusessem uma ordem econômica constitucional. A ordem econômica existente no mundo do ser não merecia reparos. Assim, bastava o que definido, constitucionalmente, em relação à propriedade privada e à liberdade contratual, ao quanto, não obstante, acrescentava-se umas poucas outras disposições veiculadas no nível infraconstitucional, confirmadoras do capitalismo concorrencial, para que se tivesse composta a normatividade da ordem econômica liberal (...) era uma ordem econômica, parcela da ordem jurídica, que meramente retratava, recebendo-a, a ordem econômica praticada no mundo real (...)."

[102] CANOTILHO, José Joaquim Gomes. *Direito Constitucional e Teoria da Constituição*. Coimbra: Coimbra Almedina Ed., 1998, p. 48-49.

[103] FORSTHOFF, Ernst. Problemas Constitucionales del Estado Social, in *El Estado Social*. Centro de Estudios Constitucionales, Madrid, 1986. p. 57. "(...) *el Estado social lo es también, pero ademàs es un redistribuidor de gran alcance. Esta redistribución no se dá sólo allí donde el Estado realiza prestaciones de carácter positivo y las otorga al individuo; el momento redistributivo se da también en la política monetaria y sobre todo en la tributaria.* Está presente en casi todas las funciones del Estado social. Por ello, la formación de la voluntad del Estado supone disponer

tucional[104] na modernidade, há de ser Democrático-Constitucional e não apenas um Estado de Direito. Tornou-se pressuposto de sua existência a forma de sua organização, portanto, mister se faz que sua estruturação esteja absolutamente adequada a uma ordem legitimada pelo povo.

Mas o que é o Estado moderno? Como as constituições modernas identificam e qualificam sua existência? Soberania? Monopólio da coação física? Perguntas que se impõem desde antes do surgimento do conceito expresso no Estado Democrático e Social que Abendroth,[105] quando aborda seus *antecedentes, remonta a Paris de 1848* no auge do socialismo utópico.

---

del aparato de redistribución de riqueza del Estado social. Esto há transformado sustancialmente la formación de voluntad del Estado en relación con el siglo XIX; la lucha por participar en la formación de esa voluntad es lucha por participar en la redistribución.(...)" (grifo nosso)

[104] CANOTILHO, José Joaquim Gomes. Op. cit., 1998. p. 91-92. Para o constitucionalista lusitano: "(...) não é nem deve ser apenas um Estado de direito. Se o princípio do Estado de direito se revelou como uma 'linha Maginot' entre 'Estados que têm constituição' e 'Estados que não têm uma constituição', isso não significa que o Estado Constitucional moderno possa limitar-se a ser apenas um Estado de direito. Ele tem de estruturar-se como Estado de direito democrático, isto é, como uma ordem de domínio legitimada pelo povo. A articulação do 'direito' e do 'poder' no Estado constitucional significa, assim, que o poder do Estado deve organizar-se e exercer-se em termos democráticos. O princípio da soberania popular é, pois, uma das traves mestras do Estado constitucional. O poder político deriva do 'poder dos cidadãos' (...)"

[105] ABENDROTH, Wolfgang *et al*. *El Estado Social*. Madri: Centro de Estudios Constitucionales. 1986. p. 15-16. Antecedentes: "(...) La fórmula del Estado democrático y social tiene su propia historia. *Apareció por la primera vez en la Revolución de Paris de 1848*, en el aquel compromiso concertado entre los *pequeños partidos demoliberales y las primeras asociaciones del movimiento obrero francés de esse período. La fórmula del Estado de Derecho democrático y social, tal como entonces apareció en las publicaciones de Louis Blanc, tenía un contenido concreto. Iba referida al derecho al trabajo que entonces fué configurado como un derecho fundamental*. Eso se explica porque la Revolución de 1848 fué consecuencia de una grave crisis económica con un paro masivo. A la vez apuntaba al mandato que conferia al Estado democrático para que creara por si centros de producción que fuesen administrados por los trabajadores empleados en ellos con fórmula cooperativa y en concurrencia con el capitalismo privado de la primera época. *Este conjunto de ideas fue vinculado entonces por Louis Blanc a la fórmula del Estado de Derecho democrático y social tomándola - si no literalmente, si en el contenido - de Owen que la había acuñado en los anos treinta en los momentos iniciales del movimiento obrerista ingles* (...) dicha formula desapareció por largo tiempo de la historia europea y reapareció con el resurgir del movimiento obrero en Europa. *En cuanto al contenido, fué retomada tanto por los partidarios de Lassale, como por el círculo de Eisenach y por los marxistas, social-democratas alemanes en el Programa de Erfurt e, incluso, por los partidos obreros de otros paises europeos*. Aparentemente desapareció de nuevo en los conflictos del periodo seguiente. El movimiento obrero fué en todos los paises europeos hasta la Primera Guerra Mundial un movimiento de oposicion, sin esperanza concreta de acceder al poder político y quedó finalmente comprometido en todos los paises a causa de sua capitulación frente a las classes dirigentes en el comienzo de la Primera Guerra Mundial. (...) Durante los conflictos que se relacionan con la Revolución rusa este conjunto de ideas sufrió una transformación; formalmente mantenido por el movimiento obrero plasmo en la fórmula Dictadura del Proletariado; pero incluso en ese nuevo periodo que comenzó primero con las controversias dentro del movimiento obrero y después entre los Estados europeos y la Rusia revolucionaria, la doctrina constitucional volvio de nuevo a la vieja fórmula (...)". (grifo nosso)

Impõe-se o dever do jurista preocupado com uma maior participação nas esferas de decisão ações que constituam situação social e teórica propícia a fundar um *Estado de Novo Tipo*, que venha a permitir a realização dos Direitos Fundamentais a serem promovidos pelo próprio Estado. A *"preocupação democrática"* não pode ser apenas figura de retórica, mas, também, prática cotidiana e de forma dinamizada e participativa. Como Canotilho,[106] entendemos o Estado Constitucional como dinamizado em relação ao Estado de Direito.

Por fim, sinteticamente, a título de pré-compreensão, no Brasil somos partícipes do processo de afirmação de nossa *Constituição* como Dirigente. A partir deste fato, move-se nossa reflexão, que procura adequar nossa ordem constitucional ao Direito Penal. Em nosso entendimento, o papel do Direito Penal foi substancialmente alterado a partir da incorporação deste *conceito jurídico* em nosso ordenamento. A partir da *Constituição de 1988*, passamos a experimentar uma nova concepção de Direito e de Estado, que precisa ser reafirmada todos os dias a fim de que possamos tornar o Brasil, pelo menos, um *Welfare State*, enquanto não for possível torná-lo melhor.

Não podemos ignorar as diversas idiossincrasias existentes em nosso ordenamento jurídico, inobstante a atuação concreta exercida pelos Poderes Legislativo, Executivo e Judiciário. O Direito Penal precisa ser visualizado por todos os poderes instituídos, de forma subsidiária à *Constituição*, e não o inverso. A vinculação do legislador à *Constituição* na propositura de "suas" normas infraconstitucionais deve ser observada com sérias reservas.

A *Constituição Dirigente*, além da garantia aos Direitos Humanos, estipula deveres da sociedade para com o Estado no momento em que dispõe acerca da efetivação dos direitos econômicos. Como em Portugal, no Brasil, a Constituição não assegura apenas diversos direitos para a sociedade, impõe deveres que exigem participação por parte do cidadão. Essa complexa solidariedade é bem apanhada por Canotilho,[107] que assevera:

---

[106] CANOTILHO, José Joaquim Gomes. Op. cit., 1998, p 93. "(...) O elemento democrático não foi apenas introduzido para 'travar' o poder (*to check the power*); foi também reclamado pela necessidade de legitimação do mesmo poder (*to legitimize State power*). *Se quisermos um Estado constitucional assente em fundamentos não metafísicos, temos de distinguir duas coisas: (1) uma é a da legitimidade do direito, dos direitos fundamentais e do processo de legislação no sistema jurídico; (2) outra é a da legitimidade de uma ordem de domínio e da legitimação do exercício do poder político.* O Estado 'impolítico' do Estado de direito não dá resposta a este último problema: donde vem o poder. Só o princípio da soberania popular segundo o qual 'todo o poder vem do povo' assegura e garante o direito à igual participação na formação democrática da vontade popular. Assim, o princípio da soberania popular concretizado segundo procedimentos juridicamente regulados serve de "charneira" entre o 'Estado de direito' e o 'Estado democrático' possibilitando a compreensão da moderna fórmula Estado de direito democrático (...)." (grifo nosso)

[107] CANOTILHO, José Joaquim Gomes. Op. cit., 1994. p. 22-23.

"(...) Eis outra 'proposição' ou 'tese' nuclear deste trabalho: a programática de uma constituição dirigente, democraticamente fixada e compromissoriamente aceite, aspira tornar-se a dimensão visível de um projecto de justo comum de direcção justa. A especificação da tarefa normativo-constitucional possibilita melhor o conhecimento da dignidade material da constituição do que um 'não dito', qualquer que seja o motivo indicado para a ocultação deliberada de princípios ou directivas (...) A compreensão material de constituição passa, assim, pela 'materialização' dos fins e tarefas constitucionais. A simbiose das duas legitimidades - do processo e normativo-material - pretende ser realizada pelo Estado Democrático-Constitucional. A uma conclusão aproximada chegará a teoria da legitimidade no âmbito de fundamentação última da ordem normativo-constitucional: o Estado Constitucional é um Estado no 'direito' (legalidade constitucional) e em 'função do direito' (legitimidade) (...)." (grifo nosso).

Em relação aos problemas específicos na Proteção dos Direitos Econômicos, Sociais e Culturais, quanto aos direitos, liberdades e garantias, a *Constituição* garante e protege um núcleo essencial destes direitos contra leis restritivas (núcleo essencial como reduto último de defesa). Em nosso entendimento, os direitos econômicos, sociais e culturais exigem a garantia de um núcleo essencial como condição do mínimo de existência (núcleo essencial como *standard* mínimo). Das várias normas sociais, econômicas e culturais, é possível deduzir um princípio jurídico estruturante de toda a ordem econômico-social, pois todos têm um direito fundamental a um núcleo básico de direitos sociais *(minimum core of economic and social rights)*, portanto, na ausência deste, o Estado deve considerar infrator das obrigações jurídico-sociais constitucional e internacionalmente impostas. Nesta perspectiva, o *"rendimento mínimo garantido"*, *"prestações de assistência social básica"*, o *"subsídio de desemprego"* são verdadeiros direitos sociais originariamente derivados da Constituição sempre que eles constituam o *standard* mínimo de existência indispensável à fruição de qualquer direito, todavia os mesmos não poderão ser proporcionados sem a participação solidária da sociedade adimplindo suas obrigações para com ela mesma através do Estado.

Os direitos sociais deveriam ser realizados em nosso país por meio de políticas públicas (política da segurança social, política de segurança pública, políticas públicas de saúde e política de educação), contudo, percebemos que raramente isso ocorre nas mais diversas esferas de governo. No entanto, em nível de Executivo Federal, torna-se evidente a ausência de *"Políticas Criminais"*. O governo, inerte face à visível "*ausência de políticas criminais*", permite, sem uma incidência real, aos parlamentares promulgar diplomas legais de "*políticas criminais centradas nos desígnios do movimento de Lei e Ordem*", e que dificulta o combate à criminalidade contra a ordem tributária e propugna de modo acentuado a elaboração de legislação repressiva contra a criminalidade de massas. O Executivo, a partir de nossa *Constituição*, deveria criar e implementar proteções institucionalizadas no âmbito econômico, social, cultural e penal, efetivas para a sociedade.

Os direitos fundamentais de *natureza* econômica, social e cultural dispõem de vinculatividade normativo-constitucional, exigindo-se dos poderes públicos a realização desses direitos, por meio de medidas políticas, legislativas e administrativas concretas e determinadas uma vez que se o legislador não é inteiramente livre no cumprimento destas imposições, dispõe, contudo, de liberdade de conformação quer quanto às respostas normativas concretas, quer quanto ao modo organizatório e gradualidade de concretizações.

A idéia de deveres fundamentais é suscetível de ser entendida como o outro lado dos direitos fundamentais. Como ao titular de um direito fundamental corresponde um dever por parte de um outro titular, poder-se-ia dizer que o particular está vinculado aos direitos fundamentais como destinatário de um dever fundamental. Neste sentido, um direito fundamental, enquanto protegido, pressuporia um dever correspondente.

3.3. O Brasil e sua Constituição Dirigente

A *Constituição brasileira*, promulgada em 1988, exige uma reflexão sobre seus efeitos jurídicos na sociedade. O núcleo essencial compreende o "ser" da *Constituição*. *A Carta Magna* ordena aos órgãos legiferantes e aos legisladores o dever de pautar o exercício de suas atividades, de forma regular, adequada e oportuna, às imposições constitucionais. A idéia de *Constituição dirigente* que rege nossa concepção de Estado Constitucionalizado, assim como a *vinculação do legislador*, surge a partir da sistematização teórica proposta por Canotilho.[108]

A afirmação simplificadora da supremacia da Constituição sobre a Lei e a determinação da intensidade da vinculação jurídico-constitucional do legislador não são suficientes, senão verificadas com a controvertida conciliabilidade da "*lógica da Constituição*" de

---
[108] CANOTILHO, José Joaquim Gomes. Op. cit., 1994.

um Estado de Direito, com a *"lógica da democracia"*, realizada sob a égide de um questionamento estrutural-material da *"densidade"* e *"abertura"* das normas constitucionais até a própria *"compreensão"* da Constituição em si mesma. A visível adequação ou conformação de normas infraconstitucionais preexistentes em 1988, a partir dos próprios diplomas legais e por conceitos que fundam seus institutos em matéria penal e constitucional, impõe a instrumentalização de um Estado Democrático de Direito. Auxilia-nos nesta tarefa a incorporação de imediato de conceitos como *"força dirigente"* pelo *"carácter determinante"* de uma lei fundamental. Tal escolha teórica implica, de modo indispensável, uma indagação alargada, tanto no plano teórico-constitucional como no plano teórico-político, sobre a função e estrutura de uma Constituição e, complementarmente, teórico-penal (garantismo) e nos remetem à resistência daqueles que se opõem à junção destes elementos. Com essa fusão político-constitucional-penal estaremos instrumentalizados para compreender as possibilidades constitucionais, permitindo-nos questionar a teoria política hegemônica.

Como Canotilho,[109] entendemos que o problema da dignidade de reconhecimento de uma ordem constitucional não se constitui da fundamentação de sua finalidade, mas de evidenciar a legitimidade que o Estado adquire na fixação de seus fins e formas a serem empregadas para realização.

A desqualificação do procedimento legislativo é outro elemento que compõe o cenário de dificuldades para realização da *Constituição*. O Parlamento (des)conhece seus próprios limites de legitimação, o que é tangenciado, não raro, pelo Poder Judiciário. Contudo, sinteticamente, o problema da mediação da legitimidade através da lei tem como motivos: (1) O problema da legitimidade da *Constituição*

---

[109] CANOTILHO, José Joaquim Gomes. Op. cit., 1994, p. 18-19. "(...) o problema da dignidade de reconhecimento de uma ordem constitucional não é um problema de fundamentação dos 'fins últimos', mas o de explicitar, na medida do possível, a *'pretensão de legitimidade'*, *através da fixação dos fins e tarefas que incumbem ao Estado e do estabelecimento da forma de derivação do poder estadual*. Eis porque *é um problema de legitimação o fenômeno da 'dinamização da constituição', expresso, entre outras coisas, na consagração de 'linhas de direcção', na tendência para 'sujeitar' os órgãos de direcção política à execução de 'imposições constitucionais', na mudança de compreensão dos direitos fundamentais e na constitucionalização de direitos económicos*, sociais e culturais (direitos a prestações). Reconhecendo-se a impossibilidade de situar a justificação da legitimidade a nível de fundamentação última, tenta-se, por um lado, realçar o 'processo'. *No plano constitucional isso significa: constituição como instrumento de governo, definidor de formas e competências para o exercício do poder*. Rejeitando-se, igualmente, a colocação do problema da legitimidade a partir de valores transcendentes, insiste-se, noutra perspectiva, na programática (tarefas e fins do Estado). Em termos de teoria da constituição isso implica: fixação das condições do exercício do poder (legitimidade processual) e dos pressupostos materiais (fins e tarefas) desse exercício (legitimidade normativo-material) (...)." (grifo nosso)

Dirigente concentra-se na questão da *"justiça social"* (distribuição de bens e direção econômica); (2) as tarefas de conformação social positiva, através da realização das quais uma ordem constitucional aspira a legitimar-se, são sobretudo tarefas de concretização a efetuar pelos órgãos de direção política; (3) o instrumento democraticamente legítimo para atuar conformadora e constitutivamente sobre a ordem socioeconômica é a lei.

As chamadas *Constituições* estatutárias ou orgânicas identificam-se como um estatuto do poder, concebendo-se como mero *"instrumento de governo"*, enunciadoras de competências e reguladoras de processos, todavia, sem o vigor satisfativo do *Welfare State* no que tange a proporcionar comandos objetivos que vão além da formal Constituição Econômica, pois se limitam a *"receber"* a ordem econômica praticada no mundo real, ou seja, simplesmente afirmando normas que a retratem desprovidas de efeitos concretos no mundo da vida proporcionando o *Estado Democrático de Direito*, informado por Morais.[110]

A *Constituição Dirigente* possui capacidade de enfrentar teoricamente os efeitos gerados como reação ao discurso racional das Ciên-

---

[110] MORAIS, José Luís Bolzan. *Do Direito Social aos Interesses Transindividuais*: O Estado e o Direito na Ordem Contemporânea. Porto Alegre: Livraria do Advogado, 1996. p. 72-75. "(...) *o Estado Social de Direito revela-se um tipo de Estado que tende a criar uma situação de bem-estar geral que garanta o desenvolvimento da pessoa humana* (....) Neste quadro esvai-se a noção de legalidade própria do ideário liberal, pois a lei passa a ser utilizada não mais, apenas como ordem geral e abstrata - a generalidade da lei era considerada fulcro do Estado de Direito - mas, sim como instrumento de ação, muitas vezes, com caráter específico e concreto, atendendo criteriosos circunstanciais (...) A transformação do estado Liberal de Direito não se dá, assim, apenas no seu conteúdo finalístico mas, também, na reconceituação de seu mecanismo básico de atuação, a lei. Todavia, o conteúdo social adrede ao Estado não abre perspectiva a que se concretize uma cabal reformulação dos poderes vigentes à época do modelo clássico (...) *mesmo sob o Estado Social de Direito a questão da igualdade não obtém solução, embora sobrepuje a sua percepção puramente formal, sem base material* (...) *É por essas, entre outras, razões que se desenvolve um novo conceito, na tentativa de conjugar o ideal democrático ao Estado de Direito, não como uma aposição de conceitos, mas sob um conteúdo próprio onde estão presentes as conquistas democráticas, as garantias jurídicos-legais e a preocupação social. Tudo constituindo um novo conjunto onde a preocupação básica é a transformação do* status quo (...) O conteúdo da legalidade - princípio ao qual permanece vinculado - assume a forma de busca efetiva da concretização da igualdade, não pela generalidade do comando normativo, mas pela realização, através de intervenções que impliquem diretamente uma alteração na situação da comunidade (...) O Estado Democrático de Direito tem um conteúdo transformador da realidade, não se restringindo, como o Estado Social de Direito, a uma adaptação melhorada das condições sociais de existência. Assim, o seu conteúdo ultrapassa o aspecto material de concretização de vida digna ao homem e, passa a agir simbolicamente como fomentador da participação pública quando o democrático qualifica o Estado, o que irradia os valores da democracia sobre todos os seus elementos constitutivos e, pois, também sobre a ordem jurídica. E mais, a idéia de democracia contém e implica, necessariamente, a questão da solução do problema das condições materiais de existência (...)" (grifo nosso).

cias Jurídicas, identificados como uma espécie de niilismo constitucional ou um *romântico culto a ilegalidade*.[111]

O *Welfare State* é, no mínimo, objetivo das Constituições Dirigentes, pois, a partir da constitucionalização de vários princípios, passa a viger o caráter jurídico que o torna passível de pretensão jurídica daqueles que se sentirem lesados pelo poder público. No Estado Democrático de Direito, surge a pretensão jurídica de realização dos direitos fundamentais, que devem ser prestados pelo Estado. A opção por uma *Constituição*, no nosso caso escrita, erigindo nosso Estado Democrático de Direito, teve por condição de procedibilidade a participação popular reconhecida constitucionalmente. Fato esse que permite asseverarmos que a democracia no Estado Social é muito mais do que representativa, pois deve proporcionar não apenas a participação, como a decisão popular sobre quais atividades e políticas públicas devem ser realizadas ou implementadas pelo próprio Estado. O controle social sobre o Estado não é uma faculdade da sociedade, mas sim um poder-dever constitucional que deveria ser exigido pela sociedade civil com maior regularidade.

Qual o conceito de justiça ínsito na atual Constituição? O que significa a justiça como valor supremo, conforme declaração do seu preâmbulo? Questionamentos como esses são perfeitamente respondidos por Carvalho:[112]

> *"(...) se declara instituído um Estado Democrático, destinado a assegurar o exercício dos direitos sociais e individuais, a liberdade, a segurança, o bem-estar, o desenvolvimento, a igualdade e a justiça, como valores supremos de uma sociedade fraterna, pluralista e sem preconceitos, fundada na harmonia social e comprometida, na ordem interna e internacional*, com a solução pacífica das controvérsias (...) seguindo-se ao preâmbulo, o artigo primeiro afirma que o constituído Estado Democrático de Direito elege, entre seus fundamentos, a dignidade humana (inciso III) e os valores sociais do trabalho (inciso IV). Como tudo isto pode influir na legislação penal precedente?

---

[111] Sobre o tema, como bem assevera CANOTILHO: "(...) Pesem embora as considerações antecedentes contra a 'racionalidade jurídica', deve reconhecer-se um sentido útil às exigências do 'discurso racional'. Em primeiro lugar, no sentido de *oposição ao 'nihilismo constitucional' e ao 'romantismo de ilegalidade'*. Caracterizar, por exemplo, abstratamente, a constituição como 'instrumento da origem do capital', 'contra-constituição', 'lógica objetiva do capital', 'compromisso entre classes exploradoras', é de duvidoso acerto no plano de 'barganha política' e de inequívoca incorreção nos planos jurídicos e político-constitucional (...) *política não dispensa a forma, o domínio carece de instituições organizadas, a direcção da sociedade e dos grupos humanos precisa de normas*. A constituição - sobretudo a constituição dirigente aspira, tendencialmente, a ser um meio de direcção social 'calculável' e uma forma 'racionalizada' de política. Acresce que - refira-se em terceiro lugar - a racionalidade do Estado de Direito (...)." (grifo nosso)

[112] CARVALHO, Marcia Domitila Lima de. Op. cit., 1992, p. 23.

(...) interessam-nos, ainda, *os objetivos fundamentais da atual República Federativa Brasileira, expostos no artigo terceiro da Constituição em foco: I – construir uma sociedade livre, justa e solidária; II – garantir o desenvolvimento nacional; III – erradicar a pobreza e a marginalização e reduzir as desigualdades sociais e regionais; IV –* promover o bem de todos, sem preconceitos de origem, raça, sexo, cor, idade e quaisquer outras formas de discriminação. *A nossa idéia básica, aqui é a de engajar o Direito Penal no espírito, no objetivo, nos princípios, nos valores e fundamentos da Constituição e do Estado Democrático de Direito por ela constituído* (...)." (grifo nosso).

O próprio conteúdo do Estado Democrático de Direito, no conceito de Forsthoff,[113] representa uma ruptura com o próprio século XIX e sua tradição liberal, que ignora a necessidade de o Estado assegurar prestações positivas aos cidadãos, ao mesmo tempo em que o Direito Penal opera com situações limites dentro do marco do modo de produção liberal individualista, afirmando-se como Gendarme, retratado na literatura universal por Zola.[114]

As *Constituições Dirigentes* possuem atribuições muito mais amplas do que as concepções restritivas representadas pela definição de Constituição Econômica estatutária. Constituição essa que contém, entre outros institutos, os estatutos da propriedade dos meios de produção, da coordenação da economia, das organizações do capital e do trabalho. Já com a Constituição Econômica diretiva (ou programática) o que se apresenta é "institucionalização" do quadro de diretrizes das políticas públicas, coerentes com determinados ob-

---

[113] FORSTHOFF, Ernest. Op. cit., 1986. p. 102-103. "(...) El mundo ocidental ha mantenido el Estado de Derecho (que en su origen estaba vinculado a un siglo liberal como fue el siglo XIX y a su sociedad), en la realidad social actual, tan distinta en muchos aspectos sustanciales, y lo ha restablecido de nuevo alli donde había sido esta destruida. Ello fue solamente posible porque se probó que las instituciones del Estado de Derecho podian ser separadas de la realidad social originaria donde nacieron. La independencia de las instituciones del Estado de Derecho respecto de los cambios ambientales sólo se pudo conseguir por la tecnificación de las mismas. En las modernas democracias de masa, cuya tendencia igualitaria es contraria al reconocimiento de centros de poder independientes, los elementos estructurales de la constitución del Estado de derecho adoptan necesariamente un caracter técnico. Esta tecnificación se percibe en todas las instituciones del estado de Derecho y se manifiesta de modo especial en la división de poderes, originariamente concebida como instrumento no sólo de limitación sino también de compensación. *En la moderna sociedad estatal dicha división de poderes ha perdido esta función omnicomprensiva. Se ha trasformado en un instrumento técnico de organización del poder del Estado y en cuando tal desempeña a satisfacción su papel de limitarlo en favor de la libertad del individuo.* Un sistema constitucional en el sentido técnico indicado, no solamente es por su propia naturaleza contrario a cualquier intento de conferirle un contenido material, sino que tiene la pretensión de ser tomado en todo su peso (...)." (grifo nosso)

[114] ZOLA, Emile. *Germinal*. Imortais da Literatura Universal. São Paulo: Círculo do Livro, 1996.

jetivos também por ela enunciados, que ensejam novas ordens econômicas.

A relação entre o Estado e o cidadão, com o surgimento do Estado Social, tem-se modificado substancialmente na forma de Forsthoff,[115] modificação essa constitucionalizada no Brasil. Constitucionalistas (Afonso da Silva, Grau, Streck, Dallari, Clève, Bonavides, etc.) respeitáveis têm propugnado incessantemente pela realização do Estado Democrático de Direito no Brasil, a partir da tensão jurídico-política como forma de realização jurídica do *Welfare State* e de uma democracia substancial.

Nossa ordem jurídica é compreendida como sistema de princípios e regras jurídicas que incorpora e subordina a ordem pública, a ordem privada, a ordem econômica e a ordem social instituídas juridicamente em nossa *Constituição*, que incorporou uma correta visão de ordem econômica subordinada a uma visão de Estado Social ou de *dirigismo econômico*.[116]

O Direito Penal dirigente que Santos[117] informa deverá utilizar normas penais em branco, delitos de perigo ou delitos de perigo abstrato assevera: "(...) El Derecho penal de dirección, si quiere ser eficaz, se ve obligado a acudir ampliamente a los tipos de omisión, cominación por omisión y peligro abstracto, en los que la determinación del deber de actuar se realiza mediante leyes no penales o, incluso, en vía reglamentaria. Este constante reenvío a normas extrapenales supone la preterición, en el propio marco de la ley, del

---

[115] FORSTHOFF, Ernst. Op. cit., 1986. p. 53-55. "(...) Ningún Estado moderno puede defraudar tales esperanzas sin amenazar con ello su propia existencia; por eso mismo tiene que enfrentarlas y ser un Estado social. Con la aparición del Estado social, la relación del Estado con sus súditos se há modificado en outro aspecto. El ciudadano posee intereses en el Estado, de intensidad y modo variable. El individuo tiene intereses en relación con las prestaciones de la seguridad social, o en la continuidad, supresión o modificación de los precios establecidos, o en la adjudicación de contingentes, o en la concesión de divisas a fines de importación o en la flexibilización del mercado de vivendas. En sus relaciones con el Estado, el individuo se orienta relativamente poco por principios o ideologías; no es él primordialmente conservador o liberal o socialista, sino agricultor, importador, pensionista, almacenista, propietário de vivenda, refugiado del Este, etc. Cada una de estas condiciones determina un concreto centro de interés, de modo que se pueden fijar las leyes y reformas legislativas en las que están interesados los distintos grupos de afectados cuando dan su voto a un partido político. Cierto es, que esto no tiene en gran número de casos y en los más relevantes. (...)"

[116] CASTILHO, Ela Wiecko V. de. Op. cit., 1998, p. 85 "(....) mais restrito, para indicar o conjunto de regras, na Constituição, que definem os limites do dirigismo econômico estatal e estabelecem os respectivos instrumentos. São concepções, princípios fundamentais, direitos e limitações, mecanismos de controle e de incentivos e as intervenções públicas destinadas a dirigir, promover ou limitar as atividades lucrativas visando integrá-las no projeto macroeconômico, e, ao mesmo tempo, com elas, promover a justiça social. A este disciplinamento chamamos Direito Econômico."

[117] SANTOS, Marino Barbedo. Op. cit., 1985, p. 227.

principio de culpabilidad (...) considera que, de no exigirse de modo expreso el elemento *'moral' de la infracción, ésta es puramente material.*"

A *Constituição autoritária de 1967* dispunha a respeito da ordem econômica no Brasil. A Carta Magna da época expressava uma concepção intervencionista do Estado, compatibilizando a economia de mercado de modo relativo. Essa Constituição autoritária assegurava uma concepção reformista, como Araújo Júnior[118] relata: "(...) a Carta Constitucional não traça, pelo menos em teoria, um modelo liberal-capitalista puro, nem se ajusta aos parâmetros das economias planificadas".

Em termos de reforma do Estado e do Direito, o Brasil consagra a idéia de paternalismo estatal, iniciado na fundação do Estado brasileiro e que durou até a "Era Collor de Mello". No governo eleito em 1989, surgiu a adoção de um modelo de Estado e Economia que sofreu ingerência dos países centrais, sob os auspícios da ideologia política e econômica do Neoliberalismo, encerrando um grande ciclo que refletiu na esfera do Direito Penal em uma concepção utilitarista e seletiva na produção das *"Leis Penais"*:

No pensamento "reformista" brasileiro da década de 1960/1970, o Estado intervém no domínio econômico para a regulação do mercado e proteção das forças sociais mais frágeis, com a finalidade de obter o desenvolvimento nacional e realizar a justiça social, que sucumbiu diante da repressão do governo militar que sufocou as liberdades democráticas. Entretanto, em relação à utilização do Direito Penal como instrumento protetivo da sociedade, como bem sintetiza Araújo Júnior:[119] "(...) a sanção penal deverá ser reservada para garantir a consecução desses objetivos (...) aqui fixados, os limites dentro dos quais deverá atuar o legislador penal, ou seja, a repressão à criminalidade econômica deverá ser instrumentalizada no sentido de, regulando o mercado e protegendo os menos favorecidos pela fortuna, promover o desenvolvimento nacional e a justiça social".

A ordem econômica e sua previsão constitucional no Brasil é definida de forma crítica e autocrítica por Grau,[120] que resume o

---

[118] ARAÚJO JÚNIOR, João Marcelo & SANTOS, Marino Barbedo. Op. cit., 1987. p. 87.

[119] Idem, ibidem.

[120] GRAU, Eros Roberto. Op. cit., 1997. p. 48 e 49, 52 e 53: "(...) A leitura do art. 170, que introduz aquele Título VII, o deixará, entretanto - se tiver ele o cuidado de refletir a propósito do que lê, no mínimo perplexo. E isso porque neste art. 170 a expressão é usada não para conotar o sentido que supunha nele divisar (isto é, sentido normativo), mas sim para indicar o modo de ser da economia brasileira, a articulação do econômico, como fato, entre nós (isto é, 'ordem econômica' como conjunto das relações econômicas) (...) Analisando porém com alguma percuciência o texto, o leitor *verificará que o art. 170 da Constituição, cujo enunciado é, inquestionavelmente, normativo, assim deverá ser lido: as relações econômicas - ou a atividade econômica - deverão ser (estar) fundadas na valorização do trabalho humano na livre iniciativa, tendo por fim (fim delas, relações econômicas ou atividade econômica) assegurar a todos existência digna, conforme os ditames da justiça social,* observados os seguintes princípios (...) corrigindo o equívoco

sentido mais adequado para o disposto no art. 170 da *Constituição Federal*. E nossa Constituição informa o perfil de nosso Estado, constitucionalizando a ordem *"sagrada"* econômica, cujas relações ou atividades deverão ser (estar) fundadas na valorização do trabalho humano, na livre iniciativa, assumindo a economia de mercado. Por fim, o essencial para nosso estudo assegura a todos existência digna a partir da justiça social a ser realizada pelo poder público. Os princípios constitucionais estruturam a *Magna Carta* e definem um sistema econômico aberto. Em sendo aberto, há o entrechoque de diversas concepções políticas e teóricas a respeito da finalidade do Estado.

O conflito em situações concretas é, às vezes, inevitável. Embora o alcance de um valor seja forçosamente limitado pelo outro, devendo ambos convergir em nome do postulado da integração e da harmonia ao texto constitucional, o problema é saber qual deles deve prevalecer como critério hermenêutico determinante.

Hoje em dia, os neoliberais menos letrados negam a necessidade de o Estado intervir na economia. Modernamente, os países que optaram por uma economia mista, com o setor público eficiente e, em paralelo, uma iniciativa privada, têm atingido um nível de satisfação social razoável, corrigindo os excessos da iniciativa privada e democratizando o controle e o acesso aos bens públicos que (re)distribuam a riqueza. O suficiente funcionamento de uma justiça tributária que exerça uma política fiscal responsável, que possibilite a aquisição de um patrimônio próprio dirigido à realização de atividades caracterizadas mais por seu retorno social, deve ser defendido como pauta mínima de transformação. Ao Estado não cabe refutar o *lucro social possível* em atividades econômicas, bem como utilizar instrumentos do Direito Penal como forma de garantir um melhor retorno de bens e serviços para a sociedade (crimes contra o sistema financeiro, ordem tributária, meio ambiente, organização do trabalho) e a própria democracia formal (crimes eleitorais).

A necessidade de a ordem econômica possibilitar a dignidade da pessoa humana, a justiça social e de efetivar o *Welfare State*, com a proteção do Direito Penal, impõe-se em nossa visão que é consoante com a idéia de Conde,[121] ao dizer: "(...)para ello se necesitaba un

---

- pelo qual me penitencio - de tomar a ordem econômica como 'conjunto de princípios (apenas de princípios) jurídicos de conformação do processo econômico, desde uma visão macrojurídica, no que indevida restrição do seu significado, a descrevo, agora, como o conjunto de normas que define, instituicionalmente, um determinado modo de produção econômica. Assim, ordem econômica, parcela da ordem jurídica (mundo do dever-ser), não é senão o conjunto de normas que institucionaliza uma determinada ordem econômica (mundo do ser) (...)." (grifo nosso).

[121] CONDE, Francisco Muñoz. Op. cit., nº 11, p. 9.

orden económico en sentido amplio que sirviera como aglutinante fator común o, si se prefiere, como bien jurídico autónomo de esta nueva rama del Derecho Penal. Y así se encontró o se creyó encontrar en la regulación jurídica de la producción, distribuición y consumo de bienes y servicios, una clave que permitia englobar todas las infracciones delictivas que tuvieron que ver con el mundo de la economía".

Retornemos ao Direito Penal. O Direito Penal Econômico tem como função primária a proteção da Constituição econômica. Como bem propugna Santos:[122]

"(...) es decir, de las estructuras que caracterizan el modelo económico vigente en un determinado momento histórico (...) sus más características manifestaciones el derecho penal económico refleja y sanciona opciones hechas por el legislador nacional, históricamente condicionadas. Objeto de tutela son entonces bienes de creación positiva: bienes que no tienen naturaleza prejurídica, sino que derivan de principios constitucionales y legislativos, a su vez expresión de las fuerzas político-sociales dominantes (...) este 'voluntarismo' o, si se prefiere, esta politización del Derecho penal económico se concreta en la protección de bienes jurídicos controvertidos en el interior del cuerpo social. *La intervención penal en el ámbito económico, en la medida en que aparece más determinada ideológicamente, tanto más encuentra por parte de la colectividad un grado de aceptación limitado, que actúa como estímulo a su infracción. Esto explica también, al menos en parte, que la criminalidad económica suscite en la sociedad una reprobación inferior que la que produce formas de criminalidad tradicionales (...)*" (grifo nosso).

A *sociedade capitalista*[123] é dividida basicamente em duas classes antagônicas. Entendemos vigente o conceito de "luta de classes" proposto por Marx no século XIX: a burguesia e o proletariado. Hoje existem grupos sociais, porém, que não se enquadram classicamente nessa dicotomia, tais como os profissionais autônomos, os funcionários públicos, os meeiros e arrendatários de terras. Entretanto, esses grupos sociais diferenciados, com a atual tendência do capitalismo,

---

[122] SANTOS, Marino Barbedo. Op. cit., 1985, p. 285-286.

[123] O que caracteriza o sistema econômico são as relações de produção, isto é, as relações que se estabelecem entre produtores (trabalhadores) e os meios e instrumentos de produção, bem como os produtos. Podem ocorrer duas situações principais: (a) relação de apropriação - o trabalhador possui os meios e os instrumentos de produção e, em conseqüência apropria-se dos produtos; (b) relação de não-apropriação - os meios e instrumentos da apropriação pertencem a outrem, não-trabalhador, que se apropria dos produtos e, portanto, do sobreproduto social, que é a diferença entre o que se gasta na produção e aquilo que dela resulta.

caminham rapidamente para se reencontrarem com o pensamento marxista, uma vez que tomam consciência de sua exploração pelas *forças vivas* da sociedade.

3.4. Justiça distributiva: social, política e fiscal

A partir da incorporação constitucional da garantia aos direitos fundamentais, afirmada pela *Constituição Dirigente*, bem como a garantia da efetivação dos direitos sociais, impõe-se à ordem infraconstitucional o conceito de justiça distributiva, assegurado na estrutura da *Constituição*. A idéia teve gênese em Aristóteles, que a entendia como o próprio fundamento da igualdade e de proporção geométrica: "é a que intervém na distribuição das honras, ou das riquezas, ou de outras vantagens que se repartem entre os membros de comunidade política".

A questão das desigualdades passou a constar da pauta do Capital e dos trabalhadores, o que não se alterou substancialmente na proposta de alternativas de desenvolvimento social e econômico em países subdesenvolvidos como o Brasil. Nos países periféricos, avulta a ausência de distribuição de rendas. Isso ocorre de tal forma que a (re)distribuição de bens coloca-se como objetivo básico de partidos políticos e tema central das discussões na área da Filosofia, do Direito, da Economia, da Sociologia e dos demais ramos do saber.

Concordamos com a idéia de Rawls e Hoffe, que desenvolveram a doutrina da *justiça política*, a partir da idéia de que a (re)distribuição espontânea de rendas é utópica e de que há necessidade da intermediação das instituições políticas. A *Constituição* é o que nos leva a entender que a *justiça fiscal*, especial dimensão da justiça política, oferece o melhor instrumental para a (re)distribuição de rendas, com a adjudicação de parcelas da riqueza nacional a indivíduos concretos.

A realização da *justiça social* se tornou possível através de nossa Carta Constitucional, uma vez que o Direito emergiu das profundezas como *um saber*[124] que, agregado a outros, ideologicamente iden-

---
[124] FOUCAULT, Michel. Op. cit., p. 171-172. "(...) Chamemos provisoriamente genealogia o acoplamento do conhecimento com as memórias locais, que permite a constituição de um saber histórico das lutas e utilização deste saber nas táticas atuais. Nesta atividade, que se pode chamar genealógica, não se trata, de modo algum, de opor a unidade abstrata da teoria à multiplicidade concreta dos fatos e de desclassificar o especulativo para lhe opor, em forma de cientificismo, o rigor de um conhecimento sistemático. Não é um empirismo nem um positivismo, no sentido habitual do termo de cientificismo, o rigor de um conhecimento sistemático. Não é um empirismo nem um positivismo, no sentido habitual do termo, que permeiam o projeto genealógico. Trata-se de ativar saberes locais, descontínuos, desqualifica-

tificado e compromissado, pretenda afirmar-se como (des)obstrução aos entraves à realização do Estado Democrático de Direito. O Direito no *Welfare State* procura auxiliar a (re)distribuição de rendas com a co-participação de processos econômicos estimulando a sociedade civil.

Identificamos três eixos reflexivos fundamentais que perpassam toda a teoria da justiça social, no que se refere à sua operacionalização. O primeiro, que a (re)distribuição de rendas seria atingida pelo próprio desenvolvimento da sociedade capitalista, de forma espontânea, baseado no *desenvolvimento econômico* e na *economia social de mercado*, apesar de não conseguirmos vislumbrar algum tipo de elemento social no mercado. O segundo, consiste na *transferência de recursos da classe rica para a pobre*, de modo que a totalidade dos indivíduos que compõem a camada mais baixa da sociedade venha a enriquecer, entendendo que a expropriação das classes superiores por parte do Estado e da Sociedade de modo gradual e pacífico significa olvidar a própria história latino-americana. Por fim, a conclusão de que certas *instituições sociais* participam do processo de (re)distribuição de rendas, seja na sua realização concreta, seja na construção da idéia de solidariedade social necessária para o *Welfare State*, que por gênese abala o *establishment*.

A concepção de uma justiça que poderia conduzir ao incremento da riqueza social como um todo, mas não à adjudicação individual de parcelas dessa riqueza a indivíduos concretos, por (in)eficiência do Estado ou, como já afirmamos, consolidou a ausência ou a (in)su-

---

dos, não legitimados contra a instância teórica unitária que pretenderia depurá-los, hierarquizá-los, ordená-los em nome de um conhecimento verdadeiro, em nome dos direitos de uma ciência detida por alguns. As genealogias não são portanto retornos positivistas a uma forma de ciência mais atenta ou mais exata, mas anti-ciências. Não que reivindiquem o direito lírico à ignorância ou ao não-saber; não que se trate da recusa de saber ou de ativar ou ressaltar os prestígios de uma experiência imediata não ainda captada pelo saber. Trata-se da insurreição dos saberes não tanto contra os conteúdos, os métodos e os conceitos de uma ciência, mas de uma insurreição dos saberes antes de tudo contra os efeitos de poder centralizadores que estão ligados à instituição e ao funcionamento de um discurso científico organizado no interior de uma sociedade como a nossa. Pouco importa que esta institucionalização do discurso científico se realize em uma universidade ou, de modo mais geral, em um aparelho político com todas as suas aferências, como no caso do marxismo; são os efeitos de poder próprios a um discurso considerado como científico que a genealogia deve combater (...) A genealogia seria portanto, com relação ao projeto de uma inscrição dos saberes na, hierarquia de poderes próprios à ciência, um empreendimento para libertar da sujeição os saberes históricos isto é, torná-los capazes de oposição e de luta contra a coerção de um discurso teórico, unitário, formal e científico. A reativação dos saberes locais - menores, diria talvez Deleuze - contra a hierarquização científica do conhecimento e seus efeitos intrínsecos do poder, eis o projeto destas genealogias desordenadas e fragmentárias. Enquanto a arqueologia é o método próprio à análise da discursividade local, a genealogia é a tática que, a partir da discursividade local assim descrita, ativa os saberes libertos da sujeição que emergem desta discursividade. Isto para situar o projeto geral (...)"

ficiência da participação dos órgãos governamentais que deveriam construir os elementos ou realizar as políticas públicas que viabilizassem a (re)distribuição de rendas, pois a ruptura do paradigma proposto pelo próprio capitalismo simbolizado pelo Estado de Bem-Estar Social se (des)estruturou face, também, aos impasses da teoria da justiça social, levando vários pensadores extremamente qualificados a advogar teses pessimistas, refratárias à teoria da justiça. A teoria da justiça teve opositores de vulto, como o sociólogo alemão Luhmann,[125] que também se manifestou contrariamente à possibilidade de uma teoria da justiça que, segundo Torres:[126] "(...) reduzindo o direito a um mecanismo de simplificação da complexidade do sistema social e de obtenção de consenso, que se legitima pelo próprio processo de sua criação e aplicação, nele não se pode encontrar espaço para uma teoria da justiça distributiva, até mesmo por falta de conotação com a ética". Portanto, podemos concluir que a própria norma de igualdade afasta-se das idéias morais e dos princípios superiores, transformando-se em mera distinção entre o igual e o desigual, necessária ao funcionamento automático do sistema.

Com o surgimento da *Justiça Política*, que representa uma vertente importante do pensamento jurídico atual que subjugou a teoria da justiça social, as tendências pendentes ao automatismo na redistribuição de rendas, a exclusão ou afastamento do Estado como intermediário e a impossibilidade de se atribuir apenas às instituições sociais a legitimidade e a conseqüente responsabilidade pela transferência das riquezas, surgia o modelo novo de justiça denominado de justiça política, com a preponderância do papel do Estado. A realidade demonstrou que o modelo da justiça social baseado na intervenção, muitas vezes sem diferenciação política adequada por parte de seus administradores ou gestores, desqualificou a participação do Estado, que se fazia representar nos processos econômicos e sociais de forma direta através de suas empresas e indiretamente pela regulamentação da economia, sem o devido acompanhamento de órgãos fiscalizadores.

Já o mesmo conceito de justiça política apresenta diferenças para Rawls[127] e para Höffe, uma vez que a mesma pode ser conside-

---

[125] LUHMANN, Nicklas. *Legitimação pelo procedimento*. Trad. de Maria da Conceição Corte-Real. Brasília : UND, 1980.

[126] TORRES, Ricardo Lobo. Justiça Distributiva: social, política e fiscal. *RDR*, n° 1, 1995. p. 103-104. Cita a obra de Das Recht der Gesellschaft. Frankfurt: Suhrkamp, 1993. p. 218.

[127] Idem, p. 106-107. "(...) Defende ele a idéia de justiça procedural (=procedimental), com base no contrato social. Sobre o pensamento de Rawls: 'Rawls diz que os homens, na posição originária correspondente ao estado de natureza, estavam envolvidos por um véu de ignorância (*veil of ignorance*), que não lhes permitia visualizar a situação em que ficariam na sociedade futura, após em certa concepção de justiça, que Rawls chama de *justice as fairness* (a palavra

rada *justiça e política*[128] e depende das instituições, sobretudo da Constituição. A instituição anteriormente referida deu origem a um subconceito que, a partir do contratualismo, aumenta a bibliografia sobre a justiça fiscal, principalmente na Alemanha e nos Estados Unidos.

A justiça fiscal, por seu turno, não é realizada a contento comparada a diversos problemas sociais de natureza grave que surgem face à (in)eficácia do Estado, que, fragilizado, deixa de cumprir com suas obrigações e realizar os direitos de 2ª e 3ª gerações, uma vez que sua incapacidade de (re)distribuir riqueza precipita sua crise. Não é possível justiça social sem a arrecadação tributária e, mesmo quando isto ocorre, não significa que o Estado Social está assegurado.

A justiça fiscal se afirma como uma das possibilidades mais eficientes da realização da justiça política, até mesmo porque a própria justiça que se atualiza por intermédio do Fisco tem a sua problemática indissoluvelmente ligada às instituições políticas e à da *Constituição*, seja no momento da garantia dos cidadãos, seja na afirmação do papel e necessidades do Estado.

Devemos registrar que os debates realizados sobre a justiça fiscal iniciam após o exame da questão do *mínimo existencial*, que se inclui na problemática da *liberdade*, quando afirmamos, a partir do *garantismo*, que o cidadão tem o direito às prestações positivas do Estado, a fim de que possa satisfazer as suas necessidades mínimas, sem as quais deixa de ter uma vida digna, o que afronta o princípio constitucional da dignidade da pessoa humana. A realização de tal princípio não cinge apenas a promoção das condições de liberdade, assim sendo, participa do tema dos direitos fundamentais ou dos direitos humanos, que podem ser realizados materialmente a partir de um adequado funcionamento da justiça fiscal, embora com ele não se confunda, tendo em vista a complexidade desses valores.

Portanto, a referência à *Teoria Geral da Justiça Fiscal* impõe-se, uma vez que a mesma preocupa-se com ações do Fisco e suas liga-

---

fairness é extremamente ambígua e pode ser entendida como 'regra do jogo' ou 'imparcialidade'; Vamireh Chacon preferiu traduzi-la por 'equidade'), que consiste precipuamente na escolha, durante o estado de natureza e sob o véu de ignorância, dos princípios de justiça que devem ignorar posteriormente. Justiça, então, é apenas a desigualdade que não traz benefício para todos. (...) No livro intitulado *Political Liberalism*, o filósofo do direito americano afirma que o liberalismo político reclama uma 'concepção política de justiça', em que a *justice as fairness* repouse sobre o acordo político e a razão política pública, entendidos como o consenso no fórum público sobre as questões constitucionais essenciais' (...)"

[128] Justiça Política "com a idéia da justiça política, as leis e as instituições políticas são submetidas, assim, a uma crítica ética. E, já que, na modernidade, o universo político assume a forma de uma ordem de direito e de Estado, a justiça política designa também a idéia ética de direito e de Estado".

ções com a justiça social e a justiça política. A idéia de justiça fiscal ou financeira, com especial assento na de justiça orçamentária, assume extraordinária importância na reflexão hodierna porque o orçamento tem natureza processual, no momento em que alguns imaginam a possibilidade da realização de um Estado Democrático de Direito a partir de etapas processuais cujo dimensionamento cronológico não se faz possível.

A justiça, para Buchanan, citado por Torres,[129] constitui-se em atributo da estrutura fiscal que deve ser implementada exclusivamente no palco constitucional, tendo em vista o fato de que as instituições que refletem os valores democráticos significativos estão incorporadas às regras do jogo democrático e possuem uma efetiva ação política. Portanto, verificamos que não há um princípio exclusivo para a imposição tributária: os impostos são parte necessária de uma genuína "troca fiscal" e tornam o setor público equivalente ao setor privado de preços, com a diferença de que têm por finalidade a realização dos direitos positivos do cidadão e da coletividade constitucionalmente compreendidos.

O princípio da capacidade contributiva (justiça financeira) é composto pelos seguintes elementos que devem ser destacados: (1) a cada um de acordo com a sua necessidade, que orienta a justiça das suas subvenções; (2) a cada um de acordo com a sua capacidade, que informam a justiça tributária. Consideremos que uma justiça tributária eficiente deve conter: (1) a distinção entre as normas de finalidade tributária e finalidade social, para reservar às primeiras a obediência ao princípio da capacidade contributiva, enquanto as demais se subordinam a interesses conjunturais ou econômicos do Estado; (2) a retomada da ética fiscal, com base na qual se deverá construir a teoria da justiça; (3) a relevância do Judiciário no controle dos abusos do legislador (vinculação à Constituição), em especial no que concerne ao tratamento (des)igual (tanto na imposição de impostos quanto no tratamento dispensado pelo sistema punitivo); por fim, (4) defesa da extinção total dos incentivos fiscais, a partir da consideração de que em princípio constituem privilégios injustificáveis.

Concluímos que a justiça fiscal transforma-se no caminho mais promissor para a efetivação da justiça distributiva. Sua potencialidade para proceder, sob vários aspectos, à síntese entre a justiça social e a política possibilitará resgatar e realizar os preceitos fundamentais de progresso social, justiça social e realização na plenitude da dignidade da pessoa humana. A justiça fiscal somente poderá ser obtida por intermédio dos órgãos do Estado desde que exista o compromis-

---

[129] TORRES, Ricardo Lobo. Op. cit., 1995.

so: (1) a construção de outro modelo de sociedade que não a capitalista; (2) exclua do centro político desviantes tributários e econômicos, marginalizando-os do exercício de espaço real de poder sobre as decisões do Estado; (3) a atividade plena e independente do Poder Legislativo concretizando os princípios constitucionais tributários e orçamentários de forma vinculada à própria Constituição. Por fim, outro elemento a ser incorporado em nossa cultura jurídica versa sobre a realização constitucional da *efetiva participação popular no Estado*, através da qual se estabelece o aprofundamento de relações não somente de transparência dos Gestores Públicos, mas também o controle social eficazmente realizado pela sociedade civil sobre o Estado, de forma direta.

3.5. Direito Penal e o Estado Democrático de Direito

O Direito Penal no Estado Democrático de Direito tem como uma de suas funções primordiais romper com a ideologia que tende a privilegiados interesses das classes hegemônicas e sua conseqüente imunização ao processo criminalizador. Não é suficiente a denúncia de que existe um *Direito Penal de Classes*, mas deve ser realizada a análise de como este projeto de poder se constitui a partir dos *"legítimos"* interesses ligados ao processo de acumulação capitalista e da forma como a repressão penal é realizada contra os comportamentos de reação dos *desviantes*, oriundos na maioria das vezes das classes sociais excluídas ou marginalizadas.

Para que se alcance a efetivação do Direito e, paralelamente, se faça a conseqüente filtragem das normas infraconstitucionais tomando por base a *Constituição Federal*, temos por tarefa, em primeiro lugar, superar este paradigma que se baseia no modo *liberal-individualista-normativista de produção de Direito*. Portanto, no âmbito do *campo jurídico* trabalha-se ainda com a perspectiva de que, embora o Estado tenha mudado de feição pós-Constituição, incorporando o Estado Democrático de Direito, o Direito perfaz um caminho a *latere*, à revelia das transformações advindas de um Estado intervencionista-regulador. No seio do Direito Penal, Ferrajoli, resgatado por Streck, aproximou a teoria política, da dogmática penal com a compreensão de seus valores, pretendendo a Democracia Substancial, e do Direito Penal através da definição de *garantismo*.[130]

---

[130] STRECK, Lenio Luís. *Tribunal do Júri: rituais e símbolos*. 3.ed. Porto Alegre: Livraria do Advogado, 1998. p.27. "(...) O garantismo, assim, deve ser entendido como uma técnica de limitação e disciplina dos poderes públicos e por essa razão pode ser considerado o traço mais característico, estrutural e substancial da Democracia: garantia tanto liberais como sociais

Para o modelo de Estado Liberal, o Direito, de cunho ordenador, protege o indivíduo contra a interferência do Estado, garantindo, fundamentalmente, a proteção da propriedade privada, e visa a assegurar a regulação espontânea da sociedade, onde *Deus Mercado*, regula de forma sábia, as relações sociais. Entretanto, a função promovedora/reguladora que interfere na sociedade possibilita realizar uma *versão social do Direito*, factível no Estado Social nascente na Constituição Federal de 1988. Na esteira do pensamento de Ferrajolli[131] começa-se por possuir uma Constituição que instituiu o Estado Democrático de Direito, que não instaura uma revolução das estruturas sociais, mas deve-se perceber que esta nova conjugação incorpora características novas ao modelo tradicional, que possibilita, no mínimo, reformas estruturais no modelo de Estado e em suas exigências.

A criminóloga venezuelana Anyar de C.,[132] sobre o que é delitivo e o desviante, afirma:

"(...) O que é delitivo e que é desviado? (...) Quando falamos nos mecanismos de criação das normas penais, vemos que não há uma natureza própria do delitivo, mas que o delitivo é imposto de cima pela pessoa ou grupo que tem mais poder; que isso depende da posição de poder e que esta posição de poder determinará que os interesses, as crenças e a cultura dos que usufruem essa posição de predomínio, definam o que é delitivo em uma sociedade. Não podemos dizer que o homicídio ou o furto são

---

expressam os Direitos Fundamentais do cidadão frente aos poderes do Estado, *os interesses dos mais débeis em relação aos mais fortes, tutela das minorias marginalizadas frente às maiorias integradas* (...) *A perspectiva garantista de Ferrajoli tem como base um projeto de Democracia social, que forma um todo único com o Estado social de Direito: consiste na expansão dos direitos dos cidadãos e dos deveres do Estado na maximização das liberdades* (...) evidência, Ferrajoli trabalha com a idéia de que a legitimação do Direito e do Estado provêm de fora ou *desde abajo*, entendida como a soma heterogênea de pessoas, de forças e de classes sociais. Ou seja, *como contraponto às teorias autopoiéticas do Direito, que visam, mediante um direito do tipo "reflexivo", a não adaptar o Direito aos anseios da sociedade, mas, sim, aos limites do* establishment, *reduzindo, com isto, a complexidade social*, Ferrajoli parte de uma perspectiva heteropoiética, é dizer, desde um ponto de vista externo, que significa sobretudo dar primazia axiológica à pessoa, e, portanto, de todas as suas específicas e diversas identidades, assim como da variedade e pluralidade de pontos de vista externos expressos por ela (...)." (grifo nosso)

[131] FERRAJOLI, Luigi. *Derecho y Razon*. Op. cit, p. 851, e segs. Para o teórico italiano: "(...) a diferença entre as garantias liberais negativas e as garantias sociais positivas expressa a diferença entre o Estado Liberal e o Estado Social. O Estado Liberal limitado por normas secundárias negativas, por proibições dirigidas aos seus órgãos de poder; e *o Estado Social por mandatos dirigidos ao poder público*. As garantias liberais servem para defender ou conservar as condições naturais ou pré-políticas de existência; *as garantias sociais ou positivas permitem a aquisição de condições sociais de vida*. As garantias liberais requerem do Estado prestações negativas consistentes em um não fazer, enquanto *as garantias sociais exigem do Estado prestações positivas* (...)." (grifo nosso)

[132] ANYAR DE C., Lola. *Criminologia da Reação Social*. Rio de Janeiro: Forense, 1983. p. 15.

delitivos por natureza. São delitivos, porque em um determinado momento da história de um país, aqueles que detinham o poder suficiente para assegurar com os instrumentos legais, os seus interesses e crenças, consideraram que era útil castigá-los. A prova disso é que há dentro da coletividade uma série de valores fortemente desaprovados que excedem o limite de tolerância da comunidade e que, no entanto, nunca chegam a fazer parte da conduta legalmente reprimida, ou seja, que é apenas conduta desviada, não conduta delitiva. Não é conduta delitiva porque não houve alguém que tivesse por sua vez, poder e interesse suficientes para implantá-la como conduta delitiva (...)."

Partindo dessas premissas e estabelecida a distinção, como *criminoso*[133] é conceituado para os Clássicos do Direito Penal Brasileiro a partir dos diferentes conceitos de desvio, abordados pela Criminologia da Reação Social, o *desviante*[134] possibilita-nos identificar os

---

[133] SOARES, Orlando. Op. cit., 1983, p. 21:"(...) Modernamente, com o progresso das ciências humanas em geral, os juristas, psiquiatras, criminologistas, filósofos e sociólogos procuram definir o crime e estudar as causas e concausas da criminalidade e da periculosidade preparatória dela, ou seja, os fatores criminógenos; as manifestações e os efeitos da criminalidade e da periculosidade preparatória da criminalidade; a política a opor, assistencialmente, à etiologia da criminalidade e da periculosidade e da periculosidade preparatória da criminalidade, suas manifestações e seus efeitos – são os objetivos da Criminologia, em sentido lato (Roberto Lyra – ob. cit, p. 39) (...) A sociedade encerra dentro de si os germes de todos os crimes. Ela, de certo modo, prepara-os. O criminoso é o instrumento que os executa" (...) Indagava Afrânio Peixoto: "Noção biológica de criminoso sem noção definitiva de crime? Se esta varia no tempo e no espaço, como estabilizar a natureza à nossa inconstância de juízo? Joanne d'Arc, queimada pela colaboração da Igreja por crime de heresia, é posta no altar pela virtude da fé. Bastaram para mudança quatro séculos. Tiradentes por um crime nefando é condenado, esquartejado, dispersos os seus membros pelas estradas de Minas. Passado apenas um século, muda a mentalidade e a mesma ação, aqui mesmo, leva-o, novo ídolo, a ser plantado por monumento em frente à Câmara dos Deputados. Que exemplo!" (*Apud* Roberto Lyra – Ob. cit., pp. 63-153.) (...) Com efeito, a idéia de justiça, bem como o aparecimento de instituições destinadas a prover sua distribuição, perdem-se no tempo, através de lenta evolução, de acordo com o progresso econômico-social, numa seqüência que pode ser assim resumida: sacral, vingança privada e monopólio do Estado (...) Salienta Gabriel Tarde que tal organização social, tal delituosidade, pois o sistema das virtudes não foi mais freqüentemente modificado no curso da história do que os dos crimes e dos vícios. (...)"

[134] ANYAR DE C., Lola. Op. cit., 1983, p.12-13. A jurista Venezuelana qualifica o desvio da seguinte forma: "(...) Há diferentes conceitos de desvio: 1 - para Clinard, por exemplo, desvio é a conduta que se orienta numa direção fortemente desaprovada pela coletividade; 2 - Para Cohen, a conduta desviada é uma conduta que se opõe a expectativas institucionalizadas; quer dizer que em todo caso, não de conformidade com cada modalidade normatizada (lei ou conveniência social mais ou menos consolidada); 3 - Para outros, o conceito de desvio está vinculado a um fenômeno patológico, inerente ao indivíduo; 4 - Para outros, finalmente, conduta desviada é aquela que se separa da média estatística. (...) Este último critério se baseia no princípio de que, dentro das sociedades diferenciadas, todas as pessoas, em maior ou menor grau, são pessoas desviadas. Há coisas que não fazemos porque estamos submetidos a certas pressões sociais, de crítica, de possibilidade de sermos descobertos e rejeitados, etc., mas que, possivelmente, se pudéssemos fazê-las sem correr risco algum, realizá-las-íamos. Isto é válido tanto em relação aos imperativos penais como aos sociais. (...) Segundo o seu grau de aproxi-

"criminosos" que e porque praticam os crimes fiscais permitindo-nos (re)adequá-los à conduta exigível no Estado Democrático de Direito.

Com o surgimento desta figura jurídico-política, Estado Democrático de Direito,[135] a discussão a respeito da (dis)função ou necessidade das penas assume outro caráter, pois diante do Estado Social, a função originária na teoria humanista contribui com a limitação do poder punitivo do Estado, no âmbito dos valores mínimos a serem observados dentro de um ordenamento jurídico que alcança legitimidade através da manipulação da opinião pública. Debates acerca do abolicionismo penal (Hulsman) ou minimalismo penal (Zaffaroni e Anyar de C.) passam a ter um significado diferenciado para o pensamento jurídico-penal, criminológico e constitucional.

Por decorrência, a partir da convicção da necessidade da realização de outro modo de produção do direito diverso do liberal-individualista no Direito, surge o anseio da elaboração de uma nova concepção sobre o bem jurídico: *"a ordem econômica", "ordem tributária"* ou *"ambiental"* que possuem caráter supra-individual e destinam-se a garantir um justo equilíbrio na produção, circulação e distribuição da riqueza e bens da vida entre os grupos sociais. Inte-

---

mação à conduta mais freqüente encontrada em uma dada sociedade, o desvio será mais ou menos acentuado: e é mais desviada a conduta, à medida que se aproxima dos extremos, nos quais a freqüência é decrescentemente muito menor. Segundo a direção tomada pela conduta (se para os atos santos ou se para os atos delitivos), o desvio será considerado positivo ou negativo. (...) A conduta pode ser conformista (de acordo com os padrões seguidos pela média estatística) ou anticonformista (conduta desviada em qualquer das direções, positiva ou negativa) (...) Como diz Cohen, para a sociologia da conduta desviada é tão interessante estudar um tipo de desvio como o outro, e toda a pretendida teoria geral do desvio deverá tomar em conta tanto a conduta conformista como a anticonformista, pois ambas têm um sentido esclarecedor. Os limites entre conformismo e desvio nem sempre são precisos. Sucede com freqüência que os indivíduos se encontram inseguros sobre a natureza da sua própria ação. (...) A qualificação do desvio é relativa à sua posição espacial e temporal, o que faz com que suas conseqüências sejam variáveis. Depende dos sentimentos e reações que desperte nos demais. Esta resposta do grupo ou da audiência social é o que se chama reação social. (...)"

[135] Entendemos que o Estado Democrático de Direito, pelo seu perfil constitucional e programático com objetivo de realização de justiça social e propulsor do desenvolvimento da humanidade, possui diversos "direitos fundamentais" assegurados na Carta Magna e com valores presentes no tecido social, contudo, rompe com uma lógica de funcionamento do Estado de corte liberal-burguês ou liberal-individualista, com o modelo de democracia formal representativa que não atende - se é que alguma vez atendeu - aos anseios da coletividade. O Direito na nova concepção de Estado tende a reverter a lógica dos problemas de caráter individual (liberal-burguês) e, *além das garantias previstas nessa fase histórica, deve incorporar preocupações e soluções de outro caráter. Impõe-se a construção de um modo de produção de direito que rompa com a lógica liberal-individualista e que preveja a proteção de direitos de caráter coletivo ou difuso adequado aos anseios da nossa modernidade (...)".* (grifo nosso)

ressante a concepção de Streck a respeito de Ferrajoli e seu Estado Democrático de Direito.[136]

Verifica-se que o pensamento liberal na área penal teve uma importância relevante devido a sua matriz iluminista transposta para o bem jurídico. É inegável que problemas graves ocorreram em momentos nitidamente autoritários, contudo essa origem de garantia-formal consegue legitimar hodiernamente o Sistema Penal, sobretudo perante a mudança da relação autoridade-liberdade.

O Sistema Penal não pode ficar adstrito apenas a finalidades de caráter liberal, derivada do próprio dever do Estado, como garantir segurança aos seus membros. O Sistema Penal deve preocupar-se com a proteção da sociedade face aos "crimes" cometidos cuja *danosidade social*[137] é intensa ao conjunto da sociedade e com a punição

---

[136] STRECK, Lenio Luiz. Op. cit., 1998, p. 25: "(...) Com o advento do Estado Democrático de Direito, toda a teoria jurídica necessita de uma adequação a esse novo modo (modelo) de produção de direito. Rompendo com a perspectiva de o direito ser regulador (modo de produção liberal-individualista), passa-se a perceber/entender o direito como promovedor (Estado Social) e transformador (Estado Democrático de Direito). À evidência, tudo isso deve(ria) repercutir junto à teoria do direito. O Direito não pode mais ser visto como uma (mera) racionalidade instrumental. Com efeito, entende ele que o papel de garantia do Direito tornou-se hoje possível pela específica complexidade de sua estrutura formal, que é marcada, nos ordenamentos de constituição rígida, por uma dupla artificialidade: não só pelo caráter positivo das normas produzidas, que é a característica específica do positivismo jurídico, mas também pela sua sujeição ao Direito, que é a característica específica do Estado Constitucional de Direito, onde a própria produção jurídica é disciplinada por normas, já não apenas formais, como também substanciais, de Direito positivo. No Estado Constitucional de Direito são incorporados no ordenamento, como Direito sobre o Direito, sob a forma de limites e vínculos jurídicos de produção jurídica. (...) A legalidade positiva ou formal do Estado Constitucional de Direito mudou de natureza: já não é só condicionante, mas também é ela própria condicionada por vínculos jurídicos não só formais, como também substanciais (...) O Direito contemporâneo não programa somente as suas formas de produção através de normas procedimentais sobre a formação das leis e dos outros atos normativos. Programa ainda os seus conteúdos substanciais, vinculando-os normativamente aos princípios e valores inscritos nas constituições, mediante técnica de garantia que é obrigação e responsabilidade da cultura jurídica elaborar. (...) No plano da Teoria do Direito, onde esta dupla artificialidade comporta uma revisão da teoria da validade, baseada sobre a dissociação entre validade e vigência e sobre uma nova relação entre a forma e a substância das decisões. (...) No plano da Teoria Política, onde comporta uma revisão da concepção puramente processual da democracia e o reconhecimento de sua dimensão substancial (...) No plano da Teoria da interpretação e da aplicação da lei, onde comporta uma redefinição do papel do juiz e uma revisão das formas e das condições de sua sujeição à lei. (...) No plano da metateoria do Direito, e portanto do papel da ciência jurídica, que é investida de uma função já não simplesmente descritiva, mas também crítica e criativa em relação ao seu objeto (...)".

[137] CARVALHO, Márcia Dometila Lima de. Op. cit., 1992, p. 48-49. *Sobre o conceito de grave prejuízo à coletividade ou danosidade social*, a Doutora esclarece: a partir de uma compreensão de Estado Social: "(...) Quais atos ilícitos atacam sordidamente, repulsivamente, medonhamente os interesses protegidos constitucionalmente? (...) E a resposta, necessariamente, terá de ser: aqueles atos que atacam mais gravemente o fundamento não político do Estado Democrático de Direito (dignidade da pessoa humana, inciso III, artigo 1º da Constituição), e aqueles que atacam os objetivos fundamentais para a construção de uma sociedade livre, justa, solidária (inciso I do artigo 3º), a ser conseguida pelo estabelecimento de uma ordem econômica com *finalidade de assegurar a todos existência digna, conforme os ditames da justiça social*. Desse funda-

correspondente dos criminosos que a realizam. Com a criminalidade moderna e as características de seus autores devemos discutir, além do conceito clássico de criminoso, a possibilidade de tipificação, ou não, dos crimes cometidos por pessoas jurídicas proporcionando uma (re)legitimação material da lei penal como instrumento (in)dispensável para a manutenção da Sociedade e do Estado.

Qual o *papel do Direito Penal no Estado Democrático de Direito*? O penalista Rios,[138] nessa indagação, auxilia-nos na procura de uma resposta a respeito das novas condições do Direito Penal no Estado moderno. Sintetizando, torna-se lícito punir as pessoas físicas ou jurídicas a partir do fato de obstaculizar ao Estado o cumprimento de suas funções de prestação de serviços! Contudo, é pertinente realizarmos outros questionamentos: (1) É possível o Estado abster-se de enfrentar a criminalidade fiscal dentro do Estado Democrático de Direito? (2) A Constituição de 1988 permite a alteração da concepção de Direito Penal no Brasil? (3) O Direito Penal passa pois a tutelar "funções", reforçando penalmente valores coletivos? (4) Quais os valores constitucionais envolvidos?

Para compreendermos alguns desses dilemas acerca do Direito Penal moderno, respondemos em parte, com o pensamento de Hassemer:[139]

> "(...) *O Direito Penal moderno, o Direito Penal novo é totalmente diferente em muitos aspectos do Direito Penal clássico*. Na República

---

mento, e desses objetivos resultam, não só os direitos individuais, mas os direitos culturais (artigo 215), o direito ao meio ambiente ecologicamente equilibrado (artigo 255) e os *famosos direitos sociais (artigo 6º); todos direitos inalienáveis da coletividade e passíveis de ataques hediondos* (...) *Limitar o crime hediondo a alguns tipos do Código Penal*, ao latrocínio (artigo 157 § 3º *in fine*), à extorsão qualificada pela morte (artigo 158, § 2º) e à extorsão mediante sequestro (nas formas qualificadas dos parágrafos 1º, 2º e 3º do artigo 159), ao estupro (artigo 213 *caput* e sua combinação com o artigo 223 *caput* e parágrafo único) ao atentado violento ao pudor (artigo 214 e sua combinação com o artigo 223, *caput* e parágrafo único), epidemia com resultado morte (artigo 267 §1º), envenenamento de água potável ou de substância alimentícia ou medicinal, qualificado pela morte (artigo 270 combinado com o artigo 285), e ao genocídio (artigo 1º, 2º e 3º da Lei nº 2.889/56), *como fez a recém editada Lei nº 8.072/90 é pecar por omissão; por inconstitucionalidade* (...) *Crimes hediondos são forçosamente também o crime econômico, o crime ambiental, quando de consequências graves*, verbi gratia, *quando ameaçadores dos princípios constitucionais, voltados ao desenvolvimento da justiça social, do equilíbrio ambiental*(...)." (grifo nosso)

[138] RIOS, Rodrigo Sánches. Op. cit., 1998. p. 40 e 41. "(...) No estado moderno, junto a esta proteção de bens jurídicos previamente dados, surge a necessidade de assegurar, se necessário através dos meios do direito penal, o cumprimento das prestações de caráter público de que depende o indivíduo no quadro de assistência social por parte do Estado. Com esta dupla função, o direito penal realiza uma das mais importantes das numerosas tarefas do Estado, na medida em que apenas a proteção de bens jurídicos constitutivos da sociedade e a garantia das prestações públicas necessárias para a existência possibilitam ao cidadão o livre desenvolvimento de sua personalidade, que a nossa Constituição considera como pressuposto de uma condição digna (...)."

[139] HASSEMER, Winfried. Op. cit., 1993. p. 89.

Federal da Alemanha existe, há cerca de vinte anos, uma tendência clara: há determinadas áreas nas quais se concentram as reformas do Direito Penal. Nós não temos necessidade de reforma na Parte geral do Direito Penal. Aí nada mudou. *Não temos necessidade de reforma na execução penal, no direito processual penal. Tudo isso acabou, está morto (...) A reforma moderna do Direito Penal concentra-se em dois aspectos: primeiro, no aspecto especial do Direito Penal e no Direito Penal acessório.* Existe uma nova criminalização e um aguçamento das medidas. Este é o campo e esta é a tendência. Segundo, *no processo penal é a mesma coisa*: modifica-se intensamente a fase de investigação, a fase preliminar. A fase preliminar do inquérito foi dramaticamente aguçada. Nisso consiste a reforma penal alemã nos últimos vinte anos (...)." (grifo nosso).

Em relação à criminalidade moderna, algumas de suas características mais recentes constituem-se em: (1) danosidade social grave à coletividade de forma difusa e supra-individual; (2) pouca visibilidade dos danos causados e; (3) novo *modus operandi*. Esta é a inclinação mais genérica. Importante salientarmos alguns pormenores, mais precisamente sobre a nova estrutura: Direito Penal material, parte especial, 1º - Há um aumento da moldura penal, 2º - Criminalização territorialmente extensa, 3º - Utilização de delitos abstratos.

Portanto, devemos (re)dobrar o cuidado com tendências de abandono progressivo do Direito Penal da culpabilidade. É que a *"criminalidade moderna"*, reflexo natural da complexidade social atual, é grande demais para um modesto Direito Penal limitado a seus dogmas tradicionais, o que condiciona a procedermos com a renovação de nosso ordenamento jurídico penal ou desistirmos da perspectiva de incorporar o Direito Penal na intervenção de problemas sociais.

O Direito Penal moderno tem abusado da utilização exagerada do perigo abstrato, que embora tivesse sido utilizado pelo Direito Penal clássico, sempre constituiu exceção. Entendemos que a utilização dos *delitos de perigo*[140] são complexos, por isso exceção no Direito Penal.

---

[140] HASSEMER, Winfried. Op. cit., 1993. p. 90. Concordamos com HASSEMER ao assinalar o fato de que às vezes prescindem do dano: "(...) para este tipo de delito não é necessário que se produza um dano, sequer é necessário que haja o perigo concreto, é suficiente que um ato proibido pelo legislador seja praticado para caracterizar o delito. Exemplo: uma regra clássica é a fraude, que necessita de um engano, de um erro da vítima, a perda de patrimônio e o conseqüente dano. *A moderna forma de fraude encontramos nos subsídios, que só tem uma pré-condição: a indicação falsa junto à autoridade que o concede. Com isso já se consumou o delito, independentemente da ocorrência de dano.* Claro, aqui a situação fica muito mais fácil de ser aprovada. No caso concreto não é necessário comprovar que houve dano, mas o acusado tem muito menos possibilidade de fazer sua defesa. Quanto menores forem as pré-condições para a sanção tanto menores serão as possibilidades de defesa (...)".(grifo nosso)

Não há dúvida de que a *criminalidade organizada* é o centro das preocupações de todos os segmentos da sociedade que fazem do exercício do Direito profissão de vida. Divergimos, entretanto, na forma de abordar o problema, pois, a preocupação popular é com a *criminalidade de massa*.[141]

Questões de natureza ambiental fizeram com que se incluísse a penalização das pessoas jurídicas na pauta dos penalistas brasileiros. A partir dos crimes ambientais, passou-se a questionar *este tabu*. No entanto, tal reformulação dogmática não está contemplada no anteprojeto do Código Penal no Congresso Nacional, o que ou reforça a idéia dos limites dos homens de nosso tempo ou o poderoso poder de pressão que setores privilegiados da sociedade capitalista usufruem na modernidade. Na mesma esteira, a Jurisprudência da Espanha enfrenta o mesmo tormentoso tema, inclusive não apenas em questões ambientais, mas também, em questões tributárias e financeiras, obviamente na tentativa de assegurar seu *Welfare State* como condição básica de sua democracia, aplicando *sanção às pessoas jurídicas*[142] e a seus diretores.

---

[141] Convém esclarecer o que compreendemos por *criminalidade organizada* e *criminalidade de massas* na mesma esteira de diversos autores (como HASSEMER, CERVINI, BITENCOURT, GOMES, entre outros). A criminalidade organizada se encontra no centro das preocupações de todos os segmentos da Sociedade, pois, a criminalidade organizada é apreciada "quanto notícia" pela mídia, dos meios políticos, jurídicos, religiosos, das entidades não-governamentais, pelas instituições repressivas nacionais e internacionais, e, por conseguinte, é objeto de debate da política interna. No entanto, no quotidiano, não é a criminalidade organizada o que mais angustia o cidadão, mas sim a criminalidade massificada. É esta criminalidade de massa que assombra, inquieta e ameaça a população. Por essa razão se impõe a necessidade de (re)direcionar a política criminal interna, distinguindo a criminalidade organizada e a criminalidade de massa de forma a propiciar uma ação diferenciada e mais exitosa. A criminalidade de massa compreende assaltos, furtos, estelionatos, lesões corporais oriundas de conflitos de gangues, roubos e outros tipos de violência contra os mais fracos e oprimidos. Esta natureza delitiva afeta diretamente toda a Sociedade, quer como vítimas concretas, quer como vítimas potenciais. Os resultados decorrentes desta delinqüência são violentos e imediatos: não são apenas econômicos ou físicos, mas atingem o equilíbrio emocional da população e geram uma sensação de insegurança. Em nosso entendimento, o medo coletivo difuso decorrente da criminalidade de massa tem proporcionado manipulação (dos aparelhos ideológicos do Estado e da mídia) e o uso de uma política criminal populista com o objetivo de obter meios e instrumentos de combate à criminalidade (Movimento de Lei e Ordem), restringindo, as garantias de liberdade individuais, os princípios garantistas de natureza constitucional, sem apresentar resultado positivo.

[142] CONDE, Francisco Muñoz. Op. cit., nº 11. p. 17. Desta forma, posicionou-se o Código Penal Espanhol sem obstaculizar o debate jurídico, na avaliação de CONDE "(...) las consecuencias accesorias, indicando así que el delito además de las penas y medidas de seguridad, puede tener otras consecuencias como las que en el art. 129 se preveen (clausura, disolución, proibición de actividades etc.). Sin embargo, el Proyecto no acoge un precepto importante de la propuesta, cuyo art. 137 permitía que el Tribunal decretara *'la privación de los beneficios obtenidos por las personas jurídicas como consecuencia de los delitos o faltas cometidos* en el ejercicio de su actividad por sus órganos o dependientes, en cuanto sea necesária para cubrir las responsabilidades pecuniarias de naturaleza civil de aquéllos, si sus bienes fueren insuficientes'. Esta

Verificamos, no entanto, que a reação social pode apresentar-se de modo muito diverso em função do grupo que reage. Para Anyar de C., que trabalha com o conceito de uma *jurisdição do desvio*, existe uma jurisdição geral que recobre o âmbito nacional, mas há também uma jurisdição que depende dos subgrupos. Em sentido antagônico com que Wolkmer trabalha seu pluralismo jurídico, contudo, às avessas, ou seja, o *pluralismo jurídico*[143] corroído frente a uma realidade criminosa na qual não há, nem pretensamente, a proteção do

---

especie de confiscación del enriquecimiento injusto, sería una sanción eficacísima del lavado de dinero negro que es precisamente una de las actividades más nefastas de la actividad criminal de algunas personas jurídicas (...)." (grifo nosso)

[143] WOLKMER, Antonio Carlos. *Pluralismo Jurídico: Fundamentos de uma nova cultura no direito*. São Paulo: Alfa Omega, 1994. p.195-196; 197-199; 201-202. "(...) a multiplicidade de práticas jurídicas existentes num mesmo espaço sócio-político, interagidas por conflitos ou consensos, podendo ser ou não oficiais e tendo sua razão de ser nas necessidades existenciais, materiais e culturais (...) em países do Terceiro Mundo, como o Brasil, o aparecimento de situações paralegais, paralelas ou *extra-legem*, incentivadas, aceitas ou não pelo próprio Direito oficial, está correlacionado diretamente com a variável da legitimidade do regime político. Assim, a pretensão da exclusividade da legalidade oficial e a sua eficácia real 'para absorver ou neutralizar as manifestações normativas não-estatais' em contingência crescente está condicionada pelo grau da legitimidade da estrutura de poder (autoritário ou democrático). Muitas vezes elas são buscadas pelo próprio governo enquanto válvulas de escape, capazes de viabilizar a posição hegemônica do Direito Estatal e a 'pluralidade das ordens jurídicas é fruto da busca de nova legitimidade' (...) fundamentados em lutas sócio-políticas e contradições econômico-classistas bem como a pluralidade normativa como resposta à crise de legitimidade política são fatores relevantes mas não suficientes, se não considerarmos a 'ineficácia' e o caráter 'injusto' do paradigma hegemônico da legalidade dogmática estatal (...) já do ponto de vista da 'ineficácia' do monismo estatal tem-se, como contrapartida, as vantagens do pluralismo em melhor acolher as necessidades de: a) afirmar a primazia de interesses que são próprios a cada grupo predominante; b) manter o equilíbrio entre grupos iguais (direito dos nativos com o direito do invasor); c) propiciar a especificidade das instituições (liberdade de optar em certas circunstâncias pelo direito mais conveniente); d) resguardar a independência das instituições (imunidades diplomáticas com relação ao Direito local); e) favorecer a descentralização jurídica (impõe-se quando o Estado atinge certo estágio de avanço e complexidade); f) propiciar o desenvolvimento econômico (condições de igualdade para diferentes atores no processo de desenvolvimento produtivo) (...) pode-se ainda consignar que sua intenção não está em negar ou minimizar o Direito estatal, mas em reconhecer que este é apenas uma das muitas formas jurídicas que podem existir na sociedade. Deste modo, o pluralismo legal cobre não só práticas independentes e semi-autônomas, com relação ao poder estatal, como também práticas normativas oficiais/formais e práticas não-oficiais/informais. A pluralidade envolve a coexistência de ordens jurídicas distintas que define ou não relações entre si. O pluralismo pode ter como meta práticas normativas autônomas e autênticas geradas por diferentes forças sociais ou manifestações legais plurais e complementares, reconhecidas, incorporadas e controladas pelo Estado (...) 'pluralismo jurídico comunitário', este age num espaço formado por forças sociais e sujeitos coletivos com identidade e autonomia próprias, subsistindo independentemente do controle estatal (...) o pluralismo jurídico propriamente dito, a coexistência num determinado espaço social de manifestações jurídicas estatais ou não, de 'Direito oficial' e 'Direito não-oficial', enfim, de 'mecanismos diferentes para situações idênticas', daí decorrendo uma relação de 'confronto' ou de 'compatização'. Pode-se aproximar o pluralismo jurídico não só do que se convencionou chamar 'uso alternativo do Direito oficial' como, sobretudo, levantar pontos de contato e identificação com o fenômeno de um 'Direito alternativo ao Direito oficial' (...)."

Estado aos direitos e garantias fundamentais. Afastado o Estado do monopólio da força ou da Justiça, que no caso do Direito Penal representam o mesmo, assumem destaque organizações de caráter religioso ou se constituem determinadas fraternidades ou confrarias, ou provindas de co-participação laborativa - sindicatos, fábricas, famílias ou quadrilhas. Dependendo das expectativas sociais, a qualificação da conduta é relativa ao grupo que deva defini-la. Isto é importante porque demonstra o contingente da conduta desviada (penal ou moral) que é dotada de legitimidade a partir da qualificação da audiência restrita.

Sobre a reação social, o princípio da tolerância e do controle social convém transcrevermos o pensamento de Anyar de C. que, sem dúvida, fixa um marco diferencial no pensamento criminológico moderno:[144]

> "(...) *A reação social pode ser de tolerância, de aprovação ou de desaprovação.* Há casos em que se pode aprovar a conduta desviada. Por exemplo, quando surgiram a música concreta e a música eletrônica, houve certo desconcerto inicial que depois se transformou em um sentimento de aprovação mais ou menos geral pelo que significava uma inovação estética e uma busca de novas sensações musicais. As pessoas que se haviam desviado do padrão sensorial dominante, receberam forte aprovação que lhes trouxe prestígio, admiração e dinheiro (...) *mas a conduta desviada também pode ser recebida com indiferença, o que depende de uma série de circunstâncias às quais não são alheias a transcendência da conduta em si e a sua visibilidade* (...) *quando a reação é de desaprovação, são postos em prática os chamados mecanismos de controle social. São estes, todos os instrumentos que servem para prevenir e reprimir o desvio*, como, por exemplo, a lei, a justiça, a organização de tribunais, os métodos de prevenção em geral, a profilaxia, as compensações que se estabelecem em favor da vítima e qualquer outra medida que tenda a evitar o desvio. *Estas medidas de controle social podem ser formais ou informais* (...)" (grifo nosso).

Fizemos a transcrição, pois vital se torna (re)fazermos o percurso teórico que nos indica o processo de negação institucional da criminalidade de natureza econômica, que traz em si a execução de uma política de sucessivos governos (Executivo Federal), inclusive o atual, a partir da negação concreta da gravidade da criminalidade econômica com intuito da afirmação de um modelo político neolibe-

---

[144] ANYAR DE C., Lola. Op. cit., 1983. p. 14 e 15.

ral, que afasta o Estado de seus instrumentos de realização de justiça social e que tem negado a própria *Constituição*.

As empresas negam, assim como os meios de comunicação, o fato de que a sonegação fiscal e *os crimes contra a ordem tributária* atingem o conteúdo essencial da *Constituição*, ao mesmo passo que afirmam que o Governo tributa demais a população e os *"pobres empresários"* desprovidos de capital, que, face à crise do capitalismo contemporâneo, são obrigados a dispensar trabalhadores. O discurso oficial estatal de caratér hegêmonico (re)produz os pressupostos de uma política de caráter neoliberal que tem afastado as forças de (re)pressão necessárias ao Estado Democrático de Direito da persecução penal desses delitos, com isso impedindo, via Parlamento, a elaboração ou a aprovação de normas penais que enfrentem a questão dos *crimes lesa-majestade*[145] no Estado Democrático de Direito ou lesa-garantias sociais que ofendem bens jurídicos individuais, coletivos ou difusos.

No caso dos delitos *lesa-majestade* no Estado Democrático de Direito, não há reação social, não há consenso social no que concerne à abusividade desta criminalidade, bem como sua hediondez, uma vez que os reflexos desses crimes não são sentidos diretamente pela população usuária ou dependente das garantias do *Estado Social*. O Estado permanece inerte frente a essa criminalidade econômica, pois não formula *Políticas Criminais* com a finalidade de erradicar a criminalidade econômica ou sua impunidade.

Finalizamos, constatando que o Direito Penal não pode transigir no que tange às garantias fundamentais, no entanto, não estamos convencidos de que o Direito Penal que se fundamenta na culpabilidade, ou se a teoria do bem jurídico-penal deve ser (re)adequada à criminalidade com efeitos difusos, coletivos ou supra-individuais, mantém-se como instrumento eficiente para combater a moderna criminalidade, inclusive a delinqüência tributária. Por derradeiro, o fato de governantes utilizarem o Direito Penal como panacéia de todos os males não solverá a insegurança de que é vítima a população, e de outra sorte sepultará o Direito Penal que já não usufrui de grande prestígio na sociedade moderna.

---

[145] Denominamos crimes *lesa-majestade* ou *ofensivos ao Estado Democrático de Direito* (à *Constituição* e à República) aqueles delitos que ofendem a coletividade de forma supra-individual, transindividual, coletiva ou difusa, causando danos irreparáveis à Sociedade e possuem lesividade social grave, não raras vezes, atingindo a população de forma mediata. Enquadramos "transitoriamente" os delitos contra a ordem econômica, *contra a ordem tributária*, contra o sistema financeiro nacional, contra o meio ambiente, contra a organização do trabalho, contra a saúde pública, contra o consumidor, contra o sistema eleitoral, assim como os crimes hediondos.

3.6. Valores constitucionais e Direito Penal

Na sociedade brasileira contemporânea, onde a violência e a criminalidade têm espaço assegurado no centro das preocupações de todos os segmentos da sociedade, constatamos que as autoridades adotam uma política de exacerbação e ampliação dos meios de combate à criminalidade de massa, como solução de todos os problemas sociais, políticos e econômicos que afligem a própria. Aguçam-se os *Movimentos de Lei e de Ordem* que defendem graves transgressões aos direitos fundamentais e aos bens jurídicos constitucionalmente protegidos, infundem medo, revoltam e geram uma espécie de fascinação na população que, embalada pelos cânticos da *mídia do horror*, subespécie de programa de *"informações e entretenimento dos meio de comunicação"*, é comprimida em direção ao desespero, encontrando recepção no Direito Penal simbólico e, eficazmente, no Direito Penal de Classes.

Não podemos olvidar que nossa Constituição Dirigente deve preservar muitos princípios de garantia do Direito Penal, como assevera Bitencourt:[146] "(...) muitos desses 'princípios limitadores' passaram a integrar os Códigos Penais dos países democráticos e, afinal, receberam assento constitucional, como garantia máxima de respeito aos direitos fundamentais do cidadão." No mesmo momento, percebemos que, com os novos valores sociais incorporados à Constituição Federal de 1988, o sistema da justiça constitucional assume papel historicamente novo e desafiador. Isto é, o Direito Penal no Estado Democrático de Direito não mais possui a função de fixador de limites a favor do indivíduo e contra o poder punitivo mas potencializador do Direito Penal para novas matérias integrativas do E.D.D.

Verificamos que o problema de uma *Constituição Dirigente* é, em grande medida, um problema de concretização constitucional, que deve inspirar a proteção penal exata tanto na garantia dos direitos fundamentais quanto na repressão necessária aos obstáculos à *realização do Estado Democrático de Direito*.[147]

---

[146] BITENCOURT, Cezar Roberto. *Lições de Direito Penal*, Parte Geral. 3.ed. Porto Alegre: Livraria do Advogado, 1995. p. 30.

[147] CANOTILHO, José Joaquim Gomes. Op. cit., 1994, p. 59-60. Em sintonia, podemos rememorar ensinamentos de CANOTILHO: "(...) a 'realização constitucional' é um problema de 'normação' ou 'regulação' e um problema de 'aplicação-interpretação' que se deve captar através de uma ajustada medida constitucional (...) O combate ao positivismo através da radicalização hermenêutica (na linha heideggeriana-gadameriana) conduziu, no seio da metódica constitucional, a uma inversão metodológica e a uma transposição de planos em relação aos quais se fará um breve alerta. Inversão metodológica: o intérprete, o problema e os *topoi* substituem-se à norma; a 'actividade produtiva' da jurisprudência quase que se coloca no

Uma nova concepção de Estado implica nova discussão a respeito da finalidade do Direito Penal, a oportunidade de distinguir entre indicações constitucionais, que naturalmente se destinam a incidir na parte especial. Nesse sentido, Palazzo[148] também se manifesta: "(...) posta sob a tutela penal, e aqueloutras indicações constitucionais que, por destinação inerente, atuam a nível da parte geral e, por isso devem incidir, na realidade, sobre a estrutura da *fattispecie*, até por meio de um elemento como aquele da ofensa do delito, a apresentar um caráter substancial que, em si, revela o aspecto *lesivo ou perigoso do fato para o bem jurídico, e nisso pondo sua diferença em relação a todos os outros elementos estruturais do tipo penal.*"

Verificamos que os princípios limitadores do Direito Penal assegurados constitucionalmente, vigentes no art. 5º da Constituição, têm a função de orientar o legislador ordinário para a adoção de um sistema de controle penal voltado para os direitos humanos, embasado em um Direito Penal da culpabilidade, um Direito Penal mínimo e garantista. Entretanto, cabe-nos afirmar e demonstrar a necessidade da preocupação do Direito Penal com os delitos *lesa-majestade* que ofendem condições básicas que orientam a finalidade da República. Precisamos desenvolver tipos penais que, sem fragilizar os direitos assegurados no art. 5º da Constituição, autorizem o Estado a agir energicamente na repressão dos que atingem bens supra-individuais.

Em uma sociedade constitucionalmente estruturada como a nossa, com uma função modeladora dirigida para o social - o que não será viável sem o controle da economia - a luta contra os que resistirão a essa nova função exigirá a intervenção do Direito Penal, com a tipificação de novos delitos protetores dos novos bens jurídicos, erigidos em decorrência dos novos interesses dessa sociedade. Portanto, face a esta nova concepção de Estado, em consonância com o pensamento de Carvalho,[149] a fim de realizarmos a justiça social e concretizarmos os direitos individuais e sociais presentes na Lei Maior, somos pela não-utilização, neste campo, de propostas de (des)criminalização. A intervenção mínima na esfera do Direito Penal no caso dos crimes *contra a ordem tributária* perderá seu vigor, pois a adoção de tal proposta significaria injusto grave à Constitui-

---

mesmo plano da actividade 'produtiva' da legiferação; a interpretação é mais um 'veículo da liberdade judicial'. A posição que norteará o trabalho já foi atrás sugerida: colocar a cabeça hermenêutica dos juristas sobre os pés jurídico-constitucionais e firmar o processo concretizador da lei fundamental sobre uma metódica estruturante que, sendo pós-positivista, não deixe de vincar bem a sua dimensão normativa (...)."

[148] PALAZZO, Francesco C. *Valores constitucionais e direito penal.* Porto Alegre: Sergio Fabris Editor, 1989. p. 79.

[149] CARVALHO, Márcia Dometila Lima de. Op. cit., 1992.

ção. A intervenção mínima, ao invés, no outro lado da criminalidade, isto é, na criminalidade clássica, na criminalidade relativa, em oposição à absoluta; na microcriminalidade, contraposta à macrocriminalidade. O jurista progressista poderá defender sem dificuldades teóricas o Direito Penal mínimo para os crimes de natureza individual, quando for o caso, e Direito Penal para os delitos contra a construção do Estado Democrático de Direito. Aos invés de incansáveis manifestos abolicionistas sem efeitos práticos, impõe-se a afirmação contundente de disputarmos com a doutrina clássica de Direito Penal a melhor utilização do Direito Penal mínimo.

Neste sentido, no que tange aos *crimes contra a ordem tributária*, econômica, ambiental, eleitoral, contra a organização do trabalho e ofensiva aos direitos humanos, devemos adotar analogicamente o Garantismo de Ferrajoli,[150] uma vez que tal intervenção é estimulada pela orientação constitucional recente em nosso país, que conferiu ao Poder Judiciário maiores e melhores condições para exercer a sua missão de garantia individual e coletiva, intervindo, no caso concreto, com restrições penais mínimas e garantias sociais máximas, harmonizando-se com os seguintes princípios penais garantistas sintetizados por Bitencourt:[151] "princípio da legalidade ou reserva

---

[150] FERRAJOLI, Luigi. Op. cit., 1997.

[151] BITENCOURT, Cezar Roberto. Op. cit., p. 119-121. "(...) alguns princípios fundamentais do direito penal. "(....) *2.1. princípio da legalidade ou da reserva legal* (...) A gravidade dos meios que o estado emprega na repressão do delito, a drástica intervenção nos direitos mais elementares e, por isso mesmo, fundamentais da pessoa, o caráter de *ultima ratio* que esta intervenção deve ter, impõem necessariamente a busca de um princípio que controle o poder punitivo estatal e que confine sua aplicação em limites que excluam toda arbitrariedade e excesso do poder punitivo (...) O princípio de legalidade ou da reserva legal constitui uma efetiva limitação ao poder punitivo estatal. (...) o princípio da reserva legal através da fórmula latina *nullum crimen, nulla poena sine lege.(...)* Assim, seguindo a orientação moderna, a Constituição Brasileira de 1988, ao proteger os direitos e garantias fundamentais em seu art. 5°, XXXIX, determina que: 'Não haverá crime sem lei anterior que o defina, nem pena sem prévia cominação legal' (...) 2.2. *Princípio da intervenção mínima*: O princípio da legalidade impõe limites ao arbítrio judicial, mas não impede que o Estado - observada a reserva legal - crie tipos penais iníquos e comine sanções cruéis e degradantes. Por isso, impõe-se a necessidade de limitar ou, se possível, eliminar o arbítrio do legislador (...) O princípio da intervenção mínima, também conhecido como *ultima ratio*, orienta e limita o poder incriminador do Estado, preconizado que a criminalização de uma conduta só se legitima se constituir meio necessário para a proteção de determinado bem jurídico. Se outras formas de sanção ou outros meios de controle social revelarem-se suficientes para a tutela desse bem, a sua criminalização é inadequada e não recomendável. Se para o restabelecimento da ordem jurídica violada forem suficientes medidas civis ou administrativas, são estas que devem ser empregadas e não as penais. Por isso, o Direito Penal deve ser a *ultima ratio*, isto é deve atuar somente quando os demais ramos do direito revelam-se incapazes de dar a tutela devida a bens relevantes na vida do indivíduo e da própria sociedade (...) antes de se recorrer ao Direito Penal deve-se esgotar todos os meios extrapenais de controle social (...) *Os legisladores contemporâneos - tanto de primeiro como de terceiro mundo - têm abusado da criminalização e da penalização, em franca contradição com o princípio em exame, levando ao descrédito não apenas o Direito Penal, mas a sanção penal criminal que acaba perdendo sua força intimidativa diante da 'inflação legislativa' reinante nos ordenamentos positivos*

legal, princípio da intervenção mínima, princípio da culpabilidade, princípio da humanidade."

O princípio da *lesividade do delito*[152] torna-se de fundamental importância para um novo sopesamento da definição das penas a serem aplicadas aos *desviantes*, ao mesmo instante que se constitui em conceito hoje indeterminado ao qual é mister uma (re)adequação garantista, a fim de legitimar corretamente a *"sanção e as penas"*, tendo por finalidade o combate à macrocriminalidade.

Analisando o descompasso entre normatividade e efetividade da proteção penal, para Ferrrajoli,[153] fica clara a ilegitimidade da

---

(...) 2.3. *Princípio de culpabilidade:* em sua configuração mais elementar, 'não há crime sem culpabilidade'. No entanto, o Direito Penal primitivo caracterizou-se pela responsabilidade objetiva, isto é, pela simples produção do resultado. Porém, essa forma de responsabilidade objetiva está praticamente erradicada do Direito Penal contemporâneo, vigendo o princípio *nullum crimen sine culpa* (...) a culpabilidade - como fundamento da pena - refere-se ao fato de ser possível ou não a aplicação de uma pena ao autor de um fato típico e antijurídico, isto é, proibido pela lei penal. Para isso, exige-se a presença de uma série de requisitos - capacidade de culpabilidade, consciência da ilicitude e exigibilidade da conduta - que constituem os elementos positivos específicos do conceito dogmático de culpabilidade. A ausência de qualquer destes elementos é suficiente para impedir a aplicação de uma sanção penal (...) a culpabilidade - como elemento da determinação ou medição da pena. Nesta acepção, a culpabilidade funciona não como fundamento da pena, mas como limite desta, impedindo que a pena seja imposta aquém ou além da medida prevista pela própria idéia de culpabilidade, aliada, é claro, a outros critérios como, importância do bem jurídico, fins preventivos etc. (...) a culpabilidade - como conceito contrário à responsabilidade objetiva. Nesta acepção o princípio de culpabilidade impede a atribuição da responsabilidade objetiva. Ninguém responderá por um resultado absolutamente imprevisível, se não houver obrado com dolo ou culpa (...) *Resumindo, pelo princípio em exame, não há pena sem culpabilidade, decorrendo daí três conseqüências materiais: a) não há responsabilidade objetiva pelo simples resultado; b) a responsabilidade penal é pelo fato e não pelo autor; c) a culpabilidade é a medida da pena* (...) 2.4 -*Princípio de humanidade:* '(...) é o maior entrave para a adoção da pena capital e da prisão perpétua. Este princípio sustenta que o poder punitivo estatal não pode aplicar sanções que atinjam a dignidade da pessoa humana ou que lesionem a constituição físico-psíquica dos condenados. A proscrição de penas cruéis e infamantes, a proibição de tortura e maus tratos nos interrogatórios policiais e a obrigação imposta ao estado de dotar sua infra-estrutura carcerária de meios e recursos que impeçam a degradação e a dessocialização dos condenados são corolários do princípio de humanidade (...) Concluindo, nesse sentido, nenhuma pena privativa de liberdade pode ter uma finalidade que atente contra a incolumidade da pessoa como ser social' (...)." (grifo nosso)

[152] PALAZZO, Francesco C. Op. cit., 1989. p. 79-80. "(...) *O princípio de lesividade do delito, pelo qual o fato não pode constituir ilícito se não for ofensivo (lesivo ou simplesmente perigoso) do bem jurídico tutelado,* responde a uma clara exigência de delimitação do direito penal. E isso a dois níveis. A nível legislativo, o princípio da lesividade (ou ofensividade), enquanto dotado de natureza constitucional, deve impedir o legislador de configurar os tipos penais que já hajam sido construídos, *in abstrato*, como fatos indiferentes e preexistentes à norma. Do ponto de vista, pois, do valor e os interesses sociais, já foram consagrados como inofensivos. A nível jurisdicional-aplicativo, a integral atuação do princípios da lesividade deve comportar, para o juiz, o dever de excluir a subsistência do crime quando o fato, no mais, em tudo se apresenta na conformidade do tipo, mas, ainda assim, concretamente e inofensivo ao bem jurídico tutelado pela norma (...)." (grifo nosso)

[153] FERRAJOLI, Luigi. Op. cit., 1997. p. 477: "(...) Sólo analizando la divergencia entre normatividad y efecticidad de la protección penal de los bienes es posible captar, en los diversos niveles en que aquélla se manifiesta, los aspectos de ineficacia de la primera y de ilegitimidad

primeira e a inefetividade da segunda, uma vez que é visível a desproporção apresentada na valoração dos bens penais frente à aplicação de suas sanções correspondentes. Os limites da dogmática postos, permitem-nos, além de denunciá-los tecnicamente, chamar a atenção frente às suas causas ou conseqüências, que se refletem, no caso dos crimes contra a ordem tributária e financeira, de natureza política frente à obstrução da formação ou realização de políticas que tendam a realizar pretensões positivas do Estado e a não-formulação ou ação de políticas criminais que enfrentem esse problema.

Os crimes contra a ordem tributária são caracterizados pela lesividade social extremamente grave, assim como o são os crimes contra o sistema financeiro. Diversamente dos crimes realizados contra a pessoa, os costumes, ou contra a honra, a criminalidade que atinge a coletividade deve ser alvo de repressão através de uma *efetiva defesa ao Estado Democrático de Direito.*[154] Essa natureza delitiva que ocasiona um dano social intenso à coletividade repercute na concretização de diversos direitos assegurados à sociedade através da Constituição, obstaculizando ao Estado dar efetividade a diversos direitos que dependem diretamente dos "deveres do cidadão", ou melhor, que, às vezes, se utilizam da consecução de delitos dolosos, tipos penais realizados tanto por pessoas físicas quanto jurídicas.

---

de la segunda. Estos aspectos, según se ha visto, *dependen esencialmente de la desproporción entre el valor de la libertad personal afectada por la pena y el de los bienes atacados por el delito, así como de la distorsionada escala de valores que se refleja en la escala de penas previstas para cada uno de ellos; por consiguiente, conforme a una reelaboración de la jerarquía de los bienes estimados merecedores de tutela y, en relación con ella*, de las penas prohibiciones legales, como condición de su legitimidad política y jurídica. Es posible, también, que en esta reelaboración quede de manifiesto la oportunidad, en areas de la tutela de bienes fundamentales, de una mayor penalización de comportamientos hoy no adecuadamente prohibidos ni castigados: por ejemplo, la introducción de un delito específico de tortura (querido, por lo demás, por el art. 13, 4º de la Constitución) frente a la tendencia jurisprudencial a eludir su punición, o la creación de nuevos *delitos ambientales*. Sin embargo, nuestro principio de lesividad, tal como resulta de los criterios ya comentados, actúa más bien como una afilada navaja de Occam, idónea para excluir, por *injustificados, muchos tipos penales consolidados o para restingir su extensión mediante cambios estructurales profundos (...).*" (grifo nosso)

[154] STRECK, Lenio Luiz. Op. cit., 1998. p. 29. Sobre o Estado Democrático de Direito instituído com a Constituição Federal, tendo em vista seu valor normativo, bem como a importância de uma filtragem constitucional, bem retrata STRECK: "(...) em face do estado Democrático de Direito instituído pela Constituição brasileira, 'o valor normativo da Constituição dever ser potencializado, especialmente a normatividade dos capítulos condensadores dos interesses das classes não-hegemônicas. Mas, para isso, é necessário entender que a Constituição é, entre outras coisas, também norma, e não mera declaração de princípios ou de propósitos. E se é norma (o preconceito contra norma não deve subsistir), dela decorrem, inexoravelmente, conseqüências jurídicas que são sérias e que devem ser tomadas a sério. E, mais que tudo, sendo norma suprema, o sentido de seu discurso deve contaminar todo o direito infraconstitucional, que não pode nem deve ser interpretado (concretizado/aplicado) senão à luz da Constituição. A filtragem constitucional consiste em interessante mecanismo propiciador de atribuição de novo, atualizado e comprometido sentido ao direito civil, ao direito processual, etc. (...)."

Infelizmente, somente os primeiros são sancionados penalmente. Aliás, nessa área, carece o Estado Brasileiro de uma profunda investigação dos diversos casos de crimes de colarinho branco, macrocriminalidade ou mesmo da criminalidade organizada.

Outro princípio que deve ser compreendido em termos de Direito Penal de caráter democrático e humanista é (re)elaborado a partir de uma concepção de Estado Social e Democrático de Direito face à realidade impositiva de nossa *Constituição Dirigente* instituindo uma espécie de delitos *lesa-majestade* (Estado Democrático de Direito) que devem ser enfrentados de forma coerente por nossa dogmática penal. Precisamos imediatamente harmonizar esse princípio "Constitucional" com o "Direito Penal", de forma a sopesar as diversas naturezas delitivas que se apresentam, e estimularmo-nos no sentido de (re)discutirmos os *delitos lesa majestade* em vista de seu intuito ofensivo aos direitos fundamentais ou sociais, implícitos e explícitos na *Lei Maior*, impositivos e coercitivos, que devem ser filtros ou dínamos na análise da dogmática penal existente ou, necessária frente ao Direito Penal moderno. Portanto, devemos utilizar o *princípio da proporcionalidade*[155] para (re)avaliarmos o Direito Penal

---

[155] BARROS, Suzana de Toledo. *O princípio da proporcionalidade e o controle de constitucionalidade das leis de direitos fundamentais*. Brasília: Brasília Jurídica, 1996. p. 73, 77, 89: "(...) Não raro, a violação ao *princípio da proporcionalidade* vem acompanhada de atentado a outros princípios ou regras constitucionais, mas os fundamentos de cada qual são perfeitamente distinguíveis. É o caso, *v.g.*, de *uma restrição desigualitária, em que o legislador, além de impor uma restrição em si mesma desarrazoada, o faz em relação a apenas um grupo de pessoas* (...) se puder afirmar a arbitrariedade da eleição de uma medida restritiva em face da ausência de autorização para que o legislador possa efetivá-la, não se estará diante de um caso de inconstitucionalidade material por afronta ao *princípio da proporcionalidade*, mas de um caso de desrespeito à Constituição por violação do princípio da reserva de lei. Um exame preliminar, para se certificar de que o legislador está autorizado a impor restrições a determinado ou determinados direitos fundamentais, revela-se indispensável. A sujeição de uma lei restritiva de direito ao controle da proporcionalidade tem como pressuposto ter sido examinada a questão dessa autorização.(...) Na consideração de que uma medida é inexigível ou desnecessária, e que, por isso, fere o *princípio da proporcionalidade*, é importante que se possa indicar outra medida menos gravosa - *menor restrição* - e concomitantemente apta para lograr o mesmo ou um melhor resultado - *meio mais idôneo*.(...) A justificação constitucional de um princípio reveste-se, ainda, de enorme importância prática. Entre nós, o reconhecimento da normatividade constitucional do *princípio da proporcionalidade* legitima-o a figurar como fundamento do recurso extraordinário, nos termos do inciso III do art. 102 da CF. Em relação à declaração de inconstitucionalidade, além de viabilizar o controle difuso das leis, sua inobservância pelo legislador pode ensejar o controle abstrato dos atos legislativos, por meio da ação direta (art. 102, I, a) (...) *Tanto no direito administrativo como no direito penal, em que a idéia de proporcionalidade é constantemente sufragada, a utilização do cânone em apreço liga-se, invariavelmente, à aplicação de restrições a direitos. Mas quando se trata de atribuir-lhe funcionalidade em instância da própria criação destas restrições, ou seja, no nível do legislador, sobrevêm algumas dificuldades, por que o que está em jogo é a verificação dos limites do poder político para regulamentar o exercício dos direitos constitucionalmente consagrados, poder esse que tem uma vastíssima liberdade criadora imanente (...) A Carta Brasileira de 1988 assimilou, de um modo geral, as tendências do novo arquétipo do Estado constitucional. A par de expressamente considerar a dignidade humana princípio fundamental do Estado*

da culpabilidade e, principalmente, a Teoria do Bem Jurídico-Penal, proporcionando uma nova estruturação dos tipos penais e suas respectivas penas, inclusive, (in)viabilizando privilégios ou favores penais aos desviantes no que concerne aos crimes contra a ordem tributária.

A incorporação de valores constitucionais, assim como seria a dogmática jurídico-penal da (re)elaboração ou (re)significação de alguns princípios frente ao Estado Democrático de Direito tornam-se fundamentais, a fim de que se possa estabelecer uma política criminal, no caso, contra os crimes contra a ordem tributária adequados às justas demandas da sociedade.

A própria delimitação da área de interferência penal (princípio da intervenção mínima no direito penal), assim como o garantismo de Ferrajoli,[156] merecem um debate adequado e também um fundamento constitucional ou extraconstitucional dos elementos materiais sobre os quais possa legitimamente estender-se a legislação penal. Importante avaliarmos o posicionamento da doutrina e da jurisprudência quando da delimitação da matéria penal a partir da *interpretação conforme a Constituição*.[157]

Brasileiro (art. 1º) e de aumentar, em relação às Constituições anteriores, o rol dos direitos e garantias fundamentais, conferiu-lhes aplicabilidade imediata (art. 5º, § 1º) e tratou de assegurar-lhe expectativa de expansão, segundo a cláusula aberta assim redigida: 'Os direitos e garantias expressos nesta Constituição não excluem outros decorrentes do regime e dos princípios por ela adotados, ou dos tratados internacionais em que a República Federativa do Brasil seja parte (...) *O princípio da proporcionalidade, como uma das várias idéias jurídicas fundantes da Constituição, tem assento justamente aí, nesse contexto normativo no qual estão introduzidos os direitos fundamentais e os mecanismos de respectiva proteção. Sua aparição se dá a título de garantia especial, traduzida na exigência de que toda intervenção estatal nessa esfera se dê por necessidade, de forma adequada e na justa medida, objetivando a máxima eficácia e otimização dos vários direitos fundamentais concorrentes* (HESSE) (...) restrições demasiadas podem até aniquilar o próprio direito restringido ou direitos conexos, comprometendo a própria noção de Estado do Direito Democrático. Enfim, são inúmeras as formulações jurídicas, expressas ou implícitas, referentes aos direitos fundamentais, a partir das quais justifica-se um controle o mais amplo possível dos atos legislativos, inviabilizando qualquer invasão indevida do legislador às posições jurídicas asseguradas aos indivíduos em razão da Constituição. E *o princípio da proporcionalidade, como categoria dogmática, responde, sem dúvida alguma, a essa necessidade de cobrir os espaços pouco sindicáveis pelo judiciário, sobretudo em termos de controle da lei (...) Por isso, não parece correto assinalar uma dualidade de posições entre a fundamentação do princípio da proporcionalidade a partir da essência dos direitos fundamentais e aquela outra, a partir da concepção de Estado de Direito, já que ambas constituem idéias indissociáveis.* Posto isto, compreende-se também que a proporcionalidade é um princípio concretizado a partir do cânone do Estado de Direito' (...)" (grifo nosso).

[156] FERRAJOLI, Luigi. Op. cit., 1997

[157] PALAZZO, Francesco C. Op. cit., 1989. p. 86-87. "(...) sendo constante a preocupação de *deduzir da Constituição a exigência de delimitação da matéria penal*, nota-se que isso se dá não pela individualização de opções específicas que no plano do conteúdo, já estariam inseridas ou encartadas na constituição, mas em razão da solicitação a mais genéricos *princípios políticos-constitucionais*, de imediata derivação do Rechtssaatsprinzip, *certamente mais capazes de orientar, constitucionalmente, uma moderna tendência de política criminal*, deixando, assim, ao legislador

O componente político no labor legislativo da penalização está evidenciado não apenas na timidez e inadequação social do legislador pátrio, que, sem muita freqüência, alude a rigorosas indicações de índole constitucional, mas evita, por exemplo, a generalizada (des)penalização levada a cabo pelo *legislador da Lei e Ordem*,[158] no que diz respeito aos *"crimes econômicos, tributários, consumidor e ambiental"* em geral, propugnada por parlamentares ligados a grandes grupos econômicos que, não raras vezes, têm sido alvos de CPI's no Congresso Nacional.

No que tange aos crimes individuais e, à inércia de reflexão em relação aos crimes de caráter difuso ou coletivo, à própria exposição de motivos do Código de Processo Penal[159] insinua sua defasagem: "(...) Urge que seja abolida a injustificável primazia do interesse do indivíduo sobre o da tutela social. Não se pode continuar a contemporizar com pseudodireitos individuais em prejuízo do bem comum (...) não pode invocar, em face do Estado, outras franquias ou imunidades além daquelas que o asseguram contra o exercício do poder público fora da medida reclamada pelo interesse social".

Setores da doutrina penal, que vão do pensamento *conservador da direita política e jurídica*[160] à esquerda dogmática ou idealista, defendem teses abolicionistas numa "reunião insólita" não raras vezes bem intencionada, quando se referem ao tema da abolição de tipos penais ou da utilização das penas alternativas. Claro que com propostas éticas totalmente diversas. Para esses setores *"matérias com essa significação social"* devem ser deixadas completamente descobertas de tutela penal, por essa razão, a (des)consideração de interesses coletivos ou difusos de primária importância no quadro dos valores constitucionais vêm-se tornando um dos obstáculos intransponíveis à construção de um Estado Social no Brasil. É importante destacar que *os abolicionistas humanistas de Hulsmam*[161] propugnam outra for-

---

qualquer ulterior concretização. E tais princípios são, em essência, aqueles da *Verhalnismassigheit (Übermassverbot)*, entendidos como *uma necessidade da pena criminal, como o único meio válido para a tutela de um determinado bem jurídico, e como a justa proporcionalidade entre o desvalor do* Unrecht *sancionado e a pena criminal; e também os princípios, mais significativamente caracterizados sob o perfil politico-constitucional*, por isso mesmo bem mais enriquecidos de indicações fundantes, como as de tolerância e pluralismo (...). (grifo nosso)

[158] Lei Federal nº 9.714/99, recentemente editada que estabelece penas restritivas autônomas substitutivas das penas privativas de liberdade dando nova redação ao artigo 33 do Código Penal Brasileiro.

[159] A exposição de motivos do Código de Processo Penal, publicada no Diário Oficial da União de 13 de outubro de 1941, que resultou no Decreto-Lei nº 3.689, de 03-10-1941.

[160] MARTINS, Ives Granda da Silva. *Crimes Contra a Ordem Econômica*. 3.ed. São Paulo: Revista dos Tribunais, 1998.

[161] HULSMAN, Louk; CELIS, Jacqueline Bernat de. *Penas perdidas: o sistema penal em questão*. Niterói: Luam, 1993. p. 72. Quando os abolicionistas referem-se a suprimir a pena, faz-se

ma de enfrentar o problema da sanção ou penalização dos desviantes. E por isso, respeitando-os profundamente, no momento divergimos radicalmente de sua tática e procuramos utilizar o melhor possível do Sistema Penal.

O debate no Estado Democrático de Direito impõe-se a respeito da proporção e eficácia, maiores custos e maiores benefícios da sanção criminal,[162] uma vez que, historicamente, a mesma não representou adequada eficácia ou vantagem esperada pelos penalistas clássicos, os defensores da *Nova Defesa Social* e os defensores da *Lei e Ordem*. É bem verdade que a função da pena está sob suspeição no Estado Democrático de Direito, no entanto, no que tange ao *"novo tipo de criminalidade"*, especificamente a criminalidade econômica, é importante esclarecer que ocorre uma tomada de posição sobre o papel e a função do Direito Penal em geral, sendo evidente a disposição de aceitar o *"ônus"* da decisão teórica de se sustentar a utilidade da pena no caso.

Nosso Código Penal, que regula os diversos crimes e as respectivas penas, vigora desde 1941, e a partir da análise dos diversos tipos penais, podemos perceber que a grande preocupação do legislador foi proteger mais a propriedade privada do que a saúde e a

---

necessário esclarecer que o conceito de pena empregado é aquele concebido e aplicado pelo sistema penal. Destaca-se, no entanto, que questionar o direito de punir conferido ao Estado, de forma alguma, significa rejeitar qualquer medida coerciva, tampouco suprimir totalmente a responsabilidade pessoal do autor da ação *desviada*. Precisamos encontrar na pena um papel legítimo e que possa reativar pacificamente o tecido social. Desta forma, quando aborda a pena legítima, o holandês HULSMAN realiza a seguinte análise: "(...) A pena, tal como entendida em nossa civilização, parece conter dois elementos: 1 - uma relação de poder entre aquele que pune e o que é responsável, etc.... e outro aceitando que seu comportamento assim seja condenado, porque reconhece a autoridade do primeiro; 2 - em determinados casos, a condenação é reforçada por elementos de penitência e sofrimento impostos e aceitos em virtude daquela mesma relação de poder. Esta é a análise - e a linguagem - que estamos habituados a ouvir e que parece legitimar nosso direito de punir. Em nosso contexto cultural, a verdadeira pena pressupõe a concordância de duas partes. (...)"

[162] PALAZZO, Francesco C. Op. cit., 1989. p. 114. "(...) complicam-se as coisas a partir da valoração sobre a anti-socialidade dos vários tipos de fato. Na verdade, manter possíveis afirmações de condição constitucional (permanecendo sem prejuízo o problema de sua concreta eficácia obrigatória) sobre a anti-socialidade de determinados tipos de comportamentos pressupõe, de um lado, uma série de averiguações científico-criminológicas sobre efeitos realmente danosos, produzidos por aqueles compromissos (*ex gratia*, sobre a efetiva danosidade social da publicitação dos fatos violentos) que não podem, por certo, ser objeto de controle de constitucionalidade, além do limite da absoluta irracionalidade das preferências legislativas. De outro lado, posto que a anti-sociabilidade não se exaure num juízo puramente naturalístico, mas também valorativo, o que significa avaliar um processo de fossilização do direito, tornando-o insensível e inadequado às cambiantes exigências sociais legislativamente avaliáveis. Aparentemente, a objeção de uma intromissão da Corte Constitucional no Poder legislativo explica as específicas valorações da anti-socialidade devem precisamente ser feitas à luz dos princípios constitucionais referentes à matéria, apresentando-se estes primacialmente, quase como elementos de reconciliação entre o pré-jurídico mundo social e a ordem jurídica (...)."

integridade física do cidadão, a absoluta falta de graduação ou proporcionalidade de que os crimes contra o Estado Social, como no tratamento dispensado aos *crimes contra a ordem tributária* em nosso Sistema Penal. Não só as penas são desde o início (des)proporcionais à gravidade social de seus danos, mas também a possibilidade aviltante de transação, comercialização e privatização desses delitos face ao papel social privilegiado ocupado por seus desviantes.

Estamos em perfeito acordo, no que diz respeito ao resgate da vítima como sujeito no Processo Penal, com a lição de Streck:[163] "(...) O artigo 91 dispõe que um dos efeitos da condenação é tornar certa a obrigação de indenizar. O artigo 16 diz que também será possível, em *determinadas circunstâncias, reduzir a pena, de um terço a dois terços, se até o recebimento da denúncia o agente indenizou o dano produzido pelo delito*". Entretanto, divergimos na forma como isso "aparentemente" tem sido realizado na Lei Federal nº 9.099/95, quando relega os direitos e garantias fundamentais do "desviante", sepultando o princípio da presunção de inocência e afirmando papel "transacional econômico" no próprio processo penal, o que se constitui em grave ameaça à *Constituição*.

Como verificamos com a afirmação supra, se existe de fato o arrependimento eficaz, não há de se não permitir a redução da pena. Contudo, sua extinção ou mesmo sua transação, bem como a ínfima pena aplicada face à gravidade do dano, parece-nos privilégio inaceitável do nosso Sistema Punitivo e comprovação dogmática da existência de um *Direito Penal de Classes* que se explicita nos crimes tributários.

Palazzo,[164] quando trata de *valores constitucionais e Direito Penal*, levanta algumas questões fundamentais como: (1) a importância

---

[163] STRECK, Lenio Luiz. Op. cit., 1998. p. 33, citando SOUZA, Alberto Rodrigues. Bases axiológicas da reforma penal brasileira. In Giacomuzzi, Wladimir (org). *O Direito Penal e o Novo Código Penal Brasileiro*. Porto Alegre: Fabris, 1985, p. 7.

[164] PALAZZO, Francesco C. Op. cit., 1989. p. 117-119. "(...) Considerações conclusivas: 1) Constatou-se como influência dos valores constitucionais vem, e pouco a pouco, crescendo sempre no arco dos tempos, sem que, no entanto, ainda assim nas transformações constitucionais tenham logrado produzir a esperada reforma orgânica do sistema penal, inclusive, e particularmente em qualquer dos ordenamentos aqui considerados. 2) *Constatou-se também, como a influência dos valores constitucionais sobre o direito penal sofre, fatal e assaz evidentemente, o condicionamento de lineamentos fundamentais da cultura própria de cada ordenamento.* 3) *Constatou-se, ainda, como a influência dos valores constitucionais sobre o direito penal se manifesta em todos três ordenamentos considerados, em dois sentidos: seja no tradicional* endereço rechtsstaatlich, por meio dos clássicos princípios do Estado liberal de direito, da legalidade, essencialmente, da culpabilidade, *seja na mais moderna direção sozialstaattlich, permitindo o parcial ingresso a instância "solidarística" própria do novo Estado de direito social,* pela influência exercida na área do teologismo as sanções penais e de execução penitenciária, bem assim do conteúdo material do ilícito ou dos novos interesses que justificam a tutela penal. 4) Constatou-se, ademais, como a influência dos valores constitucionais no direito penal se vem acentuando progressivamente,

crescente e ainda insuficiente da valoração constitucional e sua influência no Sistema Penal; (2) a valorização que o imaginário social concretizado pela cultura exerce sobre os valores esculpidos nas Cartas Constitucionais; (3) no sentido não apenas da influência sobre o sistema penal, incorporando a função de fixador de diretrizes sobre as quais é impossível o retorno às concepções pretéritas de Direito Penal e por fim, (4) o estabelecimento de um certo condicionamento exercido pela geral situação político-social existente numa determinada conjuntura histórica.

De outro lado, parece ser possível alertar quanto aos sintomas de uma espécie de transformação em ato no processo com que os valores constitucionais influenciam o *Sistema Penal* no sentido de uma mudança da tradicional *"marca de habitual virtude"* que estávamos acostumados a vivenciar. Assiste-se, na *Constituição*, em nossos dias a uma (re)descoberta, recuperação e arrojo constitucional dos seus valores, princípios, exigências coerentes e funcionais na preparação de um Direito Penal mais eficiente e, em conseqüência, mais eficaz, não somente na direção *"progressista"* de uma mais ampla tutela penal, mas sim socializadora. É preciso que o valor "solidariedade" esteja presente para estender-se aos novos interesses de forma coerente, proporcionando uma penetrante e rigorosa tutela de valores consensuais socialmente, assegurando-os plenamente, sem quaisquer exceções ou concessões, em face das contrapostas exigências constitucionais.

Os poderes públicos tanto possuem o dever de promover a liberdade como o de remover obstáculos que dificultem sua plenitude. Para tanto têm o poder-dever de se utilizarem do Direito Penal como *ultima ratio*. Esta função propulsora não é meramente conservadora, pois o Estado reivindica, caracteriza também a legislação penal. Ainda sobre a tutela penal nos crimes contra a ordem tributária, principalmente, acentuando o caráter diferencial, que esses delitos trazem para o Direito Penal moderno tendo em vista a rup-

---

e não só do ponto de vista, por assim dizer, do tipo e da amplitude da influência, mas qual testemunha - como não há muito dissemos - da presença de uma influencia na direção *sozialstaatlich*, como, por igual do ponto de vista da intensidade e da mole de influencia, no sentido de que estimula um crescente numero de julgados, ao mesmo tempo em que, com a ascendente intensidade, trabalha a adequação do sistema legislativo aos valores constitucionais. Varia pois, de ordenamento a ordenamento o tipo de intervenção com que torna possível fixar prevalências na adequação constitucional. 5) *Constatou-se, por fim, como a influência dos valores constitucionais no direito penal sofre um condicionamento ulterior do tipo certamente mais contingente do que o dos outros (e em particular do supra-recordado no n(2), mas não menos evidente e intenso. É mister aludir ao condicionamento exercido pela geral situação político-social existente em um determinado momento histórico e em um determinado Estado: com isso, o discurso torna a problemática inicial do papel da Constituição no jogo das relações, sempre inconstantes, entre política criminal e direito penal (...).*" (grifo nosso)

tura paradigmática interna quanto aos "sujeitos passivos reais" do dano causados por essa delinqüência.

Naturalmente a tutela penal dos valores constitucionais não pode consistir em sua recepção automática: o Direito Penal deve obedecer à sua peculiar vocação e deve, sobretudo, salvaguardar seu caráter subsidiário na solução dos problemas sociais. Assumem caráter próprio as soluções que deverão ser propostas como alternativas de combate aos crimes econômicos que impõem ao Estado uma real *Política Criminal para os Crimes Contra a Ordem Tributária* que agirá conjuntamente a ações governamentais na área do Direito Administrativo: (1) fim das guerras fiscais; (2) finalização das isenções fiscais; (3) celeridade nos processos administrativos que apuram débitos para com o fisco e contribuições previdenciárias; (4) controle social sobre o Estado.

Os delitos econômicos apresentam, na verdade, uma incorporação de natureza criminológica ao Direito Penal. Tal aproximação ou incorporação representa passo significativo na busca de novo paradigma penal. A política é reconhecida como parte importante do Direito Penal expressado de forma dogmática. A politização do Direito Penal ocupa papel considerável e se impôs definitivamente! Como todos os juristas progressistas, Baratta[165] diz "(...) as malhas dos tipos (penais) são em geral, mais sutis no caso dos direitos das classes sociais mais baixas do que os casos dos delitos de colarinho branco." Esses delitos, também do ponto de vista da previsão abstrata, têm uma maior possibilidade de permanecerem imunes. Desta forma, os conflitos sociais aparecerão nos conteúdos da lei penal na exata medida em que colocam em perigo os interesses das classes que dominam as relações sociais.

O Direito Penal e sua íntima relação com as classes sociais é expresso por Cirino Santos[166] através de síntese definitiva: "(...) Os objetivos aparentes do Direito Penal, expressos na proteção dos interesses e necessidades essenciais para a existência do indivíduo e da sociedade, *têm certos pressupostos, como as noções de unidade (e não de divisão) social, de identidade (e não de contradição) de classes,* de igualdades (e não de desigualdades reais) entre os componentes das classes sociais e de liberdade". Portanto, é inegável que numa sociedade dividida o bem jurídico tenha caráter de classe.

Concluímos dizendo que, da mesma sorte, necessitamos, a fim de que alcancemos efetivação para o Direito, se faça a devida *filtragem das normas infraconstitucionais* tomando por fundamento a *Carta Magna*,

---

[165] BARATTA, Alesandro. Op. cit., 1997. p. 176.
[166] SANTOS, Juarez Cirino dos. *Criminologia Radical*. Rio de Janeiro: Forense, p. 63.

de modo a superar esse paradigma que se baseia no modo liberal-individualista-normativista de produção de Direito e apesar de que, em nossa perspectiva, o Estado tenha mudado de feição não tendo feito o ordenamento jurídico. O Direito percorre um caminho a *latere*, à revelia das transformações advindas de um Estado intervencionista-regulador, e cabe-nos tornar o Direito Penal instrumento válido, eficaz e útil para a proteção da sociedade. A instituição da tutela penal em diversos crimes contra o Estado Democrático de Direito não podem representar *tabu*[167] para o jurista progressista. O Direito Penal mínimo deve ser afirmado, entretanto isso não significa abdicar da utilização do Sistema Punitivo contra aqueles que ofendem a República, diuturnamente, através de praticas delitivas que causam uma lesividade social intensa para a coletividade. O Direito Penal serve para proteger o sistema de garantias previsto em nossa *Constituição Dirigente*.

---

[167] A ideologia, que está presente e conduz a formação da dogmática-penal, funda uma aparente realidade específica do imaginário social moderno e é a maneira necessária pela qual os agentes sociais representam para si mesmos o aparecer social, econômico e político, de modo que essa aparência, por ser o modo imediato e abstrato de manifestação de processo histórico em curso, é o ocultamento ou a dissimulação do real. O fato é que institutos jurídicos importantes como o mandado de injunção e a substituição processual, previstos na Constituição, nunca conseguiram ingressar faticamente em nosso ordenamento jurídico não devem ser encarados como deslize do legislador ou falta de cuidado técnico. Esses institutos foram (re)definidos e tornados ineficazes pelo *establishment* jurídico-dogmático, tendo em vista o risco que representavam de forma evidente ao sistema de privilégios juridicamente estabelecidos.

4

A (des)ordem da lei e a lei da (des)ordem: por uma (re)legitimação do Direito Penal no estado democrático de direito

4.1. Estado democrático de direito: a crise em nossa democracia delegativa

A *atual Constituição*[168] estrutura-se a partir de um conjunto de normas que engendram uma *"ordem econômica constitucionalizada"*, ainda que, como tal não formalmente referido, é expressiva, de marcante transformação que afeta o Direito, operada no momento em que deixa de apenas prestar-se à harmonização de conflitos e à legitimação do poder, passando a funcionar como instrumento de implementação de políticas públicas.

No momento em que o direito não se presta mais somente à harmonização de conflitos e à legitimação do poder, iniciando por funcionar como instrumento de implementação de políticas públicas, procura avaliar e propor *Políticas Criminais* adequadas à efetivação e garantia dos direitos humanos e, complementarmente, à efetivação dos valores de nossa Constituição Dirigente, promovedora da *dignidade da pessoa humana na República Democrática*.[169] Com a

---

[168] O Estado brasileiro até 1988, neoconcorrencial ou intervencionista, experimenta uma substancial mudança de regime político e econômico que marca, no sistema capitalista, a passagem do século. Estava assegurada, fundamentalmente, a função de produção do direito e segurança para citarmos a partir de um contexto de produção liberal-individualista do Direito, em largos traços, no regime anterior poderíamos afirmar que não se admitia que o Estado interferisse na *ordem natural* da economia, ainda que lhe incumbisse a defesa da propriedade.

[169] CANOTILHO, José Joaquim Gomes. Op. cit., 1998. p. 219. "(...) Outra esfera constitutiva da República Portuguesa é a dignidade da pessoa humana (artigo 2º). O que é ou que sentido tem uma República baseada na dignidade da pessoa humana? A resposta deve tomar em consideração o princípio material subjacente à ideia de dignidade da pessoa humana. (...) Perante as experiências históricas da aniquilação do ser humano (inquisição, escravatura, nazismo, stalinismo, polpotismo, genocídios étnicos) a dignidade da pessoa humana como base da República significa, sem transcendências ou metafísicas, o reconhecimento do *homo noumenon*, ou seja, do indivíduo como limite e fundamento do domínio político da República.

Constituição e seus valores inicia por ruir toda uma visão de produção de Direito colocando-se a necessidade de (re)avaliar valores sociais e constitucionais. Neste contexto, uma nova formulação de Direito que contemple a tutela penal dos *Direitos Emergentes* afirma-se como uma imposição ética, jurídica e política do Estado contemporâneo. O próprio enunciado do princípio - *"todos são iguais perante a lei"* - dá-nos mostra de sua inconsistência, visto que a lei é uma abstração, ao passo que as relações sociais são reais.

No exercício da função de legitimação, o Estado pretende atribuir ao sistema capitalista e à sua ordem política o reconhecimento de que seja correto e justo e, ao mesmo tempo, realizador da "liberdade e da democracia". Pretensão demasiada para um sistema violento em essência! A legitimidade constitui uma pretensão de validade discutível, de cujo reconhecimento (ao menos) fático depende (também) a estabilidade de uma ordem de dominação. O sistema capitalista e seus teóricos enfatizam, porém, o fato de que os problemas de legitimidade só afetam as ordens políticas: apenas estas podem ter e perder sua legitimidade.

Complementarmente, outra consideração que se impõe versa a respeito da própria questão da Democracia, em especial das frágeis democracias latino-americanas e outras oriundas do leste Europeu, que O'Donnell classifica como Democracias Delegativas, em cuja essência destacam-se como fatores mais decisivos para gerar diversos matizes de democracia que não são tanto aqueles relacionados com as características do *processo de transição*[170] do regime autoritário.

Neste sentido, a República é uma organização política que serve o homem, não é o homem que serve os aparelhos político-organizatórios. A compreensão da dignidade da pessoa humana associada à ideia de *homo noumenon* justificará a conformação constitucional da República Portuguesa onde é proibida a pena de morte (artigo 24º) e a prisão perpétua (artigo 30º/1). A pessoa ao serviço da qual está a República também pode cooperar na República, na medida em que a pessoa é alguém que pode cooperar na República, na medida em que a pessoa é alguém que pode assumir a condição de cidadão, ou seja, um membro normal e plenamente cooperante ao longo da sua vida (...) a dignidade da pessoa humana exprime a abertura da República à idéia de comunidade constitucional inclusiva pautada pelo multiculturalismo mundividencial, religioso ou filosófico. O expresso reconhecimento da dignidade da pessoa humana como núcleo essencial da República significará, assim, o contrário de "verdades" ou "fixismos" políticos, religiosos ou filosóficos. O republicanismo clássico exprimia esta idéia através dos princípios da não identificação e da neutralidade, pois a República só poderia conceber-se como ordem livre na medida em que não se identificasse com qualquer 'tese', 'dogma', 'religião' ou 'verdade' de compreensão do mundo e da vida (...)."

[170] O'DONNELL, Guillermo. Democracia Delegativa? In: *Novos Estudos Cebrap*, nº 31, out.1991. p. 26. "(...) critérios que fundamentam a) A instalação de um governo democraticamente eleito abre caminho para uma 'segunda transição', provavelmente mais demorada e até mesmo mais complexa que a transição do regime autoritário. b) Espera-se que essa segunda transição seja de um governo democraticamente eleito para um regime democrático ou, o que é equivalente, para uma democracia institucionalizada consolidada; c)...essa segunda transição... pode ser duradoura, pode inclusive não abrir caminhos para a realização de formas mais instituciona-

Parecem ter mais peso, de um lado, fatores históricos de longo prazo e, de outro, o grau de profundidade da crise socieconômica que os governos democráticos recentemente instalados herdaram.

Portanto, não bastasse o simulacro de democracia que experimentamos no Brasil, orientados por um processo salvacionista, factóide e messiânico, de direção política e social presidencialista, estamos à mercê de um modo de produção - mundializado - cujos esquemas de repartição do produto e os mercados capitalistas, no âmbito interno e quadro internacional, são mantidos em sua integridade. Por essa razão, interessa ao capitalismo uma *Constituição "progressista"* e sua efetividade concretizada através de uma *Democracia Delegativa*.[171] Essas "democracias", para a manutenção de sua estabilidade, não podem colocar em xeque os "interesses de setores econômicos importantes", portanto, há razão para um sistema punitivo tão "progressista e humanista" para os crimes econômicos em nosso país e para a institucionalização de diversos "privilégios" no Sistema Punitivo, relacionados aos crimes contra a ordem tributária.

Em relação à sociedade brasileira, algumas breves indicações são formuladas por Grau.[172] São assim compreendidas: (1) qualquer reformulação da participação do Estado na economia pressupõe, necessariamente, a (des)privatização; (2) no que tange às arrecadações tributárias, decorrem, basicamente, da imposição de tributos indiretos e, de outra parte, as receitas obtidas são em largas parcelas revertidas em incentivos e subsídios, o que importa iníquas transferências de recursos entre os grupos sociais; (3) a carga tributária não

---

lizadas de democracia.; d) O elemento decisivo para determinar o resultado da segunda transição é o sucesso ou fracasso na construção de um conjunto de instituições democráticas que se tornem importantes pontos decisórios no fluxo do poder político; e) Tal resultado é fundamentalmente condicionado pelas políticas públicas e pelas estratégias políticas de vários agentes ...na tarefa de construção institucional democrática (...)."

[171] O'DONNELL, Guillermo. Op. cit., out./1991. p.30. O conceito de democracias delegativas elaborado por O'DONNELL é extremamente adequado para o Brasil e nos permite verificar a dificuldade da proposição de uma (re)formulação do Direito Penal em nosso país: "(...) As democracias delegativas se fundamentam em uma premissa básica: o que ganha uma eleição presidencial é autorizado a governar o país como lhe parecer conveniente e, na medida em que as relações de poder existentes permitam, até o final de seu mandato. *O presidente é a encarnação da nação, o principal fiador do interesse nacional, o qual cabe a ele definir. O que ele faz no governo não precisa guardar nenhuma semelhança com o que ele disse ou prometeu durante a campanha eleitoral - ele foi autorizado a governar como achar conveniente.* Como essa figura paternal tem de cuidar do conjunto da nação, é quase óbvio que sua sustentação não pode advir de um partido; sua base política tem de ser um movimento, a superação supostamente vibrante do faccionismo e dos conflitos que caracterizam os partidos. Tipicamente, os candidatos presidenciais vitoriosos nas democracias delegativas se apresentam como estando acima de todas as partes; isto é, dos partidos políticos e dos interesses organizados. Como poderia ser de outra forma para alguém que afirma encarnar o conjunto da nação?" (grifo nosso)

[172] GRAU, Eros Roberto. Op. cit., p. 35.

é relativamente tão elevada como se tem afirmado (geralmente por ignorância, mas também por má-fé, em alguns casos), mas acentuadamente regressiva e, (4) por fim, o trabalho é muito mais vigorosamente tributado do que o capital.

As *Constituições Dirigentes* acabam tornando-se instrumentos meramente formais para a *Democracia Delegativa*, pois não é da essência desta o respeito às instituições e à coletividade - principalmente o combate aos *crimes contra a ordem tributária* cometidos pelos desviantes. No processo da democracia delegativa, as instituições deixam de ter importância frente à *vontade imperial do Presidente*.[173]

Não obstante, ao cogitarmos a ordem econômica (mundo do dever ser), estejamos cuidando de conceito próximo àquele de Constituinte Econômica, as alusões a uma Constituição Econômica material e a uma ordem econômica material produzem significados inteiramente diversos, em termos de precisão. A primeira expressão preserva referência direta ao plano constitucional, de modo que, pronunciada, tomamos imediata consciência de que conota normas que, embora se esperasse estivessem contidas no bojo do texto constitucional, são veiculadas no nível infraconstitucional. Já na segunda, essa referência perde-se, disso resultando múltiplas, imprecisões e ambigüidades. No entanto, tais imprecisões acima apontadas não representam a totalidade das disposições elencadas pelo *Título da Ordem Econômica de nossa Constituição Federal*. A ordem econômica é composta por disposições constitucionais, que embora não estejam englobadas nesse título, integram-se no quadro da ordem econômica constitucional, de fato, expondo as ambigüidades que compõem o cenário de nossa ordem econômica material (constitucional) e uma ordem econômica material (não-constitucional).

Ademais, sendo o Direito elemento constitutivo do modo de produção, a contemplação, nas *novas Constituições*, de um conjunto de normas compreensivas de uma *"ordem econômica"* não é expressiva senão de uma transformação que afeta todo o Direito. Mas essa transformação produz-se, no nível constitucional, primária e funda-

---

[173] O'DONNELL, Guillermo. Op. cit., out./1991. p. 31. Nossa democracia está absolutamente adequada aos termos narrados por O'DONNELL:"(...) Nossa visão, outras instituições - como o Congresso e o Judiciário - são incômodos que acompanham as vantagens internas e internacionais de ser um presidente democraticamente eleito. A idéia de obrigatoriedade de prestar contas (*accountability*) a essas instituições, ou a outras organizações privadas ou semi-privadas, aparece como um impedimento desnecessário à plena autoridade que o presidente recebeu a delegação de exercer (...) a democracia delegativa é fortemente individualista, porém com um corte mais hobbesiano do que lochiano; pressupõe-se que os eleitores escolhem, independentemente de suas identidades e filiações, a pessoa que é mais adequada para cuidar dos destinos do país (...) Depois da eleição, espera-se que os eleitores/delegantes retornem - à condição de espectadores passivos, mas quem sabe animados, do que o presidente faz (...)."

mentalmente em razão de as *Constituições* deixarem de ser estatutárias, transformando-se em diretivas e a alusão do texto constitucional a uma *"ordem econômica"*, é meramente subsidiária, em si nada de relevante conotando (até porque ambígua e imprecisa). Por derradeiro, a ordem econômica é expressão que se usa - ou se deveria usar, se um mínimo de precisão for desejável, para referir uma parcela da ordem jurídica, e não da ordem jurídica constitucional.

Neste sentido, pretendemos contribuir para a crítica do tratamento normativo conferido, no nível constitucional, de uma Constituição Dirigente, às relações econômicas travadas no bojo de uma determinada economia e a seu tratamento privilegiador das classes dominantes no que tange aos *crimes contra a ordem tributária*. Crítica de um determinado direito, note-se, visto que não há que falar do Direito, senão dos direitos. Nada impede que o faça de modo proficiente, ainda que no texto empregando a expressão *"ordem econômica"*. O uso da expressão será tocado por um mínimo de prestabilidade, que não deixa de ser econômica: ordem econômica (mundo do dever ser) em lugar de conjunto de normas, da Constituição dirigente, voltado à conformação da ordem econômica (mundo do ser), é síntese verbal que economiza palavras contidas na outra expressão.

A ordem econômica é violada incessantemente pela criminalidade organizada, entre outras formas. Entretanto, preocupados com a afirmação da tutela penal, convém trazermos ao debate posições que se assemelham à nossa, que se configuram à resposta que propomos em nível dogmático.

O *Direito Penal moderno*[174] deve voltar-se para a proteção da chamada *"ordem econômica estrita"* - assim entendida aquela dirigida

---

[174] HASSEMER, Winfried. Op. cit., 1993. p. 85. Para tanto, sobre o Direito Penal e a criminalidade moderna, concordamos com HASSEMER quando diz:"(...) O segundo problema empírico: afinal, com que exatidão o Direito Penal pode responder à criminalidade moderna? Será que ele atinge essa criminalidade? Atinge o alvo a que se destina, ou não? Na república Federal da Alemanha hoje ocorre um fenômeno interessante: a população tem grande medo da criminalidade. O fenômeno que inquieta a comunidade alemã é a criminalidade organizada, a criminalidade econômica, grandes atos criminais na área da ecologia internacional, a criminalidade dos bancos internacionais, contrabando de armas e tráfico de drogas. A criminalidade organizada é o centro das preocupações da política geral (...) criminalidade organizada não é apenas uma organização bem feita, não é somente uma organização internacional, mas é, em última análise, a corrupção da legislatura, da magistratura, do Ministério Público, da política, ou seja, a paralisação estatal no combate à criminalidade. Se esse segmento estatal pára de funcionar é o fim de tudo. Nós conseguimos vencer a máfia russa, a máfia italiana, a máfia chinesa, mas não conseguiremos vencer uma Justiça que esteja paralisada pela criminalidade organizada. Na verdade, a criminalidade organizada é o grande tema atual na República Federal da Alemanha, isso no debate da política interna, pois na vida real das pessoas, no dia-a-dia, não é a criminalidade organizada o fator mais preocupante, mas sim a criminalidade massificada. Entende-se como criminalidade massificada roubos de veículos, assaltos na rua, violência física contra estangeiros, criminalidade juvenil com máscara política, arrombamentos nas casas, etc. Essa criminalidade de massa irrita, perturba e ameaça a população em seu quotidiano (...)."

ou fiscalizada diretamente pelo Estado, de que são exemplos *os crimes contra a ordem tributária*, crimes fiscais, crimes monetários, crimes de contrabando entre outros em que o Estado oferece a tutela penal como instrumento de realização do Estado Social. É indiscutível que, para a prevenção e a repressão de infrações dessa natureza, torna-se justificável a utilização de graves sanções, inclusive privativas de liberdade, ao contrário, como veremos, privilégios penais (des)proporcionais à gravidade do dano causado à sociedade diante do bem jurídico atingido que têm sido disponibilizados por nossos parlamentares.

Diante dos limites apresentados pelo Direito Penal da culpabilidade, constatamos, a partir da análise de seu *"vigor"* face à complexidade da criminalidade moderna, fruto da complexidade social, que é vital para um Direito Penal limitado a seus dogmas tradicionais para ser negligenciado pelos juristas humanistas de nosso tempo. É indiscutível a gravidade dos efeitos resultantes da criminalidade organizada na *"ordem jurídica tributária"*, assim como a capilaridade de suas relações com nossos *Poderes instituídos* (os três) cuja ofensa à nossa *Constituição Dirigente* e à realização de nosso *Welfare State*, necessitam ocupar o centro de nossas preocupações, como por exemplo, o combate à criminalidade organizada, bem como, a (re)novação de nossos institutos jurídico-penais.

4.2. O Parlamento: aprofundando um Direito Penal de classes

O Parlamento brasileiro, ao longo das últimas décadas, tem mantido uma posição absolutamente omissa frente à criminalidade contra a ordem tributária, e, em especial, o Poder Executivo, na esfera Federal, tem efetivado diversas políticas (extinção de punibilidade, penas substitutivas, não-responsabilização penal das pessoas jurídicas, guerra fiscal), por ação ou omissão. Quando o tema é *Crimes Contra a Ordem Tributária*, a intervenção estatal raramente é bem-vinda, permitindo um arcabouço jurídico frágil no que tange à superação do problema da criminalidade econômico-financeira. O que o Executivo tem regulado, sem a efetiva participação do Congresso Nacional, é por meio de Medidas Provisórias e da elaboração e apresentação de propostas-projeto, que nos parecem ter sido elaboradas por teóricos ou juristas identificados ao pensamento liberal de Gandra Martins. Entende tal corrente de pensamento jurídico-político que a criminalidade tributária *deva ser compreendida* sob o enfoque de Hulsman, ou seja, de um abolicionismo penal absoluto porque os cidadãos *"honoríficos"* não podem ser sancionados por Leviatã, haja vista serem os agentes do desenvolvimento social nacional, e incidindo sobre estes *"descamisados"* uma inadequada tributação ofensiva a seus direitos fundamentais. Para resolver estas disfunções, os legisladores atuam conforme o moderno sistema punitivo implantado com a Lei Federal nº 9.099/95 e Lei Federal nº 9.714/99, além do art. 34 da Lei Federal nº 9.249/95.

Outra situação a ser compreendida é o lento "processo de legiferação" existente no Congresso Nacional. No mesmo momento em que se afirma como verdade o fato de este processo ser incompleto ou superdimensionado, percebe-se que, sem a devida adequação aos preceitos e princípios constitucionais mais elementares definidos na Carta Constitucional, os parlamentares agem sem a menor racionalidade quando o tema versa sobre o Direito Penal. Contudo, paradoxalmente, a *classe política e parlamentar*,[175] age de forma condescendente com os criminosos de colarinho branco, surpreendendo os juristas preocupados com a concretização de nosso Estado Social, a partir do processo de conquistas sociais realizadas pelos países europeus.

O Estado, através de seu Parlamento, reage apenas quando os interesses conflitantes em termos de criminalidade tributária podem abalar as estruturas estáveis dos privilégios mantidos e assegurados pelo Parlamento, obtidos a partir da estabilidade política, articulados aos desejos das oligarquias regionais. O sistema capitalista não pode permitir a exposição excessiva da essência da contradição que o engendra (sistema de privilégios legais de que desfrutam as elites nacionais e internacionais), pois, se assim o fizer ou permitir, omitindo-se de sua necessária regulação, poderá ensejar a denúncia da falácia de seu discurso ideológico, que estabelece como premissa fundamental da Democracia moderna o fato da *"inexorabilidade e inevitabilidade"* do sistema capitalista que derruba fronteiras, afronta a soberania, institui as regras do mercado como fim último da humanidade, realizador da "paz social", mas não reprime a macrodelinqüência econômica. Esse sistema ficará nu se o Parlamento não coibir os excessos das classes dominantes! Contudo, sem esta noção,

---

[175] ARAÚJO JÚNIOR, João Marcelo & SANTOS, Marino Barbedo. Op. cit., 1987. p.77-78. Sobre a postura da classe política quando se refere ao parlamento e o processo de legiferação flexível com a criminalidade econômica, recordemos ARAÚJO JÚNIOR:"(...)A classe que tem o poder legiferante só é condescendente com a repressão à criminalidade econômica, na proporção em que essa repressão preservar, também, os seus conceitos, interesses e privilégios. Esclarecemos: há determinados excessos na vida econômica, escandalosos e criminosos, que causam danos, também, à classe economicamente superior (à qual pertencem os criminosos absolutos). Estes excessos, como disse Lahti, porque importam em uma disfunção do sistema, prejudicam a sua confiabilidade e, consequentemente, o desempenho da atividade capitalista, com diminuição dos resultados esperados (...)."

radicaliza na busca da afirmação de seus "interesses de classe", expondo ridícula e ingenuamente a contradição do próprio sistema a que visa defender. A contradição avulta no fato de que seu radicalismo açodado fragiliza o sistema proposto!

Quanto ao Direito Penal moderno, Reação Simbólica e Política Criminal, Hassemer[176] contribui de uma forma imprescindível, inclusive apontando na mesma direção que temos indicado ao longo de nosso texto:

"(...) Uma última questão a respeito da adequação da resposta do Direito Penal moderno: *há uma tendência do legislador em termos de política criminal moderna em utilizar uma reação simbólica, em adotar um Direito Penal simbólico.* Quero dizer com isso, que os peritos nessas questões sabem que os *instrumentos utilizados não são aptos para lutar efetiva e eficientemente contra a criminalidade real.* Isso quer dizer que os instrumentos utilizados pelo Direito Penal são ineptos para combater a realidade criminal. Por exemplo: aumentar as penas, não tem nenhum sentido empiricamente. *O legislador - que sabe que a política adotada é ineficaz - faz de conta que está inquieto, preocupado e que reage imediatamente ao grande problema da criminalidade.* É a isso que eu chamo de 'reação simbólica' que, em razão de sua ineficácia, com o tempo a população percebe que se trata de uma política desonesta, de uma reação puramente simbólica, que acaba se refletindo no próprio Direito Penal como meio de controle social. Eu advirto: o Direito Penal também tem uma tradição normativa, uma tradição de proteção jurídica e não apenas tradição de eficiência e de luta (...)." (grifo nosso)

De outra sorte, na criminalidade de massa, que representa obviamente uma grave lesão ao direito fundamental, toma espectro de *Show* que obscurece os danosos fatos criados e mantidos pelo poder econômico diuturnamente de forma discreta, organizada e permitida pelo Estado. Fatos estes que vão desde a prática de delitos cometidos por empresários quanto os concretizados por agentes de Governo que possibilitam a execução e consumação dos ditos delituosos e, ao contrário, legislam de forma pirotécnica ensejando uma resposta simbólica à opinião pública, mas não possibilitam a correção ou a minimalização destes males. Tal omissão faz-nos refletir sobre os próprios limites da democracia de representação formal e propugnar pelo alargamento dos espaços de decisão e controle social a serem exercidos pela sociedade civil junto ao Estado. A manutenção desta situação, em nível dogmático, estaria ligada a privilégios do Parla-

---

[176] HASSEMER, Winfried. Op. cit. 1993. p. 86.

mento? Talvez. No entanto cabe-nos, neste momento, o exercício da denúncia em relação ao processo legislativo, que, como temos visto, tem beneficiado concretamente esta classe de desviantes. A aplicação das penas nos crimes contra o sistema financeiro, como já demonstrou Castilho,[177] tornou-se uma fantasia e, no que tange, aos crimes contra a ordem tributária, demonstraremos que são utilizados os *"mecanismos mais modernos"* de *Política Criminal Alternativa na Teoria da Pena.*

Mas como deve ser compreendida a Constituição pelos legisladores, a partir de 1988? É fundamental ao Parlamento distinguir entre *Constituição e Lei*, ou seja, como observa Canotilho[178] entre aquilo que imaginam o *"ser"* e o *"dever ser"*. O *"ser"* deve ser compreendido como um processo secular de construção da função do Parlamento numa sociedade dependente política e economicamente de países centrais (EEUU, Inglaterra, Japão, Comunidade Econômica Européia). Observamos que as desigualdades regionais são abismais e influenciam de tal forma as consciências e participação social que *"legitimidade"* não é um conceito que tenha completude na República brasileira. A ausência de uma representação adequada (população *versus* representação), no sistema político primitivo, do qual se utilizaram os *"coronéis"*, que, através de sua legitimação pelo voto popular e soberano passaram a usufruir da imunidade parlamentar, em algumas oportunidades, propiciou o uso deste direito para realizar crimes, ou para facilitá-los, sem o eficaz controle de seus pares ou do Judiciário.

Verificamos o empobrecimento de nossa democracia face à qualidade da intervenção de nossos parlamentares. Preceitos e princípios constitucionais existentes e de complexo espraiamento legislativo não encontram canal no Parlamento que (in)compreende o Estado Social e, tampouco sabe seus limites e funções no Estado Democrático de Direito e, junto com o Executivo, imagina que a *Constituição* está a seu dispor, e não o inverso.

---

[177] CASTILHO, Ela Wiecko V. de. Op. cit., 1988.

[178] CANOTILHO, José Joaquim Gomes. Op. cit., 1994. p. 63. Já a respeito da vinculação jurídico-material à qual deveriam estar submetidos os legisladores, como bem assevera CANOTILHO:"(...) *se a actividade juridicamente relevante do legislador não se mover no âmbito da vinculação jurídico-material do poder legiferante e se não observar os preceitos hierarquicamente superiores da constituição, se a distinção formal e material entre constituição e lei (poder constituinte e poder constituído) se tornar de novo claudicante, a conseqüência será a reintrodução da teoria positivista weimariana do 'poder legislativo ordinário' em que a constituição não se situa sobre o legislador mas à sua disposição. Deste modo, o cepticismo revelado perante a hipertrofia do 'Estado de Juízes' e a crença na atividade legiferante como elemento privilegiado de concretização constitucional radicam numa 'ênfase' ou 'simpatia legislativa', bastante diferente da que está implícita na compreensão positivística das teorias da representação e da soberania popular. Nestas, o povo, titular de todos os poderes, transfere-os para os seus representantes que, tornados soberanos de um poder legislativo omnipotente, não concebem qualquer vinculação jurídica a normas hierarquicamente superiores (...)"* (grifo nosso)

Sobre a visão que nosso Executivo tem do Congresso Nacional, recordemos lição de O'Donnell:[179]

"(...) Adicionalmente, *a marginalização dos partidos e do Congresso das decisões mais importantes que o país* enfrenta tem três conseqüências: *(1) aprofunda os próprios defeitos que são imputados a essas instituições; (2) quando, finalmente e fatalmente, o Executivo precisa de apoio legislativo, está fadado a encontrar um Congresso que não se sente politicamente responsável por políticas públicas que começaram por ignorá-lo, e (3) essa situação, juntamente com as críticas do Executivo à lentidão e 'irresponsabilidade' de um Congresso* que recusa o apoio requerido, são um fator importante do *acentuado declínio do prestígio de todos os partidos políticos.*" (grifo nosso)

Como devem proceder, no processo de legiferação, os parlamentares a partir da *Constituição Dirigente*? Para os juristas e cientistas políticos vinculados a um projeto humanista de poder, tendo como pressuposto a participação da sociedade civil e o exercício de controle social, o problema da vinculação do legislador é simples: respeitar a *Constituição* e procurar dotá-la de efetividade, o que significa dizer que o problema da *vinculação do legislador*[180] não é um problema de autovinculação, mas de heterovinculação; a legislação não conforma a *Constituição, é* conformada por ela.

Destacamos que o Estado Social é uma conquista tardia do desenvolvimento constitucional do Ocidente, e sua aparição não pode ser dissociada de situações ligadas às necessidades de emancipação da burguesia, isto é, com uma fase concreta da história moderna. Com a incorporação do Estado Democrático de Direito como instituto primeiro de nosso arcabouço jurídico e sua evolução histórica para Estado Social de Direito, somos induzidos à idéia de que as *garantias* sociais não podem ser legadas a outra dimensão meramente abstrata, e, sim, mais do que uma promessa meramente programáti-

---

[179] O'DONNEL, Guillermo. Op. cit., n° 31, out./1991. p. 37.

[180] CANOTILHO, José Joaquim.Gomes. Op. cit., 1994. p. 63. Sobre o tema da vinculação do legislador à Constituição no processo de legiferação, CANOTILHO diz:"(...) A aporia da vinculatividade constitucional insiste na *contradictio*: por um lado, o legislador deve considerar-se materialmente vinculado, positiva ou negativamente, pelas normas constitucionais; por outro lado, ao legislador compete 'actualizar' e 'concretizar' o conteúdo da constituição. *Perante este 'paradoxo', a proposta a antecipar é a seguinte: o direito constitucional é um direito não dispositivo, pelo que não há âmbito ou liberdade de conformação do legislador contra as normas constitucionais nem discricionariedade na não actuação da lei fundamental.* Todavia, a constituição não é nem uma reserva total nem um bloco densamente vinculativo, a ponto de remeter o legislador para simples tarefas de execução, traduzidas na determinação de efeitos jurídicos ou escolha de opções, cujos pressupostos de facto encontram uma normação prévia exaustiva nas normas constitucionais (...)" (grifo nosso).

ca a que ficaria sujeito o legislador e a administração. Verificar-se se ambos estariam vinculados jurídica e diretamente à *Constituição*.

Portanto, o Poder Legislativo, no momento em que estabelece novos tipos penais ou (re)classifica delitos para enquadrá-los em pressupostos de novas leis, deve, obrigatoriamente, efetuar um balanço dos bens jurídicos dignos de proteção, aplicando o princípio da proporcionalidade da ofensa causada pelo desviante à sociedade, conduzindo-o a um novo patamar de importância. Os bens jurídicos pertinentes à defesa da ordem econômico-social, cultural e ambiental, hierarquicamente superiores, pela Constituição receberão a importância em todo o sistema infraconstitucional.

Concluímos dizendo que, no momento em que vige o Estado Social na *Constituição* de nosso país, os valores inerentes a esse *Estado de Novo Tipo* informam nova realidade que adstringe o Parlamento à produção de normas que estejam em sintonia com a própria valoração constitucional existente e à afirmação de condições para a produção de normas que estejam adequadas à tutela de bens jurídicos fundamentais ao Estado Democrático de Direito. Normas incriminadoras, no caso do *Direito Penal Tributário* e Direito Penal Econômico, fazem-se fundamentais, para a proteção social e garantia de seus direitos positivos possíveis a partir do respeito às atividades do próprio Estado prestador de serviços à população. Portanto, não é somente vinculante para o legislador e, por conseguinte, de natureza programática, senão também que vincula diretamente qualquer aplicação do Direito, bem como a afirmação desta (re)valoração pelos Tribunais ou pela Administração.

Inobstante a afirmação anterior, constatamos que, na prática, o legislador não apenas não tem proposto a (re)adequação penal para o enfrentamento da criminalidade econômica e tributária, como veremos a seguir, mantém o modo de produção liberal-individualista da produção do Direito, quando legisla conforme as Leis Federais nº 9.099/95 (transação penal e suspensão condicional do processo); nº 9.249/95 com seu art. 34 (extinção da punibilidade), e ultimamente com o advento da Lei Federal nº 9.714/99 (penas alternativas e substitutivas); leis estas que tornam a figura do desviante em *crimes contra a ordem tributária* ainda mais privilegiado. A regra é o fato de o desviante não ser descoberto, contudo, quando acontece a situação de instaurar Inquérito Policial, denunciá-lo e condená-lo, não nos parece correto o mesmo desfrutar do privilégio contido na Lei Federal nº 9.714/99 na fase da aplicação da pena.

4.3. O Judiciário: a efetivação de uma teoria garantista

O Poder Judiciário tem enfrentado um sério desgaste junto à opinião pública e aos operadores jurídicos, há muito tempo, devido à crônica demora de suas decisões e seus custos elevados, entre outros problemas que têm gerado uma polêmica, tanto no âmbito da dogmática quanto no que diz respeito aos setores identificados com a crítica do Direito. A falta de efetividade dos processos judiciais e o questionamento acerca da efetividade da Justiça brasileira constituem-se em tormentoso tema debatido apenas *interna corporis*. No entanto, isso não poderá perdurar!

O Judiciário precisa passar por uma série de reformas, e isto é um fato! É necessária uma discussão acerca dos aspectos fundamentais da problemática da efetividade do processo, tanto em relação ao acesso à justiça quanto ao modo de ser do processo, critérios de julgamento e efetivação dos direitos. Entendemos que, assim como Dinamarco,[181] "(...) o acesso à justiça é problema ligado à abertura da via de acesso ao processo, seja para a postulação de provimentos, seja para a resistência". Para nós que abordamos a falta de adequada legislação em relação a matérias de *Direito Penal Tributário*, não apenas constatamos que esse é um dos problemas, como também não parece ser do interesse do *establishment* jurídico-dogmático a discussão desses pontos, uma vez que *podem denunciar os privilégios dogmáticos existentes em relação aos desviantes.*

Sobre o controle das atividades legislativas, exercido constitucionalmente pelos Tribunais, principalmente em relação a matérias que de certo modo representem distinção entre os cidadãos no tratamento a lhes ser dispensado pelo Estado, exige-se a intervenção do Poder Judiciário, como bem ensina Canotilho:[182]

> "(...) o Tribunal deve controlar se a actuação legislativa socialmente desinficadora de direitos sociais se pauta por critérios reais de realização gradual e não por meros indicadores de iniciativas legislativas (muitas vezes não acabadas). Em segundo lugar, *o Tribunal não pode abster-se de um controlo jurídico de razoabilidade fundado no princípio da igualdade. Algumas vezes, os direitos a prestações terão como objecto não tanto pretensões a prestações, mas sim pretensões de defesa por violação do próprio princípio da igualdade.* Assim, por ex., a diferenciação de pensões de sobrevivência consoante o cônjuge seja homem ou mulher. Outras vezes, *impõe-se*

---

[181] DINAMARCO, Cândido Rangel. *Fundamentos do Processo Civil Moderno*, São Paulo: Revista dos Tribunais, 1987, p. 451-452.

[182] CANOTILHO, José Joaquim Gomes. Op. cit., 1998, p. 472.

o controle da razoabilidade de soluções legislativas incidentes sobre direitos sociais porque estas soluções violam directamente os próprios direitos sociais. É o que se passa, por exemplo, com o estabelecimento de prazos de caducidade ou de prescrição preclusivos da obtenção de uma pensão de invalidez ou de uma pensão de sobrevivência (...)" (grifo nosso).

Hoje vivemos um processo no qual o Judiciário se apresenta com todas as deficiências e é colocado numa posição incômoda. A dita Comissão Parlamentar de Inquérito - Requerimento nº 118/99 do Senado Federal -, conhecida como a *CPI do Judiciário*, coloca sem vestes para a sociedade um problema que não apenas é novo, como também reflete a própria crise da democracia e do Estado contemporâneo. Infelizmente, o *"Estado de Sítio"* em que se encontra o Poder Judiciário não é apenas funcional mas, também, moral!

Quando nos referimos à *crise na Justiça*, Morais[183] informa que a incorporação dos pobres e dos hipossuficientes, pelos novos interesses e mecanismos de solução de controvérsias, assim como uma reflexão que aponta sobre a necessidade de investigarmos o surgimento do consenso no Direito estatal, historicamente, sempre decidiu os conflitos. A nova forma de compreender o Direito, Morais define como *jurisconstrução*,[184] ao mesmo tempo, em que versa sobre

---

[183] MORAIS, José Luís Bolzan de. *As funções do Estado contemporâneo. O problema da Jurisdição.* Cadernos de Pesquisa, Caderno nº 03, setembro de 1997. p.18. "(...) as crises por que passa o modo estatal de dizer o Direito refletem não apenas questões de natureza estrutural, fruto da escassez de recursos, como inadaptações de caráter tecnológico que inviabilizam o trato de um número cada vez maior de demandas, por um lado, e de uma complexidade cada vez mais aguda de temas que precisam ser enfrentados, bem como pela multiplicação de sujeitos envolvidos nos pólos das relações jurídicas, por outro (...). Tendo-se como paradigma a continuidade da idéia de Estado de Direito - e por conseqüência do Direito como seu mecanismo privilegiado - como instrumento apto, eficaz e indispensável para a solução pacífica dos litígios, e que se ligam umbilicalmente ao trato do problema relativo à transformação do Estado Contemporâneo (...) E preciso, portanto, entender esta crise sob duas perspectivas: uma que diz respeito ao seu financiamento, outra que se dirige o questionamento de seus métodos e conteúdos, ou seja de sua adequação às necessidades sociais deste final de século, seja pelo conteúdo das demandas, seja pelos envolvidos, seja, ainda, pelo instrumental jurídico que se pretende utilizar - direito do Estado, direito social, *lex mercatoria*, etc. (...) perfeitamente justificada a intenção que temos de pretender tratar este debate conjugando-o com o do Estado, buscando, com isso, supor que devemos ter presente que não há uma inexorabilidade imanente que leve à emergência de *mecanismos alternativos* para a solução de conflitos como estratégia final (...)."

[184] Idem, p. 9: Sobre o tema entendemos mais conveniente trascrevermos a reflexão de MORAIS a respeito da *realidade jurisdição e consenso do consenso* em nosso ordenamento jurídico bem como o conceito sintético de sua *jurisconstrução*: "(...) um novo protótipo (...) Para a solução dos conflitos o Direito propõe tradicionalmente o recurso ao Judiciário estruturado como *poder de Estado* encarregado de dirimi-los. Para tanto, os sistemas judiciários estatais, no interior do Estado de Direito, são os responsáveis pela pacificação social. Ao Judiciário cabe, com exclusividade, a legitimação de *dizer o Direito* (jurisdição) (...) A contrapartida que se apresenta nestes tempo de crise pode ser percebida pelo crescimento em importância dos

a crise de soberania que o Estado Contemporâneo atravessa face à globalização.

Quando o projeto de súmulas no Direito brasileiro surgiu, Streck[185] iniciou por denunciá-lo como projeto de Poder, disfarçado

---

instrumentos consensuais e extra-judiciários (...) A justiça consensual em suas várias formulações aparece como resposta ao disfuncionamento deste modelo judiciário, referindo a emergência/recuperação de um modo de regulação social que, muito embora possa, ainda, ser percebida como um instrumento de integração, apresenta-se como um procedimento geralmente formal, através do qual um *terceiro busca promover as trocas entre as partes, permitindo que as mesmas se confrontem buscando uma solução pactada para o conflito que enfrentam*(...) Ao invés da delegação do poder de resposta, há uma apropriação pelos envolvidos do poder de geri-los, caracterizando-se pela *proximidade, oralidade, ausência/diminuição de custos, rapidez e negociação* (...) *propomos como gênero o estereótipo jurisconstrução, na medida em que esta nomenclatura permite supor uma distinção fundamental entre os dois grandes métodos. De um lado dizer o Direito próprio do Estado, que caracteriza a jurisdição como poder/função estatal e, de outro, o elaborar/consertar/pactar/construir a resposta para o conflito que reúne as partes: a) Em relação ao Estado, busca desincumbí-lo dos contenciosos de massa, restando-lhe uma função simbólica de referencial e como instância de homologação e apelo; b) Para as empresas, no caso das relações de consumo, aponta para ganhos de custos, imagem e marca; c) Para as partes, incorporando-as ao procedimento, permite, assim, a sua descentralização, flexibilização e informalização* (...) a solução consensual de litígios pode ser caracterizada como uma desjudiciarização do conflito, *retirando-o do âmbito da função jurisdicional do Estado e afastando-o*, até mesmo, das técnicas judiciárias de conciliação, colocadas à disposição do julgador tradicional, ou seja, *a mediação judiciária* (...)". (grifo nosso)

[185] STRECK, Lenio Luiz. *Súmulas no Direito Brasileiro: eficácia, poder e função*. Porto Alegre: Livraria do Advogado, 1995. p. 262-268. Esta obra constituiu-se na tese de Doutorado em Teoria do Estado pela Universidade Federal de Santa Catarina - UFSC. Obra vinculada ao Direito de Resistência ao modelo neo liberal que invade a seara jurídica define muito bem o que significa o projeto político em curso no Poder Judiciário: "(...) A Súmula tem o poder de produzir sentido. Mais do que isso, a Súmula dita o sentido da norma jurídica. A Súmula define e redefine sentidos jurídicos. Em tais (re)definições são estabelecidos critérios de relevância visando a convencer o receptor a compartilhar o juízo valorativo postulado pelo emissor para o caso. Trata-se, pois, de uma definição persuasiva (...) Nesse universo de possibilidade interpretativas (re)definições dos termos da lei, a Súmula é uma espécie de resultado final de uma definição explicativa, que passa ter força prescritiva no âmbito do sistema jurídico. Desse modo, quando o Supremo Tribunal Federal edita uma Súmula, pode-se dizer que será norma constitucional aquilo que a Súmula determinar que seja, isto porque a Súmula é condição de validade das normas constitucionais às quais a Súmula se refere. *Mutatis mutantis*, não é temerário dizer, assim, que, em última *ratio*, a Súmula que versa sobre matéria constitucional é condição de sentido das normas constitucionais (...) o papel desempenhado pelas Súmulas - transformadas em *prêt-a-porter* significativos - objetiva a legitimação interna do sistema jurídico-político vigente. Para que esse processo tenha eficácia, o *establishment* jurídico uma sistematização jurisprudencial e uma coesão ideológica, cujos propósitos, em termos funcionais, mediante a produção sumular, podem ser especificados da seguinte maneira: 1) Assegurar o respeito aos fins e às metas do sistema jurídico em vigor. Uma Súmula é assim, mais do que condição de sentido, uma condição de validade das normas, pelo poder de controlabilidade difusa que exerce no interior do sistema; 2) Visa, também, propiciar as diretrizes grais para a ação judicial e regular a atuação dos demais atores jurídicos envolvidos no processo. Os atores jurídicos ficam jungidos, destarte, ao que se denomina, no âmbito da dogmática jurídica, de 'pacífico entendimento jurisprudencial', sacramentado pelo hermetismo sumular; 3) Orientar a reflexão interpretativa no momento da aplicação da lei. Os tribunais inferiores e os juízes singulares terão, desde logo, fixados os limites e as diretrizes para sua atividade; 4) Buscar, além disso, imunizar o sistema contra o risco de interpretação *contra legem*. Ou seja, como a lei é aquilo que o Judiciário diz que ela é, somente uma Súmula pode ser contrária à lei, porque a força coercitiva do Direito não emana da lei, senão das práticas

de modernização e celeridade do Poder Judiciário, que estava em curso e ainda está. As denominadas súmulas vinculantes, em que se manifesta com toda a imponência o projeto de poder conservador existente no seio do *Poder Judiciário* que, através de suas decisões, se opunha, no caso concreto, às determinações autoritárias e antidemocráticas e que se estavam caracterizando como provocadora e realizadora de determinados direitos positivos da cidadania brasileira concretizadas nas decisões judiciais, passam a correr risco grave. Em seu livro *Súmulas no Direito Brasileiro*, Streck[186] informa que as pretendidas modificações, ao serem introduzidas em nosso ordenamento jurídico, "(...) as decisões não são proferidas para que possam servir de precedentes no futuro, mas, sim, para solucionar os conflitos que chegam ao Judiciário". Portanto, a utilização do *precedent* em casos posteriores é uma decorrência incidental. Quem decidirá que o caso em julgamento, suscetível da aplicação do precedente sumular ou jurisprudencial vinculativo, é similar ao outro? Por fim, verificar-se-á que a celeridade processual afirmada redundará num rápido tramitar, principalmente em grau de recurso, os processos serão, acaso, postos em pilhas e despachado em série, problematizando o acesso à Justiça. Por fim, as súmulas são típicas manifestações de discursos monológicos, que, enquanto manifestações da dogmática jurídica, visam a estabilizar os conflitos que chegam até o Poder Judiciário. O uso das súmulas poderá ocasionar a supressão

---

do Judiciário. O que a lei determina é a repartição do poder jurídico. A norma jurídica distribui o poder de criação dos sentidos jurídicos. A Súmula vem a ser a reserva final da produção de sentido da norma; 5) Controlar a consciência das decisões limitando as premissas hermenêuticas; 6) Oferecer os pontos de partida e chegada para a argumentação jurídica de todos os operadores do Direito (juízes, promotores, advogados). Instaura-se, desse modo, uma espécie de leito procustiano para atividade interpretativa; 7) Por último, objetiva estabilizar as expectativas da própria 'clientela' dos tribunais a respeito do que é possível e do que não é possível. Daí a enorme quantidade de Súmulas que impedem o acesso das partes aos tribunais superiores, pela via recursal (...) A dogmática jurídica sustenta a crença de que um problema pode ser encarado à luz de considerações de fatos (econômicos, etc.), mas também pode ser abordado a partir de considerações puramente jurídica, que são, para ela, as garantias máximas para a objetividade e segurança. Ou seja, setores influentes da dogmática jurídica dominante acreditam que a superestrutura jurídica é o âmbito da segurança, que suas estruturas racionais são a cidadela que nos põe ao resguardo do caos fático. Para a dogmática positivista, as Súmulas são, desse modo, alguns (talvez o principal) dos canais 'sagrados' que ajudarão, 'de forma desideologizada', aos súditos (ou seja, a nós) a escapar dos caos (...) o imaginário gnosiológico dos juristas - que determina os dispositivos de poder do conhecimento, afastando de nossa inteligibilidade a consubstanciabilidade histórica das ações e significações - vai se sustentar no mito de uma consciência que pode, quando é trabalhada pela ciência, transformar-se em uma consciência desideologizada (...) Devemos, no entanto, nos recusar a aceitar esse mito. O que se deve procurar demonstrar, para a viabilização de uma crítica consistente, é que o discurso dogmático sobre as Súmulas e sua inserção/importância no sistema jurídico (...)."
[186] STRECK, Lenio Luiz. Op. cit, 1999.

simbólica da autonomia dos sujeitos/atores jurídicos, construindo um imaginário coercitivo, no interior do qual os conflitos sociais serão decididos através de *prêt-à-porter* significativos.

Passamos agora a abordar outro elemento que afirmamos essencial para compreensão da Crise do Judiciário, fortalecida pelo próprio processo democrático insuficiente e desqualificado que experimentamos. As súmulas compõem a vontade da cúpula do Poder Judiciário, que acabam por vir ao encontro do poder político do Executivo na Democracia Delegativa que, paradoxalmente, ignora-o, como a outras instituições, impossibilitando a efetivação de direitos e garantias fundamentais, bem como a repressão penal adequada àqueles que cometem a criminalidade de caráter tributário que desferem golpes vigorosos no Estado Democrático de Direito!

A crise social e econômica nos países latino-americanos deve ser compreendida em toda a sua dimensão, pois sobre este cenário precisamos fazer incidir de modo a instrumentalizarmos o próprio Estado para realizar suas tarefas, e não raras vezes, pressionar os Executivos (Federal e Estaduais) no sentido de intervirem de modo a coibir distorções no combate à criminalidade *contra a ordem econômica e tributária*. Contudo, passemos a entender melhor nossa crise, conforme bem coloca O'Donnell:[187]

> "(...) Os casos latino-americanos mais puros de democracia delegativa - Argentina, *Brasil* e Peru.(...) *Uma crise social e econômica profunda* é o terreno ideal para libertar as propensões delegativas que podem estar presentes em um dado país. *Uma crise como essa gera um forte senso de urgência.* Problemas e demandas se acumulam para os novos governos democráticos, que são inexperientes e devem operar por meio de uma burocracia fraca e desarticulada (quando não desleal). Os presidentes se elegem prometendo que - fortes, corajosos, *acima dos partidos e interesses, machos* - salvarão *o país*. O governo deles é um governo de salvadores (salvadores de la pátria). Isso, por sua vez, leva a um estilo mágico de elaboração de políticas: o 'mandado' delegativo para governar supostamente emanado da maioria, forte vontade política e um conhecimento técnico apropriado seriam suficientes para cumprir a missão do salvador - 'os pacotes' seguem-se como um corolário. *O estilo e a concepção resultante de elaborações de políticas públicas só pode ignorar os partidos (inclusive os partidos que apoiaram o presidente), o Congresso, o Judiciário, e praticamente todas as organizações de representação de interesses* (...)" (grifo nosso).

---
[187] O'DONNELL, Guillermo. Op. cit., 1991, p. 36.

Nossa preocupação amplia-se face à potencial aplicação das súmulas em relação à matéria tributária de forma geral, mas, especialmente, no que tange aos delitos tributários e econômicos, na possibilidade de *decisões substancialmente injustas*[188] que podem ser emanadas do Supremo Tribunal Federal, podendo em algum momento obstaculizar uma visão de combate aos *crimes contra a ordem tributária*.

Preocupa-nos a tendência do Direito que se afasta do modelo tradicional, na esfera penal, fragilizando os direitos fundamentais do *"desviante"* ou trazendo uma espécie de mercantilização do Direito Penal. E assim sendo, não nos parece melhor inteligência a incorporação de conceitos de Direito Reflexivo na esfera do Direito Penal, pois afasta o monopólio estatal da esfera penal, o que geraria, em nossa visão, o recrudescimento do Estado Natureza na sociedade, sem quaisquer preocupações de caráter garantista tanto para a sociedade quanto para os *"desviantes"*.

A democracia não inicia e termina com vocações. A democracia constitui-se, também, pelo sistema de valores e legitimidade das decisões - pelo seu sistema de garantias - que não estão automaticamente representadas e satisfeitas pelo voto, pois a verdade não pode ser privilégio de maiorias ou minorias necessariamente. Nesse sentido, é fundamental citarmos Ferrajoli,[189] que diz:

> "(...) Nenhuma maioria pode tornar verdadeiro o que é falso, ou falso o que é verdadeiro, nem por isso pode legitimar com seu consenso uma condenação infundada, porque pronunciada sem provas. Por isso parecem inaceitáveis e perigosas para as garantias do processo justo, e acima de tudo as do processo penal, aquelas doutrinas 'consensualistas' ou 'discursivas' da verdade que nascidas noutros contextos disciplinares, como a filosofia das ciências naturais (Kuhn), ou a filosofia moral e política (Ha-

---

[188] DALLARI, Dalmo de Abreu. *O Poder dos Juízes*. São Paulo: Saraiva, 1996, p.71. Neste sentido, trazemos a preocupação de DALLARI, que afirma: "(...) Vem muito a propósito a referência à possibilidade de que a decisão que se pretende adotar como precedente tenha sido errônea. Quando *decidiu absolver o ex-presidente Fernando Collor, por falta de provas*, da prática do crime de corrupção passiva, o Supremo Tribunal Federal cometeu erro evidente, fundamentando sua decisão no fato de que o acusado não tinha praticado ato de ofício, que seria indispensável para a caracterização do crime, segundo o Supremo Tribunal. Em primeiro lugar, a definição daquele crime, constante no Código Penal, não incluiu a exigência de ato de ofício. Alem disso, *é fato sabido de todos que os fiscais corruptos geralmente recebem propina para 'não ver' uma irregularidade, justamente para ficarem omissos, para não praticarem ato de ofício. Ora, se aquela decisão do Supremo Tribunal fosse vinculante, hoje os fiscais corruptos estariam no paraíso, pois nenhum juiz ou tribunal poderia condená-los, bastando que não praticassem ato de ofício* (...)." (grifo nosso)

[189] FERRAJOLI, Luigi. O Direito como sistema de garantias. In: *O novo em Direito e Política*. José Alcebíades de Oliveira Jr. (org). Porto Alegre : Livraria do Advogado, 1997, p. 102.

bermas) - alguns penalistas e processualistas gostariam hoje de importar para o processo penal, talvez para justificação desses aberrantes institutos processuais que são as negociações da pena (*patteggiamenti*). Nenhum consenso nem o da maioria, nem o do argüido - pode valer como critério de produção de prova. As garantias de direitos não são derrogáveis nem disponíveis (...)."

Discutir a efetividade da justiça é tencionar a qualidade das decisões e a legitimidade dessas. Um dos grandes equívocos do Poder Judiciário é o fato de não se opor a atitudes governamentais e deixar prosperar a teoria do fato consumado que, não raras vezes, obstaculiza as condições de possibilidade de uma democratização da Justiça e, em especial, do próprio Poder.

Ao invés de o Poder Legislativo propor um modelo que descriminalize diversas condutas (*as de pequeno potencial ofensivo*), transfere a discussão para outros ramos do Direito que não a esfera penal, através do modelo que está sendo denominado *Direito Reflexivo*.[190] Neste modelo, os desviantes privilegiados socialmente acabam recebendo um Direito de primeiro tipo, aprofundando cada vez mais a descriminação realizada através do Estado, que deveria agir como um órgão de proteção e respeito à cidadania. Exsurge como sistema privilegiador e descriminador que dogmaticamente se institui e aprofunda as diferenças políticas e econômicas entre os sujeitos em conflito.

No seio do *Poder Judiciário*, contudo, surge o humanismo consubstanciado na *Teoria Garantista* que, além de teoria jurídica, surge como base de uma democracia substancial, pois, segundo essa compreensão, o Estado de Direito é resultado de garantias liberais e sociais que sedimentam solo para a gênese de uma democracia política. Inclina-se por uma democracia que satisfaça não somente a vontade da maioria, como também realize os interesses e as necessidades vitais de todos.

O garantismo assume função fundamental na (re)formulação do Direito Penal e, nesse sentido, estamos identificados com essa proposta político-jurídico, portanto, não poderíamos furtar-nos de des-

---

[190] Segundo André-Noél Roth. *O Direito em Crise*: Fim do Estado Moderno? "O direito reflexivo, é considerado um direito procedente de negociação, de mesas redondas, etc., constitui uma tentativa para encontrar uma nova forma de regulação social, outorgando ao Estado e ao direito um papel de guia (e não de direção) da sociedade."(...) A complexidade do sistema social é tal que nenhum subsistema particular, seja ele político, jurídico, moral ou econômico, pode ainda pretender a direção da sociedade. Os subsistemas têm adquirido, entre eles e frente às instituições centrais de integração que são (que eram?) o Estado e o direito, uma autonomia relativa (...) O direito reflexivo deveria permitir o aumento da capacidade de pilotagem da lei incluindo, durante a fase de busca de um consenso, assim como no processo de tomada de decisão, os destinatários das normas (...)".

tacar um pensamento síntese de Ferrajoli[191] a respeito do papel do garantismo:

"(...) El garantismo como técnica de limitación y de disciplina de los poderes públicos dirigida a determinar lo que los mismos no deben y lo que deben decidir, puede muy bien ser considerado el rasgo más característico (no formal, sino) estructural y substancial de la democracia: las garantias, tanto liberales como sociales, expresan en efecto dos derechos fundamentales de los ciudadanos frente a los poderes del estado, los intereses de los débiles respecto a los fuertes, la tutela de las minorías marginalizadas o discrepantes respecto a las mayorias integradas, las razones de los de abajo respecto a las de los de arriba (...)"

No que tange à essencialidade da democracia, cabe-nos recordar as palavras de Ferrajoli *quando versa a respeito da democracia social*[192] como um todo único inerente ao Estado Social de Direito, cuja finalidade é assegurar prestação social máxima, com intervenção mínima na esfera penal, no entanto, realizando suas obrigações, a fim de efetivar as conquistas sociais asseguradas. Neste sentido, numa sociedade complexa e contraditória, entendemos que cabe ao *Poder Judiciário* também tentar alargar os espaços democráticos e realizar, através da prestação jurisdicional, condições de uma vida mais digna para os cidadãos, ao mesmo tempo, agindo com rigor nos delitos que porventura causem uma lesividade social grave face à sua natureza, como é o caso dos *crimes contra a ordem tributária*.

O Judiciário brasileiro defronta-se com a *"crise"*, e não podemos esquecer que há muito tempo se anunciavam os movimentos políticos em curso - movimento conservador de contenção do *Poder Judiciário* - e, ao mesmo tempo, que dispunha de uma *crítica consistente de diversos juristas*[193] nacionais que se dispunham a auxiliar a democratização e qualificação do Poder.

---

[191] FERRAJOLI, Luigi. Op. cit., 1995. p. 864.

[192] Idem, p. 866. "(...) Un proyecto de democracia social forma por tanto un todo único con el de un estado social de derecho: consiste en la expansión de los derechos de los ciudadanos y correlativamente, de los deberes del estado, o, si se quiere, en la maximilización de las libertades y de las expectativas y en la minimización de los poderes. Con una fórmula sumaria podemos representar a semejante ordenamiento como estado liberal mínimo en la esfera penal, gracias a la minimización de las restricciones de las libertades de los ciudadanos y a la correlativa extensión de los límites impuestos a sus actividades represivas; estado (y derecho) máximo en la esfera social, gracias a la maximización y expansión de las expectativas materiales de los ciudadanos y la correlativa expansión de las obligaciones públicas de satisfacerlas (...)".

[193] FARIA, José Eduardo. *O Poder Judiciário no Brasil: paradoxos, desafios e alternativas*. Conselho da Justiça Federal: Centro de Estudos Judiciários, Série Monografias do CEJ, v. 3. p. 27. Não poderíamos cometer a injustiça de não relembrar o prestigioso e elucidativo artigo que instru-

Portanto, o *Judiciário Brasileiro* não é lento porque as súmulas ou as jurisprudências não vinculam/obrigam, formal ou informalmente as instâncias inferiores, mas sim porque ele está esculpido em nosso ordenamento jurídico através de uma estrutura arcaica, burocrática, fechada e despida de uma crítica ou controle social adequado. Tal fato apenas consolida o imaginário conservador dos juristas, fruto de uma arraigada crise de paradigma pela qual passa a dogmática jurídica que é (in)eficiente como a formação e elaboração acadêmica de uma Universidade, que não produz, mas reproduz "conhecimento". Destarte, parece conseqüência lógica a crise de paradigmas no Direito e no Estado nos quais estamos inseridos, inclusive com o "auxílio" do Poder Legislativo que (re)alimenta/impulsiona políticas legislativas *ad hoc* desprovidas de cientificidade e com motivações ideológicas muitas vezes obscuras, que obstaculizam a construção do Estado Social.

4.4. O Executivo: ausência de uma política de combate à criminalidade tributária

O Poder Executivo em nosso país tem-se caracterizado pela inobservância de algumas condições inerentes à sua função, como a prestação dos direitos e garantias fundamentais (sistema carcerário e repressão às execuções por grupos de extermínio) e sociais (emprego, saúde, educação, segurança pública e trabalho), e tal fato ocorre, no Poder Legislativo, como conseqüência natural do processo de ausência de um projeto de desenvolvimento nacional adequado ao estabelecido na *Carta Magna* de *1988*, ou seja, a possibilidade de construção de um Estado Democrático de Direito, com finalidade de transição para um Estado superior que atenda aos anseios da população, não tem sido compreendida como um poder-dever de nossos governantes em nível Federal e Estadual.

Do ponto de vista da produção de normas penais tributárias ou de sua conseqüente utilização aliada a projetos de *combate à sonegação fiscal*- preventivos e corretivos -, pouco foi feito. Não podemos afir-

---

mentalizava juristas acerca dos paradoxos, desafios e alternativas do Poder Judiciário. Em suas razões, bem demonstrava FARIA: *"(...) quanto às limitações da globalização econômica ao direito positivo, reduzindo drasticamente o alcance da ordem jurídica nacional e levando ao aparecimento de inúmeros loci extrajudiciais de resolução de conflitos, possuem enorme efeito prático. Se o Judiciário não compreender que seu futuro passa obrigatoriamente pelo entrechoque dos movimentos centrífugo e centrípeto representado pela inexorabilidade da globalização econômica e pela imperiosidade de consolidação de direitos sociais, ele poderá até mudar, para tentar superar as crises de identidade, eficiência e legitimidade em que se encontra. (...)"*.

mar que tais projetos não foram implementados por falta de vontade política dos governantes antes referidos, todavia, evidenciamos que do ponto de vista objetivo, nestes governos, a "guerra fiscal" dos Estados-Membros foi - e está sendo - levada às últimas conseqüências com políticas de desonerações tributárias, isenções e negociação de dívidas, o que deve ser discutido dentro da esfera do Direito Administrativo (acordo entre as várias esferas de governo) ou decidido pelo Poder Judiciário. Todavia, tais situações geram reflexos objetivos na política criminal, ou melhor, na dogmática penal existente, que tem por fim coibir atitudes lesivas à coletividade.

Outro aspecto importante constitui a ausência, por parte do Executivo Federal em propor, em conjunto com o Congresso Nacional, no anteprojeto do Código Penal, medidas eficazes para coibir a ação dispondo sobre o agravamento das penas a serem aplicadas aos desviantes, no que concerne aos *crimes contra a ordem tributária*, à formulação de bens jurídicos-penais tutelados, que atendam a essa criminalidade lesiva ao Estado Democrático de Direito e aos interesses difusos e coletivos sem a correspondente previsão dogmática penal ou, quando muito, (in)eficiente para a reação coercitiva proporcional à criminalidade em questão.

O Poder Executivo, diante da inércia ou submissão política do Poder Legislativo, locupleta-se com o fato de o legislador "delegar" parte de seus poderes decisórios à Administração e à Justiça, obscurecendo e centralizando decisões no que tange à *dinamização dos bens jurídicos*.[194]

O Estado tem por finalidade a promoção dos Direitos Fundamentais na Sociedade. O Executivo tem o dever de produzir políticas públicas que tendam à realização da dignidade da pessoa humana. A *Justiça Distributiva* assegura (re)distribuição de bens jurídicos à população e o desenvolvimento da economia nacional. Ao Executivo compete a análise e proposição de Estado máximo na garantia de prestações sociais positivas e intervenção mínima na esfera penal, que procura através da tutela penal evitar violações à *Constituição*.

Entendemos que o Poder Executivo tem uma tarefa fundamental quando da tutela de bens jurídicos penais, por ocasião da implan-

---

[194] BARATTA, Alesandro. op.cit., 1994, p. 11: "(...) Dinamização dos bens jurídicos possui pelo menos dois significados. O primeiro se refere a um deslocamento na relação Estado-sociedade com relação à produção e à proteção de bens jurídicos. Basta lembrar que no modelo do Estado liberal clássico, o 'Estado de certeza do direito' e os substratos reais dos bens jurídicos são produzidos na sociedade civil e estão pré-constituídos nas relações das funções públicas. No 'Estado da Prevenção' os bens jurídicos a serem protegidos são, cada vez mais, 'bens' produzidos pelo Estado, no que se refere às infra-estruturas, complexos organizativos e funções relacionadas à atividade do Estado e das instituições públicas".

A criminalidade econômico-tributária

tação de suas políticas públicas de prestação de serviços à população, pois, em muitos casos, determinados procedimentos deveriam estar adstritos a processos administrativos geradores de sanções administrativas, que podem ser: (1) declaração de inidoneidade ou impedimento de contratação de pessoa física ou jurídica pela administração (Lei Federal nº 8.666/93 - Lei de Licitações); (2) suspensão das atividades, interdição ou cassação do alvará de funcionamento (Direito Administrativo) e indenização cível. Em algumas situações graves, hoje existentes, apenas a tutela da norma jurídica penal afirma-se como condição de proteção aos direitos difusos e coletivos representados pelo Estado e, nesse caso, como já afirmara Lyra,[195] faz-se necessário não apenas a tutela penal, mas a aplicação de penas correspondentes à lesividade social e tecnologia do delito. Todavia, entendemos inadequada a administrativização dessa natureza delitiva!

A administrativização dos conflitos não nos parece a melhor alternativa para a solução dos conflitos no que se refere aos *crimes contra a ordem econômica e tributária*, pois, o Executivo não tem demonstrado eficiência na condução desses problemas. O cenário que se apresenta hoje, de politização (des)classificada, poderia prejudicar a justiça distributiva. Entendemos que o Executivo ainda não está evoluído o suficiente para dispensarmos a tutela penal para o combate a essa "criminalidade".

Com o processo de democratização do Estado explícito na *Carta Magna*, não são razoáveis meras reformas puntuais em termos de procedimentos a serem efetuados pelo Estado-Administração. No mesmo estilo, a exclusão do Parlamento e da sociedade do centro das decisões representa sério risco à democracia. É insuficiente a *"faculdade-vontade"* por parte do Executivo e do Parlamento na realização de políticas públicas que efetivem os direitos positivos do cidadão, como também a promulgação de leis adequadas a esta realidade, inclusive na esfera penal tributária. Impõe-se-nos atermos a *relação do Estado e sociedade*[196] no que concerne ao processo de legiferação mantendo os limites constitucionais pressupostos.

---

[195] LYRA, Roberto. Op. cit., 1978.

[196] FORSTHOFF, Ernst. Op. cit., 1986, p.98-99. Sobre a relação Estado e Sociedade a partir do respeito à *Constituição*, é abordada com seriedade por FORSTHOFF: "(...) Con la desaparición del dualismo entre estado y Sociedad, que en ámbito de la Administración interventora, se plantean tanto al legislador como la Administración, misiones de configuración de la sociedad en cuyo desempeño no se pueden utilizar criterios de mera reforma legislativa. En estas tareas de configuración de la sociedad no basta con que Legislativo y Administración se mantengan dentro de los límites de la constitución y las leyes, sino que esas funciones sean reguladas y ejercidas con un contenido. *Esto es lo que resulta obligadamente de la evolución del Estado y de la época actual; yo saqué esta consecuencia antes, incluso, de la promulgación de la Ley Fundamental y sin el apoyo de un texto constitucional determinado (...)*" (grifo nosso).

Impõe-se também a obrigatoriedade da tutela penal nos crimes contra a ordem tributária, visto que a promoção e guarda do Estado Democrático de Direito é a própria afirmação de um novo modelo de Estado. As *instituições devem adequar-se à Constituição*,[197] e não como procura o Executivo Federal flexibilizá-la de acordo com as conveniências do capital e de oligarquias neofeudais existentes em nosso país.

Concluímos, reafirmando que o Executivo Federal possui uma tarefa fundamental no que tange à *criminalidade contra a ordem tributária* e que deverá proceder de forma a evitar as sucessivas desonerações fiscais, bem como as anistias e isenções que fragilizam o Estado Democrático de Direito, uma vez que, com atitudes de natureza administrativa, relegam à via penal o papel acessório no processo de repressão a esta delinqüência já afirmada por Lyra.[198] Finalmente, outro aspecto a ser enfrentado é a decisão do governo em permitir a *"Guerra Fiscal"* existente entre diversos Estados-Membros da Federação, ao mesmo tempo em que deveria o Executivo propor e viabilizar a reforma tributária. É essencial a realização de uma visível e radical implementação de *Políticas Criminais Alternativas do Estado nos Crimes Contra a Ordem Tributária* ou o tratamento igual aos demais desviantes menos privilegiados.

4.5. O sistema punitivo: perversidade estatal na dogmática jurídica

4.5.1. Crimes contra a ordem tributária: descriminalização, despenalização e criminalização

Na esteira da dialética que rege cada fenômeno, duas grandes áreas chocam-se hoje no campo político-criminal: (1) a corrente iden-

---

[197] GRAU, Eros Roberto. Op. cit., 1997. p. 23. Desenvolvemos crítica similar à de GRAU em relação à disposição política do atual Chefe do Poder Executivo Federal. No entanto, convém registrarmos sua avaliação da postura do Executivo Federal: "(...) assim os programas de governo deste e daquele Presidente da República é que devem ser adaptados à Constituição, não o inverso, como se tem pretendido. A incompatibilidade entre qualquer deles e o modelo econômico por ela definido consubstancia situação de inconstitucionalidade, institucional e/ou normativa (...) sob nenhum pretexto, enquanto não alteradas aquelas definições constitucionais de caráter conformador e impositivo poderão vir a ser elas afrontadas por qualquer programa de governo. E assim há de ser ainda que o discurso que agrada à unanimidade nacional seja dedicado à crítica da Constituição(...) a substituição do modelo de economia de bem-estar consagrado na Constituição de 1988 por outro, neoliberal, não poderá ser efetivada sem a prévia alteração dos preceitos contidos nos seus arts. 1º, 3º e 170. Em outros termos: essa substituição não pode ser operada sub-repticiamente, como se os nossos governantes pretendessem ocultar o seu comprometimento com a ideologia neoliberal (...)".

[198] LYRA, Roberto. Op. c it., 1978.

tificada com a redução da tutela estatal sobre a liberdade individual, seja de forma radical (abolicionismo) ou moderada (direito penal mínimo) e (2) as tendências conservadoras, que postulam a retribuição como solução dos problemas advindos da criminalidade. Fatores como a falência da proposta *ressocializadora*, principalmente quando a suposta reintegração à sociedade deve ser feita através da prisão, o custo elevado do sistema prisional, a (des)legitimação de um sistema que encarcera seletivamente, por comportamentos idênticos são constatações visíveis no que concerne à falência deste modelo.

Não podemos permitir que idealismos excessivos coloquem em risco o sistema de garantias de que dispomos em nosso ordenamento jurídico, seja pelo excesso ou pela ausência de normas penais garantidoras. Concordamos com a preocupação de Bobbio[199] com a possibilidade de os extremos se tocarem: o abolicionismo e a doutrina do direito penal máximo. Alinhamo-nos com o minimalismo penal de Bobbio e Ferrajoli.

Consideramos como mais eficiente a proposta minimalista, cabendo refletir sobre as formas de sua implementação. Com o subsídio doutrinário de autores como o uruguaio Cervini,[200] podemos identificar os seguintes instrumentos de efetivação da política minimalista: (1) descriminalização, (2) despenalização, (3) diversificação. No cerne dos institutos jurídicos surgidos em nosso ordenamento após a Lei Federal nº 9.099/95, percebe-se nitidamente a presença do

---

[199] BOBBIO, Norberto. *Prólogo da obra*. In FERRAJOLI, Luigi. *Derecho y Razon*. Op. cit., 1995 p.15 : "(...) A su vez, la tesis del derecho penal mínimo abre su frente principal contra las teorías del derecho penal máximo (que culminan en la defensa de la pena de muerte), pero no puede pasar por alto de las doctrinas abolicionistas o sustitutivistas, según las cuales la pena, por el contrario, estaría destinada a desaparecer. *A veces los extremos se tocan: la libertad regulada debe oponerse tanto a la antilibertad, es decir, a cualquier forma de abuso del derecho a castigar, como a la carencia de las reglas, o sea, a la libertad salvaje*. El principio de legalidad es contrario al arbitrio pero también al legalismo obtuso, mecánico, que no reconoce la exigencia de la equidad, al que con expresión tomada de la lógica de conceptos el autor llama poder de 'connotación', y la presencia de espacios en los que habitualmente se ejerce el poder del juez (...)" (grifo nosso).

[200] CERVINI, Raul. *Os processos de descriminalização*. 2.ed. São Paulo: Revista dos Tribunais, 1995. Com base no autor citado, sintetizamos os processos de descriminalização da seguinte forma: Descriminalização - consiste em expurgar do bojo do Direito Penal certas condutas tidas como delituosas. Pode ser uma (des)criminalização formal, quando concede um total reconhecimento legal e social ao comportamento (des)criminalizado; substitutiva, chamada (des)criminalização de fato (conceito defendido por ANIYAR DE C. que se confunde com o de (des)penalização), quando o caráter de ilícito é mantido, sendo afastada apenas a punição; Despenalização - quebra o antigo conceito de que *"se houver crime, deve haver uma pena"*, ou seja, propõe a manutenção do caráter de ilícito, eliminando apenas a pena, podendo esta ser substituída por mecanismos como prestação de serviços à comunidade, restrição de direitos ou reparação do dano à vítima; Diversificação - entende-se como a interrupção ou suspensão dos procedimentos criminais, mantendo-se a competência do sistema judiciário para seu processamento (CERVINI), ou, em outra acepção, a migração da competência para resolução dos conflitos penais das instâncias formais para a sociedade.

princípio do consenso, enquanto elemento (des)penalizador, já que é concedida a oportunidade de as partes interessadas transacionarem, defendendo seus interesses (autor e vítima), ou os da sociedade (Ministério Público). A solução que daí decorre indubitavelmente virá revestida de maior legitimidade, segundo a visão hoje dominante, do que a solução monolítica tradicionalmente imposta pelo Estado: a prisão. É desigual a oposição entre livre expressão da vontade que é responsável pela aplicação de uma medida que animaliza (autor), impossibilitando, na maioria das vezes, a reparação do dano (vítima), e condenando à frustração o representante estatal imbuído de um mínimo senso humanista.

De tudo o que foi exposto, podemos fazer algumas reflexões teleológicas sobre o Direito Penal. Presta-se ele apenas à função de *"fazer justiça"* ou recompor a soberania jurídica, como prevêem as teorias absolutas da pena (utilitaristas e retribucionistas), e, na esteira, o neo-retribucionismo? Deixemos tais argumentos para os comícios dos *"movimentos de lei e ordem"* uma vez que a função exclusivamente repressiva está felizmente fadada a ser encaminhada para o lixo histórico, principalmente com o advento de instrumentos como a Lei Federal nº 9.099/95. Está plasmado no direito positivo: *"a reparação dos danos sofridos pela vítima."* Não mais é função exclusiva do Direito Penal a pretensão punitiva, sendo a reparação dos danos preocupação também prioritária.

Verifica-se, pois, que o Sistema Penal furta o conflito das pessoas diretamente envolvidas. Parte da luta dos defensores do Direito Penal Mínimo sempre foi resgate, principalmente por parte da vítima, de sua titularidade e participação no processo enquanto parte ativa. Com o advento da conciliação, esta possibilidade operou-se. Foi conquistado pela sociedade o início de um processo emancipatório, um voto de confiança em sua capacidade de resolver conflitos, no entanto, com alguns excessos incompatíveis com o Estado Democrático de Direito, que deverão ser sanados sob pena de infringirmos os direitos e garantias fundamentais como o fim da presunção de inocência, o privilégio a determinados desviantes e a extinção da teoria do bem jurídico face às atitudes concretas do legislador.

Todavia, as inovações paradigmáticas contidas na Lei Federal nº 9.099/95, apresentam algumas vantagens em termos de humanização do Direito Penal. Conseqüência de todo este processo é que, pela primeira vez, o Direito Penal recepciona o enfoque da vítima, não a encarando apenas como um elemento útil no processo de apuração do crime e persecução do criminoso, mas como titular de direitos que foram violados e demandam reparações, não retribuição. Volta-se, portanto, para os interesses da vítima, em detrimento da preocupação exclusiva em realizar sua pretensão punitiva. Insere-se, assim o Direito Penal na era em que a punição é encarada como a *ultima ratio*, proporcionando-se o diálogo entre autor e vítima, sendo esta encarada como sujeito de direitos que devem ser privilegiados em face de uma concepção de justiça absoluta.

Inobstante nossa identificação com o Direito Penal Mínimo, não nos podemos olvidar de (re)avivar alguns de seus postulados e a realidade que permeia os *crimes contra a ordem tributária*. Neste caso, as vítimas mediatas à sociedade civil não têm como compor os efeitos do delito e, ao Estado, que abstratamente do ponto de vista político e dogmático se encontra na condição passiva do delito, não podendo (re)compor o referido dano. Entendemos assim, uma vez que: (1) não há necessidade de (re)socialização dos desviantes porquanto os mesmos encontram-se nesta condição especial de ocuparem uma posição superior na estratificação social hoje existente. Eles cometem crimes exatamente por ocuparem posições privilegiadas em economia, política, governo ou sociedade, não necessitando de (re)socialização; (2) a natureza de seus delitos ofende os princípios do próprio Estado Democrático de Direito, pois afronta inclusive o princípio da dignidade da pessoa humana quando se abstém do dever constitucional de proporcionar uma justiça (re)distributiva; (3) a apuração desta natureza de delitos é dificultada, em muito, pelo grau de especialização técnica a que os sujeitos ativos dos delitos se dedicam antes mesmo da realização do próprio, o que dificulta a atuação do Estado na efetiva apuração dos fatos, devido a não dispor da mesma tecnologia disponível aos desviantes e (4) a dosimetria da pena atualmente está absolutamente vantajosa para os sujeitos ativos deste delito, que não lhes poderia permitir a utilização de privilégios ainda maiores, realizados através de leis especiais como a Lei Federal nº 9.099/95 - transação penal e suspensão condicional do processo -, extinção da punibilidade mediante o pagamento de tributo e aplicação de penas substitutivas e alternativas.

Quando verificamos o sistema de privilégios de que usufruem os *"desviantes"* na denominada *criminalidade tributária*, econômica, ambiental e eleitoral, entendemos que o abolicionismo, para alguns tipos de desviantes e desvios, não se apresenta como a melhor alternativa. Neste sentido, identificamo-nos com Christie[201] *e seu abolicio-*

---

[201] CHRISTIE, Nils. *Conversa com um abolicionista minimalista - Ana Sofia Schimidt de Oliveira e André Isola Fonseca*. In: Revista Brasileira de Ciências Criminais, nº 21, p. 13, 14, 15, 16, 21, 22. "(...) Atualmente, existem muitas pessoas trabalhando com este conceito, mas nem todas pensam da mesma forma. Algumas usam a expressão para dizer que é preciso abolir o direito penal e tentar resolver os conflitos no campo do direito civil. Esta é a posição radical.

nismo minimalista, que compreende a necessidade da aplicação de penas para crimes cuja natureza lesiva de seus delitos não pode ser olvidada pelo Sistema Punitivo.

De forma alguma tal compreensão do problema significa propugnar por uma política criminal que tenha em sua gênese uma concepção de Direito Penal do terror ou, uma defesa de uma *política criminal com derramamento de sangue descrita por* Batista;[202] representa, isto sim, uma visão que harmoniza o bem jurídico-penal com seu significado de proteção social, uma vez que, na criminalidade *contra a ordem tributária* a lesão é realizada não somente contra a Administração Pública, mas, sobretudo, contra a coletividade. O Estado necessita dos recursos para realizar as políticas públicas que proporcionem uma vida digna aos cidadãos, no mesmo momento, em que (re)equilibra e sopesa os bens jurídicos marginalizados pela classe política em detrimento dos valores instituídos por nossa *Constituição Dirigente*.

Assentamos que, não fosse a condição privilegiada que os desviantes ocupam, não recairiam sobre eles todos os privilégios das modernas tendências de política criminal no que tange às penas, ao passo que, contraditoriamente, estão associados aos *Movimentos de Lei e Ordem* e, com sua razão cínica, bradam por penas mais severas para os desviantes de classe social inferior. O Direito Penal de Classes se apresenta sem cinismo e com ar moderno que nos permite

---

Outras têm uma posição mais moderna. Thomas Mathiesen e eu chamaríamos esta posição de minimalista (...) que o abolicionismo que é encolher o sistema penal. Alguns querem encolhê-lo tanto até o ponto da não existência. Outros, tanto quanto politicamente possível em uma sociedade leniente. O meu interesse pessoal é propiciar o desenvolvimento de um senso crítico em relação ao sistema penal para que não se torne opressivo (...)são os casos menores? Fundamentalmente casos não violentos. Mas eu entendo que até mesmo casos que envolvam violência podem ser objeto de mediação. Nestes casos pode ser mais útil que uma parte encontre a outra do que naqueles casos em que o ofensor se vê diante de uma grande organização ou de vítimas não identificáveis, como nos crimes de colarinho branco, fraudes em seguradoras, crimes ambientais, etc. O impacto do encontro pessoa a pessoa é muito mais intenso do que aquele causado pelo encontro de uma pessoa com o representante de uma firma. (...) Bem, justificam a minha posição que é uma posição minimalista. Se algumas pessoas querem continuar matando judeus, um limite precisa ser imposto. E aqui o sistema penal, fundamentado nas leis penais, é o melhor aparato que eu conheço para que este limite seja imposto a comportamentos absolutamente inaceitáveis, que não podem ser tolerados pelo Estado. No meu ponto de vista este é o espaço que o sistema penal deve ocupar (...) Ana Sofia: O Senhor, dentre os diversos matizes do abolicionismo, se denomina minimalista. O encolhimento do sistema penal não geraria um sentimento de insegurança? Não haveria uma tendência para o desenvolvimento de segurança privada? *Nils Christie*: Seria realmente uma tendência se o Estado se retirasse e deixasse o capital livremente dirigir as ações. É claro que com as desigualdades sociais que existem aqui você teria que contratar um segurança para evitar o sequestro de seu filho. É inevitável. As estruturas do sistema penal estão intimamente ligadas às estruturas sociais e, no contexto atual, colaboram para acentuar as diferenças (...) Não, para todos os países. População carcerária não é uma medida do crime, mas uma medida do sistema político (...)" (grifo nosso).

[202] BATISTA, Nilo. Política Criminal com Derramamento de Sangue. In: *Revista Brasileira de Ciências Criminais*, nº 20,1996.

deduzir que as forças de repressão, mesmo de um Estado Democrático, no uso de suas funções, podem, ao se deparar com a investigação desta natureza de delitos, encontrar-se com condições tão adversas que os desviantes possam interferir no seu trabalho, inclusive prejudicando sua progressão na vida profissional. Claro, este é apenas um exercício teórico!

4.5.2. A crise da legitimação instrumental da função punitiva e legitimação simbólica (EEUU e Europa)

Assistimos hoje a uma crise irreversível da legitimação instrumental dos sistemas punitivos, uma vez que, em realidade, a idéia de uma função de prevenção especial positiva (ressocialização do infrator), que foi a base dos programas de reabilitação nos EEUU e na Europa nos anos setenta, pode ser considerada hoje como uma hipótese refutada pelos programas de pesquisa de controle. A função de prevenção geral negativa, Direito Penal simbólico, na qual se funda grande parte do consenso em que ainda repousa o Sistema Penal no sentido comum, pode ser considerada, por sua vez, uma hipótese empiricamente não verificada e impossível de sê-lo. Nos EEUU utilizam-se, de modo acentuado, duas formas alternativas ou complementares: a "neutralização" do infrator (*incapacitation*) e a "*intimidação específica*" (*specific deterrence*). Representam duas variantes de uma ideologia tecnocrática do Direito, incompatível com o *princípio de dignidade da pessoa humana*, considerada como um fim em si mesmo, e com uma visão que atribui ao homem, antes que ao "*sistema*", a prioridade na escala dos valores.

Já existem, contudo, sinais de vulnerabilidade desta fronteira que indicam dúvidas quanto à base empírica da teoria. Limitamo-nos a indicar a principal delas: pode-se observar que a realização da finalidade mediata é muito menos "*evidente*" neste caso do que parece ser a realização dos efeitos imediatos. Também é preciso considerar, para avaliar a relevância destes efeitos para a tutela dos bens jurídicos e da defesa social, o alto grau de seletividade do Sistemas Punitivo no "recrutamento" da sua clientela potencial. Como já se sabe, a impunidade não é a exceção, senão a regra no sistema da justiça criminal quando o assunto *é criminalidade contra a ordem econômica e tributária e financeira.*[203]

---

[203] BARATTA, Alesandro. Op. cit., 1994. p. 20. Preocupa-nos o tratamento menos refletido que os crimes de caráter coletivo, difuso e supra-individual, destacado por BARATTA ocupam no Direito Penal: "(...) A questão é também crucial para a teoria quando se tem em conta que o funcionamento seletivo do sistema de *justiça penal não depende somente da discrepância entre os programas de ação* (as normas penais) *e os recursos colocados à disposição no sistema para sua implementação*, senão também como de outras variáveis estruturais, como a especificidade das

No caso da Europa ocidental, tal situação dá-se de modo diferente, pois existe a transferência da função da pena no plano teórico para a práxis, uma vez que é justamente neste campo que o sistema se tem utilizado de políticas de neutralização e de dissuasão específicas, sobretudo com relação às formas de desvio, caracterizadas por uma maior subjetividade e de rebelião à ordem constituída, principalmente, pelos *"marginais por convicção"*, grupos refratários às regras impostas pelo projeto de normalização conservadora, hoje em curso.

A teoria da prevenção geral positiva é, portanto, uma teoria da *função simbólica do Direito Penal*,[204] sinalizando na direção de que as funções indicadas se relacionam objetivamente com a expressão dos valores assumidos pelo ordenamento jurídico instituído e com a afirmação da validade das normas, confirmação esta simbólica e não empírica, por ser independente da quantidade de infrações e da sua redução. Portanto, a defesa dos bens jurídicos não pode ser considerada, segundo a teoria da prevenção-integração, como uma função principal das normas penais. Sob este ponto de vista, o Direito Penal não é tanto um instrumento de imposição da *"moral dominante"*, senão um meio eficaz de representação (simbólica) desta.

No entanto, a dificuldade fundamental que apresenta esta teoria da pena é de caráter axiológico. Esta, de fato, vê-se obrigada a justificar a limitação dos direitos e sofrimentos impostos ao condenado utilizando razões instrumentais; contudo, isto equivale a negar a qualidade de pessoa humana do sujeito e considerá-lo objeto. Talvez seja justamente por causa desta dificuldade axiológica que haja ocorrido nos EEUU uma retomada da concepção *"retribuidora"* ou *"absoluta"* da pena, simultaneamente à consolidação desta teoria. O liame sutil que ainda existe entre a teoria da pena *"útil"* e a teoria da pena *"justa"*, no âmbito da própria orientação *"neoclássica"*, do atual pensamento penal norte-americano.

---

infrações e as conotações sociais dos autores "típicos" delas. *Com relação à população carcerária, sabemos que se subestimam algumas das infrações que causam os mais graves danos sociais (delitos econômicos, ecológicos, ações da criminalidade organizada, graves desvios praticados pelos órgãos públicos) enquanto que se dá muito valor a infrações que causam menos dano social*, tais como delitos contra o patrimônio, especialmente aqueles em que o autor da infração é originário das camadas mais pobres e estigmatizadas da sociedade (...)" (grifo nosso).

[204] Percebemos que as funções simbólicas tendem a se afirmar sobre as funções instrumentais. O *deficit* da tutela real dos bens jurídicos é compensado pela criação junto ao público de uma ilusão de segurança e de um sentimento de confiança no ordenamento e nas instituições, que tem uma base real cada vez mais fragilizada. De fato, as normas continuam sendo violadas, e a cifra obscura das infrações permanece altíssima, enquanto as agências de controle penal continuam a medir-se com tarefas instrumentais de realização impossível. Pense-se somente na defesa da ecologia, na luta contra a criminalidade organizada, criminalidade financeira e econômica, contra o meio ambiente, contra a organização do trabalho, crimes eleitorais e contra a ordem tributária que atingem a essência do próprio Estado Democrático de Direito.

4.6. O sistema punitivo em ação: a extinção da punibilidade pelo pagamento do tributo

Analisado o sistema punitivo em suas várias tendências e em alguns dogmas, verifiquemos como o sistema punitivo se ocupa de seus honoríficos, dignos, honrados e benfeitores cidadãos, denominados, espuriamente, de criminosos. Mas como todos estes adjetivos podem preceder a palavra criminoso? Por óbvio, trata-se de empresários ou agentes de governo que praticam os nomeados crimes do colarinho branco e que, por uma incrível conjunção de forças "autoritárias" surgem na malha, não muito fina, do Poder Judiciário, para serem tipificados nesses delitos e escapam de integrar, por pura infelicidade das estatísticas, da cifra oculta da criminalidade.

Apareceram! Portanto, nosso sistema punitivo precisa atuar sobre eles. Mas, de certa forma, nossos Poderes Executivo e Legislativo se ocuparam da *"enérgica repressão"*, mais ao quase-estilo dos juristas liberais "abolicionistas"; quase, porque de fato, para esta concepção de mundo os casos de crimes contra a ordem tributária não deveriam ser crimes, mas sim, debatidos, eternamente, junto à Administração Pública, não raras vezes muito compreensiva e generosa para com estas situações.

O art. 14 da Lei nº 8.137/90, que prevê a extinção da punibilidade com o pagamento do tributo, anterior ao oferecimento da denúncia, nos crimes de sonegação fiscal, ainda tem suscitado polêmica. A extinção da punibilidade prevista no art. 34[205] da Lei Federal nº 9.249/95, cujo § 1º foi vetado pelo Presidente da República face à sua ridícula limitação aos poderes do Ministério Público, suscita muita polêmica até hoje. No entanto, ante as diversas flutuações políticas do Poder Executivo, a própria discussão dogmática é de difícil solução permanente. Entretanto, vige ainda a crença no caráter fetichista da lei, no interior do qual confunde-se vigência com validade. Todavia Streck[206] expressa sua indignação com o que

---

[205] Art. 34. Extingue-se a punibilidade dos crimes definidos na Lei 8.137, de 27/12/90, e na Lei 4.729, de 14/07/65, quando o agente promover o pagamento do tributo ou contribuição social, inclusive acessórios, antes do recebimento da denúncia.

[206] STRECK, Lenio Luiz. As (novas) penas alternativas à luz da principiologia do Estado Democrático de Direito e do controle de constitucionalidade. In. *A sociedade, a violência e o Direito Penal*. Fayet Júnior, Ney; Corrêa, Simone Prates Miranda (orgs.). Livraria do Advogado, 2000, p. 143/144: "(...) o art. 16 estabelece que, nos crimes sem violência, em sendo reparado o dano ou restituído objeto, haverá uma redução de pena de um a dois terços, o art. 34 da Lei nº 9.249 beneficia sobremodo àqueles que sonegam impostos, ao autorizar a extinção da punibilidade, desde que o prejuízo seja ressarcido antes do recebimento da denúncia. Ora, está-se nesse caso diante de uma flagrante violação da Constituição, tanto no que tange à sua principiologia - que aponta para a necessária hierarquização dos bens jurídicos -, como no que pertine ao princípio da isonomia. *Como é possível permitir que o legislador trate com benevolência crimes graves como a sonegação de tributos e não conceda o mesmo favor aos crimes menos graves, como o furto, a apropriação indébita, etc? (...)*"

dignação com o que denomina de paradoxos do sistema jurídico, como: "(...) até hoje, não foram resolvidos alguns paradoxos do sistema jurídico, que deveriam, sobremodo, indignar a comunidade dos operadores do Direito, como é o caso da dicotomia "art. 16 do CP *x* art. 34 da Lei nº 9.249/95."

No momento em que possuímos em nosso ordenamento jurídico privilégio odioso como a extinção da punibilidade mediante o pagamento de tributo, percebemos a ideologia existente na concepção penalista pátria e o papel que o Estado exerce sobre as classes excluídas e marginalizadas, inclusive afirmando distância entre situações similares, restituição do prejuízo e não-realização de expropriação mediante violência real. Conquanto, refogem à regra situações como a exarada no *Acórdão 297019937, 2ª Câmara Civil, TJ - RS*,[207] na qual um

---

[207] Acórdão - Apelação-crime nº 297 019 937, 2ª Câmara Cível, TJ - RS - Desembargador-Relator Amilton Bueno de Carvalho, adotando na íntegra Parecer do Procurador de Justiça Lenio Streck: "(...) Mas, se de um lado tem-se o caso de Valdir Siqueira da Rosa, de outro temos o caso de outra classe sempre muito bem tratada pelo *establishment* jurídico-político-dogmático brasileiro, qual seja, a dos sonegadores de impostos. Veja - se que ironia: Valdir deu um golpe de R$ 80,00 e pagou o prejuízo antes do recebimento da denúncia! Foi denunciado, processado e condenado à prisão, sem qualquer contemplação *Ora, tivesse Valdir sonegado impostos ou tributos, em valor de milhões e essa barbárie ocorre milhares de vezes todos os dias em todo o Brasil -, bastaria que pagasse o prejuízo antes do recebimento da denúncia que nem processado seria.* Tudo em conformidade com a Lei 9.249/95 e seu art. 34, autêntico regalo natalino concedido aos sonegadores de impostos de tributos de nosso país. O que dizer disso? E o princípio da isonomia? (...) esta mesma Câmara - com a sensibilidade social que lhe é peculiar - já aplicou o art. 34 da Lei 9.249/95 para um caso de tentativa de furto, no Processo nº 296026750, em que se decretou a extinção da punibilidade do réu com base no art. 5º, *caput*, da Constituição Federal de 1988, e artigo 34 da Lei 9.249/95, por analogia. Aplicou-se, pois, o princípio da igualdade a um réu que, num furto, não causou prejuízo algum à vítima. Naquele acórdão, cito artigo que publiquei na Revista Doutrina n.1, editada pelo ID - Instituto de Direito, RJ, 1996, p. 484 a 496, sob o título *A nova lei do imposto de renda e a proteção das elites: questão de "coerência"*, onde tento abordar a problemática relacionada às possibilidades de aplicação do *art. 34 da Lei 9.249 aos delitos contra o patrimônio nas hipóteses em que houver ausência de prejuízo à vítima e que não tenha, à evidência, havido violência contra a mesma.* (...) abordo a questão relacionada à concepção de bem jurídico e as "antinomias" do ordenamento jurídico, a partir da análise e discussão do artigo 16, do Código Penal, de 1984, a Súmula 554 do Supremo Tribunal Federal - de edição anterior ao art. 16 -, bem como da Lei nº 9.249 de 26.12.95, que permite àquele que sonegar impostos ou contribuições sociais escapar da punição, com o simples pagamento do valor sonegado antes do recebimento da denúncia (...) que os três dispositivos têm em comum? Muita coisa, mormente se levarmos em consideração a circunstância de que, por paradoxal que possa ser, antiga (in)coerência da doutrina e da jurisprudência na análise da 'antinomia' existente entre a Súmula 554 e o art. 16 do Código Penal, edição *foi referendada, agora, pelo legislador federal na edição da Lei nº 9.249/95,* que, ao beneficiar a categoria dos sonegadores de impostos do país, nada mais fez do que confirmar a tese acerca da (clara) opção ideológica do tipo de bem jurídico que resolve (des)proteger. Em síntese, trata-se de uma espécie de "opção preferencial pelos nobres feita pelo legislador brasileiro (...) nesse contexto, a recente Lei nº 9.249/95, que, no mesmo diapasão da Súmula 554, descriminaliza o agente que ressarce o prejuízo antes do recebimento da denúncia? Como explicar essa odiosa discriminação em relação aos demais tipos penais constantes no Título II, DOS CRIMES CONTRA O PATRIMÔNIO, *diante do dispositivo constitucional que assegura a igualdade de todos perante a lei?.* Acrescenta-se, ainda, que o objeto da extinção da punibilidade da Lei 9.249 são

"desviante" padrão no nosso sistema excludente teve o mesmo tratamento humanista dos *"desviantes de colarinho branco"* tendo sua punibilidade extinta mediante a restituição do valor devido, mas, após a condenação em 1º grau.

Antes de adentrarmos na polêmica instaurada no interior do mundo do Direito (doutrina e jurisprudência brasileiras), vamos esclarecer como este instituto da extinção penal se apresenta no ordenamento jurídico argentino que prevê, por coincidência, em seu art. 14[208] da Lei Federal nº 23.771 a respeito do instituto da extinção e seus requisitos.

O cometimento dos crimes de sonegação fiscal ou defraudação fiscal na Argentina está sujeito ao benefício da execução condicional da pena ou, suspensão condicional da pena, uma vez que deixa em suspenso o cumprimento da pena imposta ao autor de um delito leve. Tal fato é possível quando é presumível que as condições pessoais do réu autorizam a concessão de tal benefício. O próprio Có-

---

tributos e contribuições sociais (...) direito positivo, consoante muito bem diz Clemerson Cléve, não deve constituir-se em algo dado que possa ser apreendido, mas antes um construído que resulta do movimento dialético da história e cuja concretização sofre também a importante e não negligenciável contribuição do jurista: o jurista participa do processo de recriação do direito, assim como o cientista, ensina Bachelard, participa do processo de construção de seu objeto (...) *Em decorrência, há que se indagar:* Se o indivíduo que sonegou milhões de reais não responde pelo crime de sonegação se pagar o valor sonegado antes do recebimento da denúncia, por razão não dispensar o mesmo tratamento a alguém que comete um delito contra o patrimônio, sem violência, na hipótese da vítima não sofrer prejuízo (...) Em ambos os casos, há a recomposição do dano, ou seja, no caso dos autos, Valdir ressarciu o comerciante, pagando o prejuízo em três parcelas; no caso de sonegação de impostos, basta até que a dívida seja renegociada/novada para que o sonegador escape de ser processado... E então? (...) Em síntese: se é justo/legal/constitucional que o sonegador de impostos se beneficie da mesma *ratio* que deu origem à Súmula 554, então que se estenda o mesmo benefício aos demais delitos contra o patrimônio, em clara obediência ao art. 5º da CF, que estabelece o princípio da igualdade de tratamento dos cidadãos perante a lei... *O que é mais nefasto à sociedade e ao Estado Democrático de Direito? Um esgualepado Valdir, que, em Dois Irmãos, aplica um golpe de R$ 80,00 em uma bodega ou um dos milhões de sonegadores de impostos e contribuições do INSS, que, com seu ato, provocam a miséria deste nosso país?* (...) se é dado ao legislador ordinário fazer leis absolutamente *discriminatórias, cai por terra o princípio da isonomia*. Afinal, se tanto alguém que sonega impostos como alguém que compra mercadorias (alimentos) pagando com um cheque de origem ilícita no valor de R$ 80,00 se apropriam de alguma coisa de outrem (o primeiro do erário e o segundo do particular), qual a razão de ambos serem tratados (tão) diferentemente pelo legislador? *Daí a necessidade de o direito ser examinado, sempre, à luz dos princípios e da Constituição*. A vinculação do jurista, primordialmente, é para com a Lei Maior, fazendo desta uma *Constituição normativa integral* (Konrad Hesse - C. Cléve) e não uma Constituição meramente semântica ou uma Constituição nominal, para usar a terminologia de Loewenstein. O princípio da igualdade de todos perante à lei é um dos direitos fundamentais da Carta Magna. É preciso aplicá-lo! (...)."

[208] Art. 14 - Cuando por la pena requerida por la acusación fiscal sea aplicable la condena de ejecución condicional o cuando con anterioridad a la acusación se estimare que presumiblemente en caso de la condena corresponderá la condena de ejecución condicional y el infractor acepte la pretensión fiscal o previsional, por única vez el tribunal actuante, previa vista al fiscal y al querellante o, en su caso, damnificada, y una vez efectivizado el cumplimiento de las obligaciones, declarará extinguida la acción penal".

digo Penal argentino estabelece os requisitos para a concessão: primeiro, condenações ou não-reincidência; segundo, para que a pena seja aplicada, contudo, o referido instituto não é aplicável para penas de multa ou de *"inhabilitación"*.

Na legislação argentina, verifica-se que, obtida a condenação do réu e, por via de conseqüência, sentença condenatória de execução condicional, para que seja possível sua utilização, outras exigências se impõem: (1) que o infrator aceite a previsão pretensional tributária; (2) que se aplique a condenação condicional por uma única vez e (3) que tenha pago a dívida.

Cumpridas as exigências supracitadas, estaria o *"desviante condenado"* em condições de obter o benefício da extinção da ação penal. Contudo, na prática, a presente teoria não se processa de forma tão linear, uma vez que os juristas argentinos informam que o referido diploma legal apresenta uma grande vagueza em sua redação, e diversas correntes interpretativas atribuem sentidos diferentes ao expresso na norma. A própria lei não estabelece o momento da aplicação dos seus institutos. Não informa que deverá solicitar a medida que beneficie ao réu, se o Ministério Público ou o juiz devem aplicar a suspensão condicional e em que momento isto é possível.

No Brasil, durante a vigência do art. 14[209] da Lei Federal nº 4.729/65, apenas era prevista a extinção da punibilidade como resultado do pagamento do tributo e de débitos com ele relacionados, vale dizer, como efeito da satisfação da obrigação tributária, e não se pode confundir a obrigação tributária decorrente do fato gerador, com aquelas impropriamente denominadas de acessórias, mas que são meros deveres instrumentais para com a Fazenda. Posta a questão nestes termos, flui naturalmente a conclusão de que a norma do artigo revogado não tem aplicação sobre todos os crimes descritos na Lei nº 8.137/90, se aplica, tão-somente, nas hipóteses de sonegação fiscal em sentido estrito não sendo recepcionada para os crimes de natureza previdenciária.

Retomemos a questão de direito intertemporal. É preciso definir com exatidão qual o momento jurídico deflagrador do efeito extintivo da punibilidade, pois esta é a chave para uma perfeita compreensão do fenômeno, uma vez que a extinção da punibilidade admitida na Lei nº 8.137/90 decorria do pagamento do tributo. O fato jurídico relevante para a identificação da norma aplicável é o da quitação. É com o pagamento anterior ao recebimento da denúncia que se tem

---

[209] "Art. 14 - Extingue-se a punibilidade dos crimes definidos nos arts. 1º e 3º quando o agente promover o pagamento do tributo ou contribuição social, inclusive acessórias, antes do recebimento da denúncia."

configurados os requisitos para a extinção do *jus puniendi*. O momento da consumação da conduta delitiva, no entanto, é, para este efeito, absolutamente desprovido de importância.

As profundas implicações práticas do problema - especialmente significativas quando se recorda a larga incidência dos crimes fiscais no cotidiano brasileiro - justificam novas reflexões. Vale notar que o dispositivo jamais teve aplicação sobre todo o universo de tipos incriminadores elencados na lei de repressão aos *crimes praticados contra a ordem tributária*.[210]

No Brasil, como verificaremos, o instituto da extinção da punibilidade após o pagamento do tributo devido ao fisco, de tempo em tempo sofre alterações que vão desde sua manutenção até mesmo à supressão. Tal fato é constatado pelo desenvolvimento histórico das Leis Especiais que tratavam da sonegação fiscal e versam a respeito de crimes contra a ordem econômica; Leis Federais nºs 4.729/65, 8.137/90, 8.383/91 e 8.620/93.

Se a questão é tormentosa para o legislador que legifera com extrema rapidez, como é facilmente perceptível a partir das diversas leis que estabelecem as condutas típicas que são enquadradas no bojo de uma concepção de *"crimes contra ordem econômica"*, imaginemos de outra forma como estas questões são tratadas no seio do Poder Judiciário, que tem por atribuição a aplicação concreta das mudanças de humores dos parlamentares e da "criatividade de iniciativas econômicas" que os economistas do Governo Federal experimentam em nossa "sólida e independente economia".

Assim sendo, atualmente, o instituto da extinção da punibilidade nos crimes contra a ordem econômica não está afastado, exceto, em relação aos crimes previdenciários. Portanto, basta efetuar o pagamento antes da denúncia a ser realizada pelo Ministério Público para que seja extinta a devida ação penal. Na Argentina, o instituto da extinção da punibilidade mantém seu vigor adequado aos requisitos específicos para sua concessão, demonstrando que a mesma ideologia jurídica que conquista posições em nosso ordenamento jurídico não tem fronteiras.

4.6.1. Considerações específicas sobre a situação brasileira

O Direito Brasileiro acabou por tipificar certas condutas como *crimes contra a ordem tributária*, quando editou a Lei nº 8.137, de

---

[210] A Lei nº 8.137, de 1990, descreve na sua Seção I, que trata dos crimes praticados por particulares contra a ordem tributária, condutas várias: comissivas, como no inc. III do art. 1º, ou omissivas, como na primeira parte do inciso I do mesmo art. 1º, e na segunda figura do inciso I do art. 2, tutelando ora o patrimônio público ora a administração fazendária.

dezembro de 1990. Contudo, o regime de matéria em causa, no tema do pagamento de tributo suprimido, reduzido ou sonegado, que seria modo necessário de tipificação de certa conduta do infrator tal como disciplinado pelo mesmo diploma legal, *foi remodelado por outra norma, a Lei nº 8.383 que, a partir de dezembro de 1991, como estabelece o respectivo art. 98, retirou da ordem jurídica* a concepção fundada na época de vigência do art. 2º da Lei Federal nº 4.729, de julho de 1965, mantida através do art. 14 da Lei nº 8.137, de dezembro de 1990.

Eliminado o preceito que estabelecia, para além da simples conseqüência fiscal do pagamento de tributo devido (extinção da obrigação tributária), importante efeito no processo penal a que se sujeita o contribuinte ou responsável, compete ao estudioso verificar, assentado na premissa da coerência interna do sistema jurídico, se o pagamento do tributo ou da contribuição social é, per si, dotado de potencial para influenciar, de algum modo, o julgador chamado a decidir sobre a aplicação da pena a ser concretizada ao desviante que comete o crime tributário.

Dispondo de dados concretos que cada caso revela, apreciando o modo como o pagamento se processa, verificando o momento em que ocorreu a quitação, apurando se foi integral ou parcial, o julgador poderá atribuir certo valor jurídico à atitude do obrigado, e se limita a atribuir-lhe atenuantes ou agravantes, excepcionalmente extinguindo a punibilidade no caso de crimes previdenciários. Afastando, de tal feita os *"balcões de negociação de dívidas"* cuja moralidade pública, muitas vezes, foi colocada em questão, tendo em vista que antigos devedores do Estado puderam ter suas dívidas pagas à Fazenda Pública com descontos, ao invés de um parcelamento gradual, mas integral das dívidas.

Advirta-se que tal comportamento, embora não muito recomendável, não é apto a retirar do universo jurídico a perversidade do fato que determinou a persecução penal, contudo, é *revestido de legalidade*.[211] Por ter sido tipificado como crime, o fato prossegue merecendo a repulsa social, e seus ecos, fora do estrito ambiente fiscal, exigem que se aplique, com seus rigores, a norma repressiva.

---

[211] Temos que o legislador rompeu o laço de continuidade histórica das normas penais tributárias, animado pela conjuntura social que estava exigindo de todos renovados compromissos éticos. Fatos recentes ocorridos na sociedade brasileira reafirmam o movimento que, começando pela ética na política, segue influenciando a ética empresarial (busca da qualidade total do produto), a ética trabalhista (substituindo greve por negociação), a ética dos contratos (vedando cláusulas abusivas) e acaba ditando a ética das relações tributárias e, internamente, na Administração Pública, princípios como o da moralidade, impessoalidade, legalidade, finalidade e dignidade humana nunca foram tão debatidos e estudados a fim de proporcionar à sociedade modernos e eficazes instrumentos de proteção à cidadania e atividade estatal (a Lei Federal nº 8.666/93 – Lei das Licitações é um excelente exemplo desta fase de correta atividade pública adequada ao Estado Democrático de Direito).

A edição da recente Lei nº 8.620, de 1993, autorizou o recolhimento de contribuições devidas ao INSS - vencidas antes de dezembro de 1992 - ou seu parcelamento, *inclusas até mesmo as quantias descontadas dos segurados,* pelo devedor. Quem se valeu dessa autorização legal foi beneficiado por anistia penal, com conseqüente extinção da punibilidade do delito fiscal. Sustentam alguns que essas modalidades de anistia satisfazem ao interesse público pois, observam no recolhimento do tributo, de forma equivocada, o primeiro escopo do agir estatal.

Não compartilhamos deste ponto de vista. Quando tipifica o comportamento ilícito, o legislador chama a atenção da comunidade para valores mais elevados. Valores que responsabilizam a todos para com o sustento dos bens sociais - saúde pública, educação, saneamento básico - e também, valores maiores da moralidade e da ética. Pagando o tributo, embora reconheça tardiamente pelo arrependimento, o infrator não logra apagar a culpável e antijurídica conduta.

Em caso de apropriação indébita, por exemplo, em que o objeto material do delito é a quantia do tributo recolhida dos trabalhadores e não repassada ao Fisco (Noronha), a conduta criminosa já se consumou, toda ela, com a retenção dos valores. Salvo se houver anistia, deve ocorrer a aplicação da penalidade. Quando o agente *"desviante"* se arrepende, ainda que já tenha concluído o *iter criminis,* evitando que o resultado se consume (Delmanto, *Código Penal Anotado,* citando a Revista dos Tribunais 495/305), e recolhe a quantia do tributo devida, só responderá pela fraude que tenha cometido até então, dando ensejo a um reenquadramento do fato delituoso.

Tendo em vista a flagrante violação ao *princípio da igualdade de todos perante a lei* (art. 5º, CF), para repará-lo, transcreveremos trecho de Parecer do Ministério Público no Proc. nº 296026750 apresentado por Streck:[212]

> "(...) aplicar ao caso sob exame o art. 34 Lei 9.249 em face do princípio constitucional previsto no art. 5º, que trata da igualdade de todos perante à lei. Ou seja, se temos no sistema *antinomias patológicas* como as que estamos a tratar neste processo *(art. 34 da Lei 9.249 versus art. 16 CP versus Súmula 554 do STF versus art. 5º da CF), cabe ao Poder Judiciário, dentro da sua missão interventiva - própria do Estado Democrático de Direito - fazer o necessário ajuste das leis em conformidade com a constituição. Dito de outro modo, sob uma ótica garantista, o operador do Direito só deve estar submetido a*

---

[212] Acórdão - Apelação-crime nº . 297 019 937, 2ª Câmara Civil, TJ - RS- Desembargador-Relator Amilton Bueno de Carvalho.

uma norma que seja válida. Para que a norma seja válida, ensina Ferrajolli, esta norma deve estar em conformidade com a Constituição (...) merece provimento o apelo de Valdir Siqueira Rosa, com a sua absolvição com base no art. 386, V (circunstância que exclui o crime - pagamento do prejuízo na mesma permissidade do art. 34 da Lei 9.249) do Código de Processo Penal, tudo em conformidade com os princípios elencados na Constituição Federal (...)" (grifo nosso).

Cabe destacar que, enquanto situação hipotética, objeto de descrição na denúncia, o crime será (re)definido pelo juiz à vista dos elementos de fato que forem apurados no curso do processo. É, aliás, o que determinam os artigos 383 e 384 do Código de Processo Penal. Na situação de fato que se comenta, a ação inicial do contribuinte, a ser objeto de apreciação pelo juízo criminal, mudou de caminho, apresentando resultado diverso do objetivado inicialmente. Prevalecendo sobre a ação e a intenção, o resultado será determinante para a modificação do fato e para o adequado enquadramento do agente no tipo penal correspondente, pelo julgador.

O Direito Penal Tributário, em nosso entendimento, pretende estabelecer um novo padrão de comportamento para os sujeitos da relação tributária, muito embora o sistema jurídico tenha, formal e expressamente, rejeitado a devida autonomia e respeito à valoração constitucional. É dever do jurista progressista afastar a possibilidade de extinção da punibilidade do crime pelo pagamento do tributo, por conseguinte, não se poderia ter por isenta de efeitos qualquer atitude do contribuinte ou responsável que, por ação, realizem os objetivos da norma penal fiscal e ingressem no rumo do cumprimento da obrigação tributária. Todavia, tais efeitos devem ser levados em conta a título de reparação do dano já causado pelo infrator e, em certos casos, poderão influir na dosimetria da pena (atenuantes e agravantes).

Para integrar o pagamento do tributo ao esquema processual penal, cumpre verificar se a quitação ocorreu após o oferecimento da denúncia pelo órgão do Ministério Público. Com efeito, a esta altura, já foi formal e completamente tipificada a conduta delituosa, pelo que é de se considerar o pagamento como circunstância atenuante da infração cometida, a impor a redução pelo Juiz, da pena a ser aplicada, nos termos do art. 65, III, do Código Penal. Somente o pagamento integral do débito, com todos os acréscimos decorrentes da mora, repara integralmente o dano provocado pela conduta do agente e obriga o juiz a considerar o fato para fins de redução da pena imposta ao infrator. O mesmo não se pode dizer relativamente ao parcelamento do débito. É claro que, para obter o parcelamento, o contribuinte terá que confessar o débito. A confissão obviamente merece registro no processo penal, mas o parcelamento, mero favor legal conferido ao devedor, não significa reparação do dano.

Destarte, cumpre afirmar que o *Combate à Sonegação de Impostos é um dever constitucional*, visto que o Brasil é um Estado Democrático de Direito. É dizer, precipuamente, um Estado intervencionista/regulador, que tem esculpido em sua *Carta Constitucional* programas de implementação do Estado Social (*Welfare State*). Portanto, a partir de uma *Constituição Dirigente* cuja justiça distributiva é uma de suas metas, há inexorável imprescindibilidade de políticas de combate às ações que colocam em risco as possibilidades de realização da função social do Estado.

Concluímos, afirmando que é urgente e vital que os "parlamentares" não apenas extirpem do ordenamento normas que beneficiem os sonegadores antes do recebimento da denúncia, repristinem esse privilégio ou criem outros para natureza de crimes similares, uma vez que frente a uma filtragem hermenêutico-constitucional se caracterizam por versar em odiosa discriminação para com os demais delitos previstos no ordenamento, em antinomia com a referida norma, inclusive com o disposto no art. 16 do Código Penal brasileiro. A diferença fundamental, neste aspecto, entre Brasil e Argentina, constitui-se no fato de que nossa *Constituição* está absolutamente adequada à doutrina mais moderna, em detrimento da *Magna Carta* portenha, que está vinculada a modelos mais tradicionais, não permitindo, como em nosso caso, uma afirmação de um Estado Democrático de Direito cuja finalidade se assenta em realizar, no mínimo, o *Welfare State*.

4.6.2. A Lei Federal nº 9.639/98: a história de um debate judicial insólito

A matéria penal que versa a respeito da *extinção da punibilidade nos crimes contra a ordem tributária* tem gerado um intenso debate entre juristas, por ocasião da definição do posicionamento dos operadores jurídicos no momento em que redigem sua fundamentação. No instante em que apresentam suas razões, percebemos a compreensão dos mesmos a respeito do papel do Estado nos delitos antes referidos. A partir do entendimento que o jurista tem da *Constituição*, seus objetivos, valores implícitos e explícitos posiciona-se argumentativamente defendendo seus postulados liberais, social-democratas ou socialistas. O Direito - sua dogmática jurídica - não pode ser vislumbrado apenas de forma técnica, face a sua silente pungência política. O dogmático terá de revelar-se como ser político fundamentando seu *decisum*, apresentando-se ao mundo e, conseqüentemente, passível de contestação. O postulado da neutralidade científica tão inerente ao operador jurídico (des)aparece de maneira singela demonstrando que *"nem tudo que é sólido desmancha no ar"*.

Na decisão prolatada no Mandado de Segurança 98.04.01.045127-7 tal constatação, por mais óbvia que nos pareça, é tomada de um vigor que deve ser (re)pensado como alerta, sob pena de incidirmos em *"resoluções"* (in)completas que possibilitem violações à concepção de *Constituição Dirigente e Garantista* que afirmamos incansavelmente como forma de construção do *Welfare State* no Brasil. Precisamos inexoravelmente (re)orientar nossa dogmática jurídica em direção a um *Direito Penal no Estado Democrático de Direito*, que venha a dificultar situações como as que ensejaram ao magistrado federal de 1º grau em sua sentença, extinguir a punibilidade de uma ação penal, tendo em vista a anistia concedida com fulcro no art. 11, par. único, da Lei Federal nº 9.639, de 25 de maio de 1998, publicado na página 3 da Seção 1 do Diário Oficial da União do dia 26.05.98, que apresentava a seguinte redação:

> "Art. 11. São anistiados os agentes políticos que tenham sido responsabilizados, sem que fosse atribuição legal sua, pela prática dos crimes previstos na alínea *d* do art. 95 da Lei nº 8.212. de 1991, e no art. 86 da Lei nº 3.807, de 26 de agosto de 1960.
> Parágrafo único. *São igualmente anistiados os demais responsabilizados pela prática dos crimes previstos na alínea* d *do art. 95 da Lei nº 8.212, de 1991, e no art. 86 da Lei nº 3.807, de 1960"* (grifo nosso).

A decisão do magistrado se fundamenta em torno do fato de que, no dia 27/05/1998, a Lei Federal nº 9.639/98 foi republicada sem o parágrafo único e informava que a primeira publicação continha erro. Realizadas as ressalvas ao processo legislativo por parte do magistrado monocrático narrando exaustivamente o conjunto de equívocos praticados que deu origem à "equivocada" publicação legal, ele *sentenciou*[213] extinguindo a punibilidade, entre outras razões, ba-

---
[213] nº 98.0010058-0 - 1ª Vara Federal Criminal - Seção Judiciária do Rio Grande do Sul."(...) Em matéria penal, a certeza e a segurança jurídicas são por demais caras e a preservação do valor liberdade encontra assento constitucional de forma que não há de se aceitar a alegação de vício no processo legislativo para recusar a aplicação da norma que instituiu a anistia dos 'demais responsabilizados pela prática dos crimes previstos na alínea *d* do art. 95 da Lei nº 8.212, e no art. 86 da Lei nº 3.807, de 1960 (...) a mesma razão que não se admite revisão criminal *pro societate*, que representaria usar os mecanismos processuais penais previstos para rescindir a coisa julgada em detrimento da posição obtida pelo acusado na ação finda e em prol do Estado que não foi diligente na aplicação da lei penal, também não se admite a declaração incidental de inconstitucionalidade formal de uma lei que foi sancionada, promulgada e publicada com

sicamente com a questão do conflito de normas penais no tempo, aplicando o princípio da irretroatividade da lei mais severa e da retroatividade da lei penal mais benéfica, como escrito no inciso XL do art. 5º da Constituição.

Como surgiu a inusitada situação? O Poder Executivo encaminhou ao Congresso Nacional projeto de lei cujo objeto era a concessão de anistia aos agentes políticos que tivessem sido responsabilizados pela prática do ato delitivo previsto na alínea *d* do art. 95 da Lei

---

aparência de regularidade, se os legitimados para fazê-lo diretamente (Presidente da República, Mesa do Senado Federal, Mesa da Câmara dos Deputados, *ex vi* do artigo 103, I, II, III, da Constituição Federal) não o fizeram, embora, supõe-se, tendo todo o interesse e dispondo da facilidade de obter os elementos necessários à comprovação dos fatos *ab initio* (...) Constituição assegura à sociedade e aos indivíduos que 'ninguém será obrigado a fazer ou deixar de fazer alguma coisa senão em virtude de lei'. Conclui-se: porque somente uma lei formal e materialmente conforme com a Constituição pode-se impor aos 'súditos'. É uma exigência limitadora do amplo poder de que goza o Estado. Tanto o princípio da legalidade localiza-se no Capítulo dos Direitos e Deveres Individuais e Coletivos, razão por que não pode ser interpretado nem valorado da mesma forma quando se trata de devolver ao Estado a disposição sobre a liberdade do indivíduo e quando se trata de preservá-la. Esta, também localizada no artigo 5º, da Constituição Federal, é bem jurídico de maior relevância do que o direito do Estado de exercer o *jus puniendi*, devendo prevalecer sobre este, sempre que couber a ponderação de um e outro (...) *sistema jurídico-penal não prestigia o aspecto formal do processo legislativo em detrimento do direito substancial posto em jogo. Diferentemente dos outros ramos do Direito - em que grassam as declarações de inconstitucionalidade e se atribuem efeitos ex tunc para desonerar, por exemplo, os contribuintes do pagamento de determinado tributo -, na esfera penal a alegação de erro causado por um dos Poderes do Estado não pode ser acolhida em detrimento do direito também constitucionalmente assegurado ao acusado de que a lei penal não retroagirá em seu prejuízo (...) Em se cuidando de erro substancial, como no caso, aplica-se o precitado § 4º do artigo 1º da Lei de Introdução. Neste caso, o texto publicado entra em vigor, apesar do erro, devendo ser respeitados os direitos daí decorrentes.* Nesse sentido transcrevo os excertos que seguem (...) *Respeitar-se-ão os direitos e deveres decorrentes de norma publicada com incorreções ainda não retificada (...) poderá ocorrer que surjam de uma publicação errônea relações jurídicas, constituindo direitos adquiridos, que deverão ser respeitados, apesar de a disposição devidamente corrigida ter o efeito de uma nova norma, considerando-se boa-fé daquele que a aplicou*". (MARIA HELENA DINIZ, *Lei de Introdução ao Código Civil Brasileiro Interpretada*, 2ª ed. São Paulo, Saraiva, 1996) (...) 'Pode suceder que, baseadas na publicação infiel, tenham surgido relações jurídicas, constituindo direitos adquiridos; devem estes ser respeitados, produzindo a disposição corrigida o mesmo efeito de uma lei nova, levada em consideração a boa-fé do agente, impossibilitado de conhecer o erro (...) Se, porém publicada errada, a lei chegou a entrar em vigor, a correção que a ela, no seu todo, ou a algum dos seus dispositivos, se faça em nova publicação, é equiparada a uma lei nova, que ab-rogará, ou derrogará, nos pontos focalizados, a anterior, cuja obrigatoriedade, no interregno, se reconhece, portanto, com os efeitos, que acima salientamos. (EDUARDO ESPINDOLA e EDUARDO ESPINDOLA F. *A Lei de Introdução ao Código Civil Brasileiro*. Rio de Janeiro: Renovar, 1995, p. 51 (...) A anistia costuma ser ampla, geral e irrestrita. Existem, também, contudo anistia com efeito parcial e anistia sob condições. São chamadas 'anistia restrita'. Nelas a lei limita o alcance do benefício. ANTONIO JOSÉ MIGUEL FEU ROSA. *Direito Penal*, Parte Geral. São Paulo: RT, 1993, p. 546) (...) *Não ocorreu, tampouco, a alegada ofensa ao princípio da isonomia, que não é o ofendido a cada vez que a lei estabelece requisitos para a obtenção de tal ou qual favor. Não pode haver, efetivamente, igualdade absoluta, de modo que cumpre tratar desigualmente os desiguais. O que se exige é que haja uma relação de coerência lógica entre o fator de* discrimen *adotado e o tratamento jurídico dispensado*. Sobre a matéria, vale examinar a magistral monografia de CELSO A. BANDEIRA DE MELLO. *O conteúdo Jurídico do Princípio da Igualdade*. São Paulo: RT, 1978. (...)" (grifo nosso)

Federal nº 8.212/91 e no art. 86 da Lei Federal 3.807/60. No entanto, ocorre que, "face à situação insólita" constou do art. 11, par. único da Lei Federal nº 9.639/98 a extensão da anistia a "demais responsabilizados" pela prática dos crimes previstos na alínea d do art. 95 da Lei nº 8.212/91 e no art. 86 da Lei Federal nº 3.807/60. Assim sendo, estendeu o privilégio a todos os "cidadãos", inclusive com regozijo dos desviantes de *colarinho branco*. Diante deste fato - parágrafo único - muitos defensores, de forma correta, pleitearam a extinção da punibilidade de seus clientes no mais estrito exercício de sua função e, os magistrados decidiram de forma açodada e, no caso em análise, de plano. Portanto, com base na vigência do aludido parágrafo único do art. 11, *mesmo que sem aprovação do Parlamento*, iniciaram por decidir pela extinção da punibilidade e, conseqüentemente, concederam anistia a todas as pessoas envolvidas nos crimes de retenção de contribuições sociais, com fulcro em diversas razões, entre as quais: segurança jurídica, vigência do texto mesmo contendo erro, e a interpretação do art. 1º, § 4º, da Lei de Introdução do Código Civil.

Em nosso exame de caso, o magistrado extinguiu a punibilidade e, em decorrência deste ato, insurgiu-se com propriedade o Ministério Público Federal, impetrando Mandado de Segurança que - dogmaticamente - após análise por parte do magistrado de 2º grau, teve indeferimento de pedido liminar: "(...) *Em provimento liminar, determine-se a suspensão dos efeitos da sentença, e regular continuidade da ação penal, até o julgamento do recursos em sentido estrito, tempestivamente ajuizado*" em parecer emitido pelo Juiz-Relator da Turma de Férias do TRF da 4ª Região. Nas razões listadas pelo Ministério Público Federal, destacamos: (1) o parágrafo único do art. 11 jamais existiu no mundo jurídico, o que restava reconhecido na decisão quando foi abordado o fato de que o projeto de lei aprovado pelo Congresso não continha tal dispositivo; (2) a lei não foi aprovada pelo Congresso Nacional na íntegra; (3) a norma não se encontrava no plano da existência, uma vez que não fora constituída; (4) a decisão que extinguiu a punibilidade atingia o princípio da segurança jurídica.

Em face dos inúmeros contenciosos judiciais a respeito do tema, posicionou-se o STF, em decisão plenária de 4.11.98 (HC nº 77724-3, rel. Min. Marco Aurélio) julgando inconstitucional o citado parágrafo único art. 11 da Lei nº 9.639, em sua publicação no Diário Oficial da União de 26.5.98, explicitando que sua decisão era *ex tunc*, atingindo as decisões anteriores, com fundamento no fato de que o parágrafo não cumpriu, no Congresso Nacional, o rito da discussão e votação de projeto de lei.

Verificamos alguns dos argumentos efetivamente válidos e eficazes empregados pelo Ministério Público na defesa de sua tese e se impõe política e juridicamente contribuirmos com outras razões a serem utilizadas no futuro, tanto pelo órgão ministerial quanto por juristas que integrem as Administrações Públicas, com a finalidade de aprofundarmos um processo de (des)obstrução dogmática, a partir de uma hermenêutica constitucional dirigente e garantista, tendente à realização do Estado Democrático de Direito. A decisão do *magistrado ad quo* na inusitada situação significou (re)prestinada em diversos outros processos de modo coerente representando um deslocamento discursivo da contradição central para a periférica. Relembremos Ferraz Jr.[214] quando esculpiu precioso conceito de *astúcia da razão dogmática*, mediante o deslocamento do plano do mundo da vida para o plano das abstrações jurídicas. O jurista não está além do bem e do mal, simplesmente, face à natureza de sua função expõe-se à crítica e à revisão de suas decisões por seus pares. Todavia, sobre o posicionamento do operador jurídico, cabe relembrar análise de Portanova[215] no que tange às *motivações ideológicas da sentença e do universo jurídico* sepultando a neutralidade do jurista. Entendemos que *a* questão central é o fato de que as decisões concessivas da anistia irrestrita não levaram em conta a gravidade da lesão proporcionada pelo crime de retenção de tributos no Estado Democrático de Direito.

Em consonância com nosso posicionamento penalizador das condutas ligadas aos crimes contra a ordem tributária que violam o Estado Democrático de Direito, Streck[216] assevera:

"(...) Poder-se-ia, inclusive discutir desde logo a própria constitucionalidade do *caput* do art. 11, porque o 'legislador' não é livre para conceder anistias, *devendo seguir os ditames da principiologia do Estado Democrático de Direito. Não se olvide que os delitos de retenção tributária põem em xeque o Estado Fiscal ínsito no Estado Social-intevencionista-promovedor. Daí que, em face do princípio da isonomia, poder-se-ia perguntar por exemplo, do porque em não anistiar também os autores de pequenos delitos contra o patrimônio, os quais sem dúvida, não colocam em risco o Estado fiscal.* (...) Por outro lado não fosse o parágrafo único do art. 11 inconstitucional por

---

[214] FERRAZ JR., Tércio Sampaio. *Função social da dogmática jurídica*. São Paulo: Max Limonad, 1998.

[215] PORTANOVA, Rui. *Motivações ideológicas da sentença*. Porto Alegre: Livraria do Advogado, 1992.

[216] STRECK, Lenio Luiz. *Hermenêutica Jurídica e(m) crise: uma exploração hermenêutica da construção do Direito*. Porto Alegre: Livraria do Advogado, 1999, p. 61.

vício de forma, também o seria pela matéria, na medida em que não tinha qualquer relação com o *caput*. Ou seja, se o *caput* do art. 11 concedia anistia aos agentes políticos que foram responsabilizados sem que fosse atribuição legal sua, é porque não tinham agido com dolo e tampouco se poderia falar do necessário nexo de causalidade entre a conduta e o fato. Já no parágrafo único, ao estender a anistia às demais pessoas que cometeram os crimes previstos na alínea *d* do art.95 da Lei 8.212/91 e no art. 86 da Lei 3.807/60, por si só padecia do vício da inconstitucionalidade material (...)" (grifo nosso).

Por fim, havendo erro na formulação e, ainda mais, no "procedimento" que a norma analisada obteve no processo legislativo e, posteriormente, nas sentenças atacadas pela decisão do STF, impossível a evocação de princípios garantistas com a finalidade de, em diversas ações penais, extinguir a punibilidade. Com maior propriedade, afirmamos que princípios garantistas devem ser invocados na preservação do Estado Democrático de Direito, violado com a natureza nefasta dos efeitos produzidos pelos crimes contra a ordem tributária. A ausência de aprovação do Parlamento ao dispositivo significa afirmar que o mesmo nunca existiu no mundo jurídico. Não podemos a pretexto aparentemente progressista e de caráter humanista, na esfera penal, olvidarmos do papel de tutela aos bens jurídicos de caráter difuso e coletivo que a ordem tributária, o sistema financeiro e o meio ambiente assumem na modernidade e deixar de afirmá-lo, como é preciso, nesta natureza de delitos cuja danosidade social é grave em nosso Estado.

4.6.3. *A Lei Federal nº 9.714/99*

Em que pese a análise que fizemos até aqui tendo por objeto o tratamento dispensado pelos Poderes Executivo, Legislativo e Judiciário aos *"Crimes Contra a Ordem Tributária"*, teceremos algumas considerações preliminares em relação à recente promulgação da Lei Federal nº 9.714/99, cuja finalidade repousa em estabelecer penas restritivas autônomas substitutivas das penas privativas de liberdade, dando assim nova redação ao art. 44 do Código Penal brasileiro. Esta reforma que está absolutamente adequada ao pensamento de nossa elite política e social, ao mesmo tempo que simboliza exemplo ímpar para toda a crítica responsável que se impõe frente aos limites do Direito Penal clássico que, em nossa visão, a partir da nova valoração pressuposta na *Constituição brasileira* aponta para a necessidade de uma (re)construção da dogmática jurídico-penal face ao Estado Democrático de Direito a ser concretizado pelas Instituições Jurídico-Políticas e pela cidadania beneficiária e credora dos novos direitos emergentes.

O recente diploma legal - Lei Federal nº 9.714/99 - emanado de nosso *parlamento*, no seu inciso I do art. 44, possibilita a aplicação de pena alternativa autônoma a todos os crimes cuja pena concretizada não ultrapasse a 4 (quatro) anos de reclusão e que não tenham sido cometidos com *violência ou grave ameaça* à pessoa. Utilizado de forma aparentemente isonômica, poderá representar sério golpe em nossa Democracia face à possibilidade real de consagrarmos a existência de um Direito Penal de Classes que aprofunda cada vez mais as "desigualdades" no tratamento dispensado às variadas naturezas delitivas consolidadas no Código Penal. A aplicação universal do benefício - corretamente proposto - poderá significar odioso privilégio à delinqüência econômica que, sob argumentos pseudogarantistas, poderá prosperar em nossa liberal tradição penal. Desta feita sejamos claros a respeito de sua eficácia e oportunidade!

Inicialmente, duas questões: - Quem são os desviantes que praticam esta natureza de crimes? A lei é extensiva em sua aplicação aos *"crimes contra a ordem tributária"*? Primeiro: A Lei Federal nº 9.714/99 representa significativo avanço em termos de política criminal que enseja, e o faz corretamente, quando no § 3º introduz o princípio da proporcionalidade, no tratamento tópico a criminalidade de forma a resgatar a análise do fato social ligado à delinqüência. Desta feita, possibilitando que a lei seja aplicada até mesmo em favor dos condenados reincidentes, quando da condenação anterior, a medida seja socialmente recomendável.

Segundo, afirmamos que o alcance do disposto no inciso I do art. 44 da Lei Federal nº 9.714/99 não é extensivo a crimes que ofendam os princípios do Estado Democrático de Direito como no caso dos *crimes contra a ordem tributária*, crimes contra a administração pública, crimes contra o meio ambiente e contra o sistema financeiro, crimes contra a organização do trabalho, bem como crimes eleitorais.

O *legislador* poderia ter estabelecido que qualquer pena concretizada em até 4 (quatro) anos resultante de delito cometido sem violência à pessoa, pode ser substituída por pena alternativa? O legislador tem limites constitucionais para estabelecer sanções e favores no nosso sistema jurídico? Os princípios constitucionais vinculam o legislador ordinário?

A Lei Penal em análise, ao regrar de forma genérica e extensiva o privilégio das penas substitutas, *desfere sério golpe na teoria do bem jurídico*[217] quando ignora valores constitucionalmente assegurados a diversos bens jurídicos protegidos pelo Estado Democrático de Direito. O tratamento "igualitário" viola mortalmente o princípio da proporcionalidade no Direito Penal, tornando, inclusive, o Direito Constitucional (des)provido de validade e eficácia, pois, subordina-o de forma indireta aos desígnios de conveniência do legislador ordinário. No momento em que o legislador trata isonomicamente bens jurídicos absolutamente discrepantes, propicia o grande equívoco de fragilizar a teoria do bem jurídico, pois estabelece de forma rebaixada o favor legal da substituição autônoma para todos os delitos realizados sem a ocorrência de violência ou grave ameaça, cujas penas aplicadas não ultrapassem 4 (quatro) anos. Esta situação coloca em evidência a correção das preocupações de Andrade[218] com *a*

---

[217] STRECK, Lenio Luiz. As (novas) penas alternativas à luz da principiologia do Estado Democrático de Direito e do controle de constitucionalidade. *In. A sociedade, a violência e o Direito Penal*. Fayet Júnior, Ney; Corrêa, Simone Prates Miranda (org.). Livraria do Advogado, 2000, p. 122/3 e 127-128. STRECK chega a qualificar a situação criada pela nova norma como: "(...) A Nova Lei e a morte (definitiva) da teoria do bem jurídico: a violação da principiologia constitucional (...) De pronto, da simples leitura do aludido dispositivo exsurge o aniquilamento (canto de cisne) da teoria do bem jurídico, uma vez que, ao estabelecer como *tabula rasa* o favor legal da substituição autônoma para todos os crimes cometidos sem violência ou grave ameaça, cuja pena aplicada não ultrapasse 4 anos, o legislador tratou isonomicamente bens jurídicos absolutamente discrepantes entre si como o patrimônio individual, o patrimônio público, o patrimônio social (direitos de segunda geração), o meio ambiente (direitos de terceira geração), a moralidade pública, etc. Isto para dizer o mínimo! (...) O Direito Penal sustenta-se justamente na diversidade dos bens jurídicos que os tipos penais 'protegem'. Assim, torna-se quase que despiciendo - pela obviedade que representa (embora isto seja obvio, esta obviedade deve ser des-velada) - registrar que não pode uma lei equiparar ou isonomizar delitos como o contrabando, a sonegação de impostos, o tráfico de entorpecentes, a remessa ilegal de divisas, crimes cometidos por Prefeitos (Decreto 201), a lavagem de dinheiro e o meio ambiente, com delitos como o furto, estelionato e a apropriação indébita, os primeiros nitidamente crimes graves, que violam e causam múltiplas lesões a bens jurídicos difusos e coletivos, e os segundos, restritos que são ao patrimônio (meramente) individual (...)".

[218] ANDRADE, Vera Regina Pereira de. *A ilusão de segurança jurídica do controle da violência à violência do controle penal*. Porto Alegre: Livraria do Advogado, 1997, p. 138-142. O presente texto consiste na tese de doutorado da Universidade Federal de Santa Catarina- UFSC, no ano de 1994. "(...) Segurança jurídica para quem?"(...) nessa perspectiva, o alcance do significado e os destinatários da segurança jurídica por ela prometida nos limites e desde a lógica de seu próprio discurso, tal como o vimos reconstituindo: segurança jurídica para quem? (...) *É bem verdade que a ênfase conferida no discurso dogmático à segurança jurídica não tem sido acompanhada de uma discussão explícita do seu significado. Por isto mesmo, pode-se dizer que a segurança jurídica é um signo dogmatizado no seu interior; uma idéia-força em nome da qual se fala* (...) dúplice proposição aludida por Baratta, associada ao princípio da legalidade, pode ser traduzida, desde a lógica dogmática, nos seguintes termos: quando se aplica uma norma penal, se tutela um bem jurídico (interesse ou valor) que interessa indistintamente a todos os cidadãos (princípio do interesse social). Mas é necessário também tutelar o autor de delitos contra punições arbitrárias e desiguais, garantindo-lhe uma aplicação segura (princípio da legalidade) e igualitária (princípio da igualdade) (...) a primeira tutela diz respeito à realização do conjunto de interesses e valores que o ordenamento penalmente tutela - como bens jurídicos - para a

ilusão de segurança jurídica devido ao tratamento igual, portanto, desproporcional frente à teoria do bem jurídico, o patrimônio individual, público, social; o meio ambiente, a moralidade pública e a (des)preocupação com a definição de uma delinqüência atentatória ao Estado Democrático de Direito.

Contudo, afirmamos que nossas preocupações tornar-se-ão gravíssimas se o Poder Judiciário não iniciar de pronto a corrigir distorções legislativas que aprofundam a crise social que incide também sobre as instituições existentes no Estado Democrático sob pena da absoluta (des)legitimação social do próprio Poder.

'universalidade dos cidadãos' aos quais se dirige, isto é, para a maioria não transgressora; a segunda tutela diz respeito à proteção dos cidadãos efetivamente sujeitos à Justiça Penal, isto é, à minoria transgressora (...) promessa dogmática circunscreve, precisamente, o âmbito da segunda tutela, isto é, dos Direitos Humanos dos cidadãos delinqüentes, circunscrevendo o problema dos limites da violência institucional da pena como resposta à violência individual do delito. *Trata-se, portanto, de segurança de não serem punidos arbitrária e desigualmente; ou, em outras palavras, da maximização das garantias do imputado e da minimização do arbítrio punitivo (...) Guardadas todas as devidas proporções, a Dogmática Penal não deixa de ser, tal como a Criminologia, uma Ciência voltada para os cidadãos delinqüentes. Mas, enquanto a Criminologia centra-se no delinqüente mesmo como 'pessoa' - objeto de intervenção do poder punitivo e nas medidas curativas para a sua anormalidade; a Dogmática penal reenvia a ele enquanto "homem" ou 'indivíduo' - limite do poder punitivo, isto é, à humanidade como medida do punitivo (...) Da racionalidade do legislador à racionalidade do juiz mediadas pela racionalidade do sistema dogmático: '(...) Onde a segurança e a justiça se encontram (...) Com base no discurso analítico e propedêutico e na ideologia liberal e da defesa social aqui situados, podemos reconstruir então o fio condutor da promessa de segurança jurídica observando como ela é tecida por um discurso mais amplo que o discurso do crime. Pois, em seu trabalho comunicacional, a Dogmática procura dar consistência à promessa reenviando e vinculando a construção sistemática do crime à racionalidade do legislador, por um lado, e à racionalidade do juiz, por outro (...) pela interpretação dogmática do princípio da legalidade e pelo princípio do interesse social, que compõem seu repertório ideológico, torna-se visível que ela não se limita a considerar a legislação penal como válida ou objetiva, mas também lhe atribui certas propriedades formais (unívoca, completa, etc.) e materiais (imparcial, justa) (...) após afirmar sua cientificidade e imparcialidade, a metaprogramação dogmática identifica o Direito Penal com uma legislação escrita, estrita, unívoca, irretroativa, geral e imparcial e neutraliza a subjetividade do juiz, concebendo-o como um intérprete que decide também imparcialmente com base na lei penal (única fonte imediata) e no seu instrumental conceitual (código tecnológico) (...) Se a legislação penal em abstrato é racional, racionalizada sua aplicação, mediante a neutralidade judicial e científica, preserva-se logicamente a identificação originária: tais são as bases constitutivas da promessa de segurança'* (...) se a lei penal (escrita, estrita, unívoca, irretroativa) é a única fonte imediata do Direito Penal, protegendo bens jurídicos que interessam igualmente a todos os cidadãos e sendo, por isso, intrinsecamente justa, sua aplicação igualitária, no marco da neutralidade judicial e científica, conduziria não apenas à segurança jurídica, mas preservaria sua qualidade originária arrastando logicamente à justiça das decisões (...) *a lei é sábia e como tal consulta as necessidades reais da população e, de outra, que o desenvolvimento pura e estritamente lógico, formal e conceitual dos textos normativos e dos princípios em que se inspiram, há de levar direta e forçosamente a conclusões retas para a lógica racional do discurso,* isto é, verdadeiras, que resultam ser ao mesmo tempo as mais adequadas, saudáveis ou justas para a solução dos correspondentes conflitos sociais, ou seja, para a realização social da justiça *dura lex, sed lex*. Existiria, portanto, uma série de harmonia preestabelecida entre a verdade lógico-formal do discurso jurídico e a justiça material ou sociopolítica das soluções (...)" (grifo nosso).

Verificamos que o tratamento privilegiado garantido aos desviantes nos *"crimes contra a ordem tributária"* representa sérias violações à própria *Constituição* uma vez que atinge não somente a possibilidade de uma justiça distributiva nos termos fixados na *Constituição*, mas também significa ignorar o *princípio da proporcionalidade* ínsito em nossa Carta Magna. No momento em que o legislador executa esta *"isonomia"* às avessas, passa a ofender as próprias diretrizes da *Constituição* face à instituição da República Federativa fundante de nosso Estado Democrático de Direito. Tendo por horizonte nossa *Constituição* normativa e dirigente, não podemos silenciar diante da possível e dogmaticamente justificável utilização universal do instituto jurídico da substituição das penas - relembremos as lições de Ferraz Jr.[219] ao abordar a astúcia da razão dogmática - e permitir a violação de bens jurídicos necessários à consolidação de um Estado Social (des)conhecendo nossa sintonia com o moderno constitucionalismo ocidental.

Portanto, todas as normas da *Constituição* têm eficácia, e as denominadas normas *"programáticas"* são aquelas que estabelecem a busca da igualdade, proteção da dignidade e definem os limites da atividade do *legislador ordinário* que tem por função precípua a realização dos objetivos da própria *Constituição*. Nosso Estado deve se empenhar ativamente na persecução de um maior contingente de metas (normas) propiciadoras de transformação social e na repressão e (re)direcionadas preferencialmente no sentido do combate aos crimes que impedem a realização dos objetivos constitucionais do próprio Estado. É necessário (re)afirmarmos que o legislador tem por obrigação realizar a *Constituição* e não pode alterá-la conforme seus desígnios o que, infelizmente, ocorre em nossa sociedade e agravando-se pelo fato de que isso se dá com o conhecimento do Poder Judiciário que, provocado, às vezes, omite-se! O que acontece? Conclusão simples! O Parlamento formula leis como melhor lhe convém - a partir dos legítimos interesses daqueles que lhes confiaram um mandato parlamentar - não obstante, o comando a ser exercido pelo legislador no campo do Direito Penal condiciona-o a proceder em consonância com a hierarquização constitucional que deve ser feita na fixação dos crimes e das penas.

Nossa Constituição impõe ao legislador ordinário em elaborar, a partir das expressas cláusulas de penalização, leis com o objetivo de penalizar os crimes hediondos, da tortura, do racismo, de outra espécie, a partir da fixação de *bens jurídicos fundamentais*[220] a serem

---

[219] FERRAZ JR., Tércio Sampaio. Op. cit., 1998.

[220] PALAZZO, Francesco C. Op. cit., 1989, p.103. Os limites impostos pela Constituição aos legisladores ordinários se impõem afirmar sempre, pois, enquanto indicações constitucionais

protegidos no Estado Democrático de Direito. Existem outras que, implicitamente, obrigam o legislador a estabelecer penalizações por se constituírem em proteção penalística dos valores, mesmo não sendo objeto de uma cláusula expressa de penalização, devem ser compreendidas como parte integrante do que foi afirmado pelo constituinte em termos de diretriz republicana.

Neste sentido, a promulgação da Lei Federal nº 9.714/99, ao não excluir expressamente do rol de privilegiados aqueles que praticam delitos que atentam *contra a ordem tributária*, o meio ambiente, a organização do trabalho e o sistema financeiro e ao tornar a *criminalidade econômica* ou contra a ordem tributária em crimes de bagatela ou ao considerá-los, na prática, de pequeno potencial ofensivo significa (des)legitimar o própria dogmática penal existente, extrapolando os limites da *vinculação constitucional entre o legislador*[221] e a *Magna Carta*, dentro da própria teoria liberal da tripartição de poderes, atentando contra a *Constituição Dirigente*[222] e a cidadania a ser realizada de *forma plena, digna e justa.*

---

de fundo (que atuam no sentido da descriminalização) são, ainda, expressão de um quadro constitucional característico do Estado liberal de Direito. Como é expresso na extraordinária lição de PALAZZO:"(...) pressupondo, outrossim, uma implícita relação de 'tensão' entre política criminal e direito penal, as vertentes orientadas no sentido da criminalização traduzem a expressão de uma visão bem diversa do papel da Constituição no sistema penal: *as obrigações de tutela penal no confronto de determinados bens jurídicos, não infreqüentemente característicos do novo quadro de valores constitucionais e, seja como for, sempre de relevância constitucional, contribuem para oferecer a imagem de um Estado empenhado e ativo (inclusive penalmente) na persecução de maior número de metas propiciadoras de transformação social e da tutela de interesse de dimensões ultraindividual e coletivas,* exaltando, continuadamente, *o papel instrumental do direito penal com respeito à política criminal,* ainda quando sob os auspícios - por assim dizer - da Constituição (...)" (grifo nosso).

[221] Compreendemos de forma similar a diversos autores (CANOTILHO, FERRAJOLI, STRECK) no que concerne há uma vinculação do "legislador" (penal) aos princípios constitucionais, como também sustente Márcia Dometila de Carvalho, em importante estudo sobre o tema "direito penal e a Constituição", onde advogou a necessidade da estrita observação das normas constitucionais (princípios são normas) como elemento fundante na determinação do conteúdo da lei penal. Denuncia a autora que, com sua ação, os legisladores brasileiros põem em risco a concretização dos valores e princípios constitucionais, tornando-os ineficazes e, ao mesmo tempo, no momento da elaboração das normas olvidarem, com freqüência, os direitos econômicos, sociais e culturais (segunda geração) que possibilitariam o gozo dos direitos e garantias individuais (primeira geração), ao mesmo tempo, reduzem a liberdade e a dignidade humana a uma simples questão de estupro ou seqüestro na esteira dos movimentos de Lei e de Ordem protagonizados pelas nossas elites conservadoras.

[222] STRECK, op. cit., 2000, p.123, A Constituição estabelece que o Brasil é uma República Federativa, que se institui como Estado Democrático de Direito, é porque, seguindo o moderno constitucionalismo, fica evidente que estamos diante de uma Constituição normativa e dirigente e, mesmo com a revisão de CANOTILHO mantemo-nos convictos e sua teorização anterior, vigorosa e emancipadora: "(...) Isto, à evidência, acarreta compromissos e inexoráveis conseqüências no campo da formulação, interpretação e aplicação das leis. Para tanto, parto da premissa - e não há nenhuma novidade em dizer isto - que a Constituição de 1988 é dirigente e compromissória, apresentando uma direção vinculante para a sociedade e o Estado. A Constituição é, assim, resultante de um 'constituir social'. Nesse sentido é a já clássica lição

Ao abordarmos a Lei Federal nº 9.714/99, convém represtinar no todo os argumentos de Carvalho[223] no que tange aos crimes hediondos, servindo para a penalização proporcional adequada aos *crimes contra a ordem tributária* e sua conseqüente aplicação das sanções penais correspondentes, pois, para a autora, "(...) limitar o crime hediondo a alguns tipos penais, deixando de lado crimes econômicos, crimes ambientais, enfim, todos os delitos ameaçadores dos princípios constitucionais, voltados ao desenvolvimento da justiça social, etc., é pecar por omissão; por inconstitucionalidade (...)", sintetizando de forma magistral nosso comum entendimento sobre o tema.

O Direito Penal no Estado Democrático de Direito assume novos contornos no recente modelo fundado por nossa Constituição. A lei sob exame apresenta alguns obstáculos de ordem constitucional à sua aplicação, evitando (in)adequações ou precipitações por parte do legislador no processo de elaboração legislativa, como nos parece a situação após a vigência da Lei Federal nº 9.714/99. Diante de tal cenário, sempre respeitando *opiniões em contrário* - Damásio, Cernicchiaro, Flavio Gomes -, entendemos com Streck[224] estar evidenciado que a Lei Federal nº 9.714/99 não pode ser aplicada a todos os delitos cometidos sem violência ou grave ameaça à pessoa, mesmo que a pena aplicada seja inferior a 4 (quatro) anos, pois, em relação aos delitos praticados com violência, não é possível conferir tratamento previlegiado, sob pena de constituir hediondo benefício.

Nossa compreensão é sedimentada em harmonia cúmplice com Streck,[225] a partir de quatro constatações: (1) porque se fosse possível aplicar o art. 44, I, a todas as penas inferiores a 4 (quatro) anos, resultantes de quaisquer crimes cometidos sem violência ou grave ameaça, estaríamos sepultando definitivamente a teoria do bem jurídico, pois aleatoriamente, sem proporcionalidade alguma, dotaríamos as mais diversas naturezas delitivas de um mesmo valor; (2) o legislador ordinário não possui legitimidade (vinculatividade) frente

---

de Canotilho, em seu *Constituição dirigente e vinculação do legislador - contributo para a compreensão das normas constitucionais programáticas*. Desnecessário dizer que adoto essa posição de Canotilho e não a sua revisão crítica (ou uma delas), publicada nos Cadernos de Direito Constitucional e Ciência Política nº 15, pp. 7-17, intitulada *Rever ou Romper com a Constituição Dirigente? Defesa de um constitucionalismo moralmente reflexivo*. Portanto, entre a posição clássica de Canotilho e a posição recentemente revisada, a toda evidência prefiro a primeira, mormente porque falo a partir da realidade de um país de terceiro mundo, onde sequer se cumpre o art. 196 da Constituição, que especifica e claramente estabelece que a saúde é um direito de todos e um dever do Estado, e que a propriedade tem uma função social, ao mesmo tempo que 2% da população detêm 50% das terras do território nacional (...).

[223] CARVALHO, Márcia Dometila Lima de. Op. cit., 1992, p. 44 e 45.

[224] STRECK, Lenio Luiz. Op. cit., 2000, p. 127.

[225] Idem, p. 140/3.

à *Constituição* para propugnar e conceber uma atitude dogmática como esta; (3) o legislador ordinário, ao estabelecer que qualquer pena privativa de liberdade que não seja superior a 4 (quatro) anos pode ser substituída por penas restritivas, exigindo, tão-somente, para tanto, que não tenha - genericamente - havido violência ou grave ameaça à pessoa, viola a principiologia do Estado Democrático de Direito previsto na *Constituição*; (4) na aplicação do art. 44, I, do CP, se for o caso, seja declarada a nulidade parcial do aludido dispositivo sem redução de texto, afastando-se a sua incidência nas hipóteses de penas concretizadas de até 4 anos nos crimes de tráfico de entorpecentes, por serem hediondos, e na sonegação, lavagem de dinheiro, crimes contra o ambiente, corrupção, remessa de divisas e improbidade administrativa, por colocarem em risco os objetivos do Estado Democrático de Direito.

Concluímos, afirmando que, ainda que nossa reflexão não esteja adequada aos interesses dos privilegiados desviantes, temos clareza de que ao restringir o uso da nova *Lei Penal* de forma alguma se estará fazendo uma analogia *in malam partem* ou uma interpretação *in pejus*, ou ainda, violando o princípio da legalidade, uma vez que nossa dogmática jurídica tem atravessado *"provações"* do conservadorismo liberal-reacionário e, paradoxalmente, de abolicionistas de tendência contra-reformadora que têm obstaculizado a necessária filtragem hermenêutico-constitucional do Direito Penal, afirmadora do Estado Democrático de Direito. Não existe analogia *in malam partem* no que se refere à Constituição.

4.6.4. Medida Provisória nº 2.088-35/2000: a (re)pressão real ao (des)velamento simbólico da (des)igualdade material e processual penal

Na esteira do que vínhamos afirmando, surge em nosso ordenamento jurídico a Medida Provisória nº 2.088-35, de 27 de dezembro de 2000, que tem por finalidade alterar as Leis nºs 6.368/76, 8.112/90, 8.429/92 e 9.525/97, e causou profundo (des)conforto para os operadores jurídicos. O Poder Judiciário e o Ministério Público passaram à condição de "potenciais réus", quando do insucesso da persecução penal em algumas circunstâncias. Bastou um processo ativo na busca do esclarecimento de informações originadas na Investigação do Desvio de Verbas do Tribunal Regional do Trabalho de São Paulo e a divulgação de algumas descobertas realizadas por Procuradores da República e Delegados da Polícia Federal e, ato contínuo, se institui, através da Medida Provisória em questão[226], o direito à reconvenção ou em ação autônoma suscitar a improbidade do agente público proponente da ação configurada nos termos dos artigos 11 e 17 da Lei nº 8.429, de 2 de junho de 1992.

A exposição de personalidades políticas e do Governo bastou para que o *establishment* reagisse sobre o pretexto da *preservação da intimidade dos investigados/denunciados*. Não é à toa que surge a preocupação por parte do Executivo Federal, uma vez que a sociedade brasileira começa a tomar ciência através dos meios de comunicação que, excepcionalmente, passaram a "investigar" a macrocriminalidade econômica realizada, inclusive, por ex-integrantes do Congresso Nacional.

Aliás, à guisa de ilustração, a edição de Medidas Provisórias procura silenciar os agentes do Ministério Público que denunciavam publicamente o esquema desenvolvido pelos *desviantes* - honoríficos, beneméritos e honrados cidadãos - que, até há pouco, representavam o povo agindo com rigor no combate à criminalidade de massas. A contradição oculta é desvelada, e a população passa a questionar o tratamento privilegiado que os *desviantes* possuem por parte do ordenamento jurídico. Mais, a possibilidade de se evadirem do país com aquilo que adquiriram prova a ira daqueles que labutam e vêem o fruto do seu trabalho ser apropriado prlos *criminosos absolutos* e, paradoxalmente, terem negado seus mais elementares direitos fundamentais pelo Estado que afirma não haver recursos suficientes para resgatar seu débito social.

A utilização de Medida Provisória[227] retrata a face autoritária do Executivo Federal, pois a natureza do instituto é direcionada pela

---

[226] Medida Provisória nº 2.088-35, de 27 de dezembro de 2000, publicada no Diário Oficial da União de 28/12/2000, nº 249-E, Seção 1, fl. 19. Sobre essa Medida Provisória, cabe-nos destacar o previsto no seu art. 3º - Os arts. 11 e 17 da Lei Federal 8.429, de 2 de junho de 1992, passam a vigorar com a seguinte redação:
"Art. 11 - (...) VIII - instaurar temerariamente inquérito policial ou procedimento administrativo ou propor ação de natureza civil, criminal ou de improbidade administrativa, atribuindo a outrem fato de que sabe inocente."
E, em especial, três das alterações realizadas pela MP no artigo 17:
"Art. 17 - (...) § 10 - O réu, poderá, em reconvenção, no prazo da contestação, ou em ação autônoma, suscitar a improbidade do agente público proponente da ação configurada nos termos do art. 11, incisos I e VIII, desta Lei, para a aplicação das penalidades cabíveis.
§ 11 - Quando a imputação for manifestamente improcedente, o juiz ou o tribunal condenará nos mesmos autos, a pedido do réu, o agente público proponente da ação a pagar-lhe multa não superior ao valor de R$ 151.000,00 (cento e cinqüenta e um mil reais), sem prejuízo do disposto no parágrafo anterior.
§ 12 - Aplica-se aos depoimentos e inquirições realizados nos processos regidos por essa Lei o disposto no art. 221, *caput* e § 1º, do Código de Processo Penal."

[227] BONAVIDES, Paulo. Prefácio ao livro, *A Produção Normativa do Poder Executivo na Constituição de 1988*, de autoria do Juiz Federal Leomar Barros Amorim de Souza, p. 106: "Efetiva-

tendência de ampliação e alargamento das competências presidenciais, sem cautelas mais rigorosas, o equívoco do constituinte criou, em nosso sistema, delegação legislativa tão delicada como esta, contida na Medida Provisória, sem dúvida, a pior inovação constitucional ja introduzida em nosso país para responder ao desafio da atribuição de capacidade normativa ao Poder Executivo que encontrou motivação de urgência e relevância para adoção dessa Medida excepcional para a preservação da ordem pública ameaçada pelos agentes responsáveis pela investigação/processamento dos *desviantes*. A Medida Provisória em questão apresenta-se como um açodado instrumento que não desempenha um serviço adequado à consolidação da Democracia em nosso país.

---

mente, as vicissitudes do século XX impuseram ao Estado concretizador de direitos fundamentais a figura do legislador veloz, emergencial, de plantão, apto a intervenções normativas súbitas, eficazes e imediatas, solvendo problemas e atalhando crises, mas estritamente nos quadros constitucionais da legalidade e legitimidade, sem desviar-se para o arbítrio e a hipertrofia do Executivo, a saber, sem o ranço ditatório da época do decreto-lei, de funesta memória nos fatos republicanos do país (...) *mas preenchimento desse requisito de poder, cuja a absência paralisaria o Estado social em sua expressão legislativa, desgraçadamente nos conduziu ao desastre das Medidas Provisórias, cuja aplicação nos assombra, porque tem sido em mão presidencial o martelo de aniquilamento da Constituição e do regime* (...) *Seus reflexos negativos repercutem a desorganização do Estado, o afrouxamento do Poder Judiciário e do Legislativo enquanto órgãos de soberania, em suma, a vertigem de autocracia no ânimo dos governantes que utilizam tais medidas* (...) *por elas, e com elas, o País trilha a via do absolutismo*, visto que, desvirtuadas e apartadas da respectiva finalidade constitucional, tem sido para os liberticidas o meio mais simples, mais fácil, mais cômodo e mais rápido de instalar, sem reação social e sem estorvo, um regime de exceção; o que aliás já se observa em face da ordem jurídica espedaçada (...) Na América Latina o fenômeno das ditaduras ostensivas é cada vez mais raro. Cedeu lugar ao das *ditaduras constitucionais, sempre dissimuladas, e cada vez mais freqüentes e mais difíceis de combater. Nelas a hipocrisia é guardiã zelosa das aparências formais, mas, em seu substrato, a democracia já apodreceu, e em seus tribunais não há justiça; seus parlamentos não legislam, são ornamentos de fachada em sede sustuosa, e uma vontade governa, subornando consciências e controlando os meios de comunicação: a vontade do novo Leviathan* (...) Essa singular bastardia de globalizadores e neoliberais adota a estratégia de impugnar a soberania, desnacionalizar o cidadão e o capital, privatizar o mercado e as empresas públicas, transformar os exércitos em corporações policiais, anular a legislação e a justiça do trabalho, revogar o compromisso social com as massas e, finalmente, fazer da Carta Magna flexível - depois de plebiscitada, reformada e vilipendiada - a medida provisória da submissão, numa sociedade onde já se terá transitado do País constitucional ao país neocolonial". (grifo nosso)

À guisa de conclusão

Verificamos que o *Direito Penal no Estado Democrático de Direito* deverá (re)adequar-se frente à nova *Constituição*. O ordenamento jurídico-penal, com suas diversas disposições normativas e respectivas legislações infraconstitucionais, devem ser analisadas a partir de uma filtragem hermenêutico-constitucional que tenha por finalidade assegurar os direitos e garantias fundamentais, ao mesmo tempo que realize uma avaliação científica da função e finalidade das *"penas"* no Estado Democrático de Direito.

A danosidade social quanto ao conceito deve ser incorporado frente à gravidade que os crimes econômicos assumem na sociedade contemporânea e à forma como causam danos irreparáveis à coletividade. A necessidade de um Direito Penal humanista e suas atribuições garantistas precisam ser compreendidas pelo Estado a fim de que este possa transformar-se a partir de uma concepção de *Constituição Dirigente*.

Os diversos valores constitucionais que devem fundar o *Direito Penal Tributário* passam a exercer um papel fundamental no combate à criminalidade econômica e, em especial, nos crimes fiscais que têm por condão a proteção do bem jurídico-penal tributário, sem o qual, o Estado Social dificilmente poderá realizar suas funções. Leia-se, principalmente, a efetivação dos direitos sociais e humanos.

As legislações formuladas por *parlamentares de Lei e Ordem* de forma desqualificada, assim como a adequação do Direito Penal ao limite paradoxal entre o Direito Penal humanista e uma concepção de Estado, mesmo que Democrático de Direito, portanto, numa fase superior ao Estado Social, sofrem crítica severa pois, atualmente, desempenham uma função privilegiadora das classes superiores. Realizamos a denúncia dos *"desviantes de colarinho branco"* e, como se portam na sociedade capitalista brasileira que "realiza" nossa *Democracia Delegativa*.

Analisamos a criminalidade econômica e verificamos que não apenas os proprietários do modo de produção da sociedade capitalista podem ser *"desviantes"* frente a essa criminalidade, mas também, por exemplo, aqueles que possuem informações privilegiadas dentro do aparato estatal. Dentro desta perspectiva, inclusive constatamos a pouca repulsa social pela realização destes tipos, uma vez que não são perceptíveis pela sociedade, mesmo que esta seja a maior lesada.

Percebemos o conceito de bem jurídico-penal, assim como sua adequação à nossa *Constituição*, e, torna-se necessária a (re)formulação da dogmática penal incorporando tratamento normativo compatível aos delitos causados de forma supra-individual, difusa ou coletivamente. Delitos de ação ou, resultado de perigo abstrato devem constituir base sobre a qual deve-se refletir de forma contradogmática frente ao Direito Penal Clássico de corte liberal-individualista, uma vez que a própria concepção de Estado Democrático de Direito pressupõe, como uma de suas finalidades, a garantia da solidariedade como elemento fundante do próprio Estado. Demonstramos como, na dogmática penal, *os crimes contra a ordem tributária* foram erigidos pelo ordenamento penal pátrio e realizamos a correspondente crítica a partir de uma análise criminológica que parte da *criminologia da reação social*. A necessidade de (re)avaliarmos a proporcionalidade das penas em nosso Código Penal e, em especial, nos *crimes contra a ordem tributária* não nos passou despercebido.

Por fim, a partir de uma *visão garantista do Estado Democrático de Direito* esboçamos uma reflexão a respeito dos crimes fiscais, seus limites e a necessidade de propor alterações em nossa legislação, de forma a (re)ordenar nossa política criminal em relação à defesa das instituições, como por exemplo a *Constituição*, o Estado Democrático de Direito e a sociedade. Nesse sentido, parece-nos fundamental o papel de formulação de um novo conceito de bem jurídico-penal em relação aos crimes econômicos e todos os demais de caráter supra-individual, coletivo ou difuso, além de uma imposição jurídico-política.

Enfrentamos a questão referente à extinção da punibilidade mediante o pagamento do tributo antes da denúncia. Realizamos comparação entre Brasil e Argentina no que tange aos crimes de sonegação fiscal, o que nos permitiu constatar um quadro incipiente no que concerne aos chamados crimes contra a ordem econômica e, ao mesmo tempo, à similitude do tratamento dispensado por parte do Estado, a persecução penal de tais crimes em relação ao sonegador, assim como a indeterminação dos tipos penais que apresentam-se de maneira imprecisa ou mesmo vaga nos dois ordenamentos jurídicos.

No Brasil e na Argentina, os delitos referentes à sonegação fiscal são tratados de forma esparsa, em legislações especiais, com penas relativamente diminutas frente a diversos outros crimes menos graves para a coletividade do que a evasão de recursos por meio de omissão, fraude ou ardil.

A *Constituição* estabelece que o Brasil é uma República Federativa, que se institui como Estado Democrático de Direito. Em decorrência, seguindo o moderno constitucionalismo, fica implícito que estamos diante de uma *Constituição* normativa e dirigente, e a partir de tal constatação, estabelecemos nexo necessário com o Direito Penal que, em nosso país, não vislumbrou esta realidade. Dito de outro modo, não há dúvida, pois, que as preocupações teóricas centrais devem voltar-se para um *Direito Penal no Estado Democrático de Direito*, impondo-se como uma das prioridades o combate aos crimes que impedem a realização dos objetivos constitucionais do Estado. Portanto, devem ser combatidos os crimes que fomentam a injustiça social, o que significa afirmar que o Direito Penal deve ser reforçado naquilo que diz respeito aos crimes que reforçam e/ou sustentam as desigualdades sociais. Nesse sentido, corretamente alguns doutrinadores (Carvalho, Castilho, Ferrajoli, Grau, Palazzo, Streck, só para citar alguns) apresentam contribuição fundamental quando tratam da eleição dos novos bens jurídicos fundamentais no Estado Democrático de Direito, afirmando que um programa de Direito Penal mínimo deve apontar para uma massiva deflação dos bens penais e das proibições legais, como condição de sua legitimidade política e jurídica. Orientamos, entretanto, que é possível, também, que nesta (re)elaboração seja necessária, no campo da tutela de bens fundamentais, uma maior penalização de comportamentos hoje não adequadamente proibidos e punidos.

Com a *Constituição Dirigente* brasileira, torna-se *poder-dever* constituir mecanismos da reação institucional para a criminalidade econômica, para os desvios criminais dos organismos estatais e para o crime organizado. Corretamente sustentam alguns doutrinadores que o delito, em face do paradigma constitucional de cunho principiológico, deve reger o Direito Penal moderno, estabelecendo uma visão político-normativa impregnada de um garantismo que permite agravar penas e estabelecer uma maior ingerência penal para os crimes econômicos, assim como retirar do ordenamento jurídico diversos tipos penais e reduzir penas face a sua inadequação a esse sistema, originando soluções de cunho eminentemente constitucional. Limitam-se *crimes hediondos* a alguns tipos penais, deixando de lado *crimes econômicos, crimes contra a ordem tributária*, crimes ambientais, crimes eleitorais, enfim, todos os delitos ameaçadores dos princípios constitucionais, voltados ao desenvolvimento da justiça social, justiça (re)distributiva, etc.

O Poder Legislativo, ao estabelecer novos tipos penais ou (re)classificar delitos para enquadrá-los em pressupostos de novas leis, deve, obrigatoriamente, efetuar um balanço dos bens jurídicos dignos de proteção, devendo ganhar mais força os pertinentes à defesa da *ordem econômico-social*, cultural e ambiental, hierarquicamente superiores, pela *Constituição*, aos clássicos crimes contra o patrimônio.

O Direito Penal assume novos contornos no novo modelo estabelecido pelo Estado Democrático de Direito. Com efeito, enquanto no Estado Liberal o Direito tinha uma função meramente ordenadora (o que não é proibido é permitido), no *Welfare State*, sua função é provedora, e no Estado Democrático de Direito a função do Direito é transformadora, com bem sustentam Streck, Ribas, Vieira e Guerra Filho. Por isto, no campo penal, devemos pugnar por um Direito Penal mínimo para condutas que não lesam a comunidade e os objetivos do Estado Democrático de Direito, e por um Direito Penal interventivo naquilo que diz respeito à criminalidade econômico-social (Streck, Carvalho, Castilho, entre outros), estes sim, lesivos aos propalados objetivos desse novo modelo de Direito precipitando uma ação positiva no que tange às funções de tutela de bens e direitos fundamentais para conjugar garantismo, eficiência e certeza jurídica.

Torna-se necessário um tratamento especial para os crimes que violam e causam múltiplas lesões a bens jurídicos difusos e coletivos e ofendem o Estado Democrático de Direito. Nos delitos de natureza individual, restritos que são ao patrimônio individual, no entanto, constatamos que o sistema punitivo é *"avançado"* e permissivo quando *trata de punir os delitos cometidos exclusivamente pelas camadas médio-superiores, criando-se uma série benesses legais,* que vão desde a extinção da punibilidade pelo ressarcimento do prejuízo ao erário até a transação penal e suspensão condicional do processo, tratamento (des)proporcional que existe entre as penas desses delitos e a dos delitos cometidos pelos excluídos e marginalizados. Como exemplo, cabe referir a recente Lei Federal nº 9.714/98. O legislador ordinário, ao estabelecer que qualquer pena privativa de liberdade que não seja superior a 4 (quatro) anos pode ser substituída por penas restritivas exigindo, tão-somente, para tanto, que não tenha - genericamente - havido violência ou grave ameaça à pessoa, violou a principiologia do Estado Democrático de Direito previsto na *Constituição*. O Executivo edita Medidas Provisórias que em nada auxiliam a ação do Ministério Público e da Polícia (MP 2.088-35/2000). Isto por que os crimes graves, como a sonegação de tributos, são delitos que colocam em xeque os fundamentos da *República*.

A *Constituição Federal de 1988* institui a necessidade de uma *filtragem hermenêutico-constitucional*, nas normas infraconstitucionais. Devemos verificar se existem antinomias entre as normas entre si e em relação à *Constituição*. Por isso, entendemos *a urgência de uma radical reforma penal para tornar os crimes contra a ordem tributária em leis exeqüíveis,* razoáveis para a principiologia constitucional inerente à nossa *Constituição Dirigente* e, não o simulacro de reforma em curso, demonstração definitiva da *crise* dos três Poderes do Estado - *Legislativo, Executivo e Judiciário hoje existentes.*

Bibliografia

ABENDROTH, Wolfgang et al. *El Estado Social.* Madri: Centro de Estudios Constitucionales, 1986.

ALBERTON, Genacéia da Silva. Considerações sobre o Juizado Especial Criminal: Competência, infrações de menor potencial ofensivo e audiência preliminar. In: *Revista da Ajuris,* Porto Alegre, v. 23, jul./1993, p. 252-27.

ANDRADE, Vera Regina Pereira de. *A ilusão de segurança jurídica do controle da violência à violência do controle penal.* Porto Alegre: Livraria do Advogado, 1997.

——. *Dogmática Jurídica: esforço de sua configuração e identidade.* Porto Alegre: Livraria do Advogado, 1996.

ANYAR DE C., Lola. *Criminologia da Reação Social.* Rio de Janeiro: Forense, 1983.

ARAÚJO JÚNIOR, João Marcello de (coord.). *Privatizações das prisões.* São Paulo: Revista dos Tribunais, 1995.

——; SANTOS, Marino Barbedo. *A Reforma Penal: ilícitos penais econômicos.* Rio de Janeiro: Forense, 1987.

BARATTA, Alesandro. Funções Instrumentais e Simbólicas do Direito Penal. Lineamento de uma teoria do bem jurídico. In: *Revista Brasileira de Ciências Criminais,* nº 5, ano 2, 1994.

BARROS, Suzana de Toledo. *O princípio da proporcionalidade e o controle de constitucionalidade das leis restritivas de direitos fundamentais.* Brasília: Brasília Jurídica, 1996.

BATISTA, Nilo. Política Criminal com Derramamento de Sangue. In: *Revista Brasileira de Ciências Criminais,* nº 20, ano 1997.

BITENCOURT, Cezar Roberto. *Lições de direito penal.* Parte Geral. 3.ed. Porto Alegre: Acadêmica, 1995.

——. *Princípios garantistas e a delinqüência do colarinho branco.* In: *Revista Brasileira de Ciências Criminais,* nº 11.1995

——. *Falência da pena de prisão: causas alternativas.* São Paulo: Revista dos Tribunais, 1993.

——. *Juizados Especiais Criminais e alternativas à pena de prisão.* Porto Alegre: Livraria do Advogado, 1995

BOSCHI, José A. Paganella. *Ação penal.* Rio de Janeiro: AIDE, 1993.

CANOTILHO, José Joaquim Gomes. *Constituição dirigente e vinculação do legislador. Contributo para a compreensão das normas constitucionais programáticas.* Coimbra: Coimbra Almedina, 1994.

——. *Direito constitucional e Teoria da constituição.* Coimbra: Coimbra Almedina, 1998.

CARVALHO, Márcia Dometila Lima de. *Fundamentação Constitucional do Direito Penal*. Porto Alegre: Sergio Fabris, 1992.

CASTILHO, Ela Wiecko V. de. *O controle penal nos crimes contra o sistema financeiro nacional*. Belo Horizonte: Livraria Del Rey, 1998.

CERNICCHIARO, Luiz Vicente; COSTA JR., Paulo José da. *Direito penal na constituição*. 3.ed. São Paulo: Revista dos Tribunais, 1995.

CERVINI, Raul. Macrocriminalidad Económica: Apuntes para una aproximación metodológica. In *Revista Brasileira de Ciências Criminais* - IBCCrim, ano 2, nº 5.

(*Os processos de descriminalização*. 2.ed. São Paulo: Revista dos Tribunais, 1995.

CHAMBLISS, Willian J. *A economia política do crime: um estudo comparativo da Nigério e dos EUA*. In. *Criminologia Crítica*. Ian Taylor, Paul Walton & Jock Yong. Tradução Juarez Cirino dos Santos & Sérgio Trancredo. Rio de Janeiro: Edições Graal, 1980.

CHRISTIE, Nils. Conversa com um abolicionista minimalista - *Ana Sofia Schimidt de Oliveira e André Isola Fonseca*. In: *Revista Brasileira de Ciências Criminais*, nº 21, 1998.

CÓDIGO PENAL BRASILEIRO. São Paulo: Saraiva, 1998.

CÓDIGO PENAL DE LA NACIÓN ARGENTINA Y LEGISLACIÓN COMPLEMENTAR. Buenos Aires: EDIAR. 1977.

CONDE, Francisco Muñoz. Princípios politicocriminales que inspiran el tratamiento de los delitos contra el orden socioeconomico en el proyeto de codigo penal Español de 1994. In: *Revista Brasileira de Ciências Criminias*, nº 11, 1998.

DALLARI, Dalmo de Abreu. *O Poder dos Juízes*. São Paulo: Saraiva, 1996.

DENARI, Zelmo e COSTA JÚNIOR, Paulo José. *Infrações tributárias e delitos fiscais*. 3.ed. São Paulo: Saraiva, 1998.

DIAS, Jorge de Figueiredo e ANDRADE, Manuel da Costa. *Criminologia: o homem delinqüente e a sociedade criminôgena*. 1984.

DINAMARCO, Cândido Rangel. *Fundamentos do Processo Civil Moderno*. São Paulo: Revista dos Tribunais, 1987

FAORO, Raymundo. *Os donos do poder. Formação do patronato político brasileiro*. 11.ed. São Paulo: Globo, 1997.

FARIA, José Eduardo. *O poder judiciário no Brasil: paradoxos, desafios e alternativas*. Conselho da Justiça Federal: Centro de Estudos Judiciários, Série Monografias do CEJ, v. 3.

FARIA JÚNIOR, César. Crime previdenciário. In: *Revista Brasileira de Ciências Criminais*, v. 3, jul./set. 1995, p.113-7.

FERRAJOLI, Luigi. *Derecho y Razón: teoria del garantismo penal*. Madri: Trotta, 1995.

——. O Direito como sistema de garantias. In: *O novo em direito e política*. Porto Alegre: Livraria do Advogado, 1996.

FERRAZ JR, Tércio Sampaio. *Função social da dogmática jurídica*. São Paulo: Max Limonad, 1998

FOCAULT, Michel. *Microfísica do poder*. Rio de Janeiro: Graal, 1979.

FORSTHOFF, Ernst. Problemas Constitucionales del Estado Social. In: *El Estado Social*. Madrid: Centro de Estudios Constitucionales, 1986.

GARCIA-PABLOS DE MOLINA, Antônio e GOMES, Luiz Flávio. *Criminologia: introdução a seus fundamentos teóricos*. 2.ed. São Paulo: Revista dos Tribunais, 1997.

GOMES, Luiz Flávio. *Suspensão condicional do processo*. São Paulo: Revista dos Tribunais, 1995.

GRAU, Eros Roberto. *A ordem econômica na constituição de 1988*. 3.ed. São Paulo: Malheiros, 1997.

GRINOVER, Ada Pellegrini (cols.). *Comentários à Lei Federal 9.099, de 26.09.1995. Juizados Especiais Criminais*. São Paulo: In. Revista dos Tribunais, 1996.

HADDAD, Jorge Enrique. *Ley Penal Tributária Comentada*. Buenos Aires: Depalma, 1993.

HASSEMER, Winfried. *Três temas de direito penal*. Porto Alegre: Publicações Fundação Escola Superior do Ministério Público, 1993.

HULSMAN, Louk e CELIS, Jacqueline Bernat de. *Penas perdidas: o sistema penal em questão*. Niterói: Luam, 1993.

LUISI, Luis. *A crise do sistema penal - soluções processuais*, Brasília, In: *Correio Brasiliense*, Caderno de Justiça, 27/05/1996, p. 04.

LUHMANN, Nicklas. *Legitimação pelo procedimento*. Trad. de Maria da Conceição Corte-Real, Brasília: Universidade Nacional de Brasília, 1980

LYRA, Roberto. *Criminalidade econômica-financeira*. Rio de Janeiro: Forense, 1978.

MAGALHÃES, José Luiz Quadros de. Globalização e exclusão. In: *Revista de Direito Comparado*, Belo Horizonte: UFMG, v. I, jul./97.

MARTINS, Ives Granda da Silva. *Crimes contra a ordem econômica*. 3.ed. São Paulo: Revista dos Tribunais, 1998.

MELLO, Celso Antônio Bandeira de. *O conteúdo Jurídico do Princípio da Igualdade*. São Paulo: Revista dos Tribunais, 1978.

——. Eficácia das normas constitucionais sobre justiça social. *Revista de Direito Publico*, nº 57/58

——. *Elementos de Direito Administrativo*. São Paulo: Revista dos Tribunais, 1991.

MENDES, Gilmar Ferreira. *Jurisdição Constitucional*. São Paulo: Saraiva, 1998.

——. *Controle de Constitucionalidade*. São Paulo: Saraiva: 1990.

MENEZES, João Carlos. *Sonegação fiscal: legislação e jurisprudência*. Campinas: Bookseller, 1997.

MINISTÉRIO DA JUSTIÇA. In: *Revista do Conselho Nacional de Política Criminal e Penitenciária*. Brasília, 1995.

MIRABETE, Julio Fabbrini. *Processo penal*. 4.ed. São Paulo: Atlas, 1995.

MOLINA, Antônio Gárcia de. e GOMES, Luiz Flávio. *Criminologia - Una introducción a sus fundamentos teóricos para juristas*, 2. ed. Valência: Tirant lo Blanch, 1992.

MOLINA, Antonio Pablos de. Directrices politicriminales del Código Penal Español: un nálisis crítico. In: *Revista Brasileira de Ciências Criminais*, 1997.

MORAIS, José Luís Bolzan de. *As funções do Estado contemporâneo. O problema da jurisdição*. Cadernos de Pesquisa, Caderno nº 03, set./1997.

——. *Do direito social aos interesses transindividuais: O estado e o direito na ordem contemporânea*. Porto Alegre: Livraria do Advogado, 1996.

——. *A idéia de direito social : o pluralismo jurídico de Georges Gurvitch*. Porto Alegre: Livraria do Advogado, 1997.

NASCIMENTO, Rogério Soares. A extinção da punibilidade pelo pagamento do tributo e a inderrogabilidade da sanção penal. In: *Revista da Procuradoria-Geral da República*, nº 6, 1994, p. 123-6.

O'DONNELL, Guillermo. Democracia Delegativa? In: *Novos Estudos Cebrap*, nº 31, out./1991.

PACHECO, Angela Maria da Motta. *Sanções tributárias e sanções penais tributárias*. São Paulo: Max Limonad, 1997.

PALAZZO, Francesco C. *Valores constitucionais e direito penal*. Porto Alegre: Sergio Fabris, 1989.

PASUKANIS, E. B. *A teoria geral do direito e o marxismo*. Rio de Janeiro: Renovar, 1989.

PARQUET: Relatório Anual da Fundação Escola Superior do Ministério Público - Rio Grande do Sul. Porto Alegre, 1993.

POULANTZAS, Nicos. *O Estado, o poder, o socialismo*. Rio de Janeiro: Edições Graal, 1980.

PRADO, Luiz Régis. *Bem-jurídico-penal e Constituição*. 2.ed. São Paulo: Revista dos Tribunais, 1997.

RAWLS, John. *A Theory of Justice*. Oxford: Oxford University Press, 1980.

ROTH, Andre–Noel. O direito em crise: fim do Estado Moderno? In: *Direito e globalização econômica – implicação e perspectivas*. José Eduardo Faria (org) São Paulo: Malheiros, 1996

RIOS, Rodrigo Sánches. *O crime fiscal*. Porto Alegre: Sergio Fabris, 1998.

SAAVEDRA, Modesto. Interpretación judicial del derecho y democracia. In: *Travessias*. Ano I. n.1, dez 1996. Universidad de Anadalucia. Fundación El Monte, 1996

SANTAELLA, Lúcia. Práticas semióticas. In: *Produção de linguagem e ideologia*. São Paulo: Cortez, 1996, p. 60-79.

SANTOS, Boaventura de Souza. *Pela mão de Alice: o social e o político na pós-modernidade*. São Paulo: Cortez, 1995.

SANTOS, Juarez Cirino dos. *Criminologia Radical*. Rio de Janeiro: Forense, 1986.

SANTOS, Marino Barbedo. Los delitos econômicos en el derecho italiano. In: *Los delitos socio-econômicos*. Madrid: 1985.

SILVA, Ovídio A. Baptista da. *Curso de processo civil*. 2.ed. Porto Alegre: Sergio Fabris, 1991.

SOARES, Orlando. *Prevenção e repressão da criminalidade*. Rio de Janeiro: Freitas Bastos, 1983.

STOCO, Rui. Sonegação Fiscal Crimes contra a Ordem Tributária. In: *Leis Penais Especiais e sua interpretação jurisprudencial*. São Paulo: Revista dos Tribunais, 1995.

STRECK, Lenio Luiz. *As Interceptações telefônicas e os Direitos Fundamentais: Constituição, cidadania e violência. A lei 9.216/96 e seus reflexos penais e processuais*. Porto Alegre: Livraria do Advogado, 1997.

——. *Súmulas no Direito Brasileiro: eficácia, poder e função*. Porto Alegre: Livraria do Advogado, 1995.

——. *Tribunal do júri: símbolos e rituais*. Porto Alegre: Livraria do Advogado, 1998.

——. *Tribunal do júri: símbolos e rituais*. 2.ed. Porto Alegre: Livraria do Advogado, 1993.

——. Hermenêutica e Dogmática: Aportes críticos acerca da crise do Direito e do Estado. In: *Cadernos de Pesquisa do Curso de Mestrado em Direito da Unisinos*. Porto Alegre, Unisinos, 1997.

——. *Hermenêutica Jurídica e(m) crise: Uma exploração hermenêutica da construção do Direito*. Porto Alegre: Livraria do Advogado, 1999.

——. As (novas) penas alternativas à luz da principiologia do Estado Democrático de Direito e do controle da constitucionalidade. In: *A sociedade, a violência e o Direito Penal*. Fayet Júnior, Ney e Corrêa, Simone Prates Miranda (org.), Porto Alegre: Livraria do Advogado, 2000.

——. *O efeito vinculante e o mito da efetividade*. Jornal Síntese -out/96,

TORRES, Ricardo Lobo. *Justiça distributiva: social, política e fiscal*. RDR, nº 1, 1995.

——. O mínimo existencial e os direitos fundamentais. In: *Revista de Direito Administrativo*, 177:32, 1989.

THOMPSON, Edward Palmer. *Senhores e caçadores*. Rio de Janeiro: Paz e Terra, 1987

TOURINHO FILHO, Fernando da Costa. *Processo penal*. 14.ed. São Paulo: Saraiva, Vol. I, 1993.

VILLEGAS, Hector. *Direito penal tributário*. São Paulo: Resenha Tributária, EDUC, 1974.

WARAT, Luís Alberto. O monastério dos sábios: o sentido comum teórico dos juristas. In: *Introdução Geral ao Direito II*. Porto Alegre: Sergio Fabris, 1995.

——. *Introdução geral ao direito I*. Porto Alegre: Sergio Fabris, 1994.

——. *Introdução geral ao direito II*. Porto Alegre: Sergio Fabris, 1995.

WOLKMER, Antônio Carlos. *Pluralismo jurídico: fundamentos de uma nova cultura no direito*. São Paulo: Alfa Omega, 1994.

ZAFFARONI, Eugênio Raúl. *Em busca das penas perdidas: a perda de legitimidade do sistema penal*. Rio de Janeiro: Revan, 1991.

Fone/Fax: (51) 318-6355
e-mail: mig@mig.com.br
www.mig.com.br